体育教学理念及模式创新研究

仇银霞◎著

吉林出版集团股份有限公司
全国百佳图书出版单位

图书在版编目（CIP）数据

体育教学理念及模式创新研究/仇银霞著.--长春：吉林出版集团股份有限公司，2023.9
　ISBN 978-7-5731-4353-2

Ⅰ.①体… Ⅱ.①仇… Ⅲ.①体育教学—教学研究—高等学校 Ⅳ.①G807.4

中国国家版本馆CIP数据核字(2023)第190017号

体育教学理念及模式创新研究
TIYU JIAOXUE LINIAN JI MOSHI CHUANGXIN YANJIU

著　　者	仇银霞
责任编辑	孙　璐
助理编辑	牛思尧
开　　本	787 mm×1092 mm　1/16
印　　张	13.25
字　　数	310千字
版　　次	2023年9月第1版
印　　次	2023年9月第1次印刷
出　　版	吉林出版集团股份有限公司
发　　行	吉林音像出版社有限责任公司
	（吉林省长春市南关区福祉大路5788号）
电　　话	0431-81629679
印　　刷	吉林省信诚印刷有限公司

ISBN 978-7-5731-4353-2　　　定　价　48.00元

如发现印装质量问题，影响阅读，请与出版社联系调换。

前　言

　　高校体育教学是我国高校教育的重要组成部分，在促进我国体育和教育事业发展、促进大学生全面健康发展等方面发挥着重要作用。在"健康第一""终身体育"等教学理念的指导下、在"全民健身"的体育战略的促进下，高校体育面向广大的受教育群体，肩负着促进大学生群体身心健康发展和社会性发展的重要责任。当前，面对新的形势，必须坚持改革与创新，才能更加科学地实现体育教育的多元教育功能，培养出适应现代社会发展的高素质人才。高校体育教育在增强大学生体质、促进大学生身心健康发展、培养大学生良好的个性品质等方面发挥着重要作用。高校大学生体育竞赛活动是高校体育工作的重要内容，也是高校体育教学的拓展与补充。为适应当前社会对人才素质的要求，全面实施素质教育，高校体育教学要立足改革、勇于创新，推动我国高校体育教学改革。高校体育教学改革有利于促进建立新的教学理论体系，促进体育教师更新观念，并通过素质教育培养大学生独立思考、勇于探索、不断创新的能力，从而引导大学生形成正确的体育价值观。

　　本书首先从高校体育教学理论基础入手，针对高校体育教学的体系、高校体育教学的理念与创新、创新教育理念下的体育课程建设与教学管理进行了分析研究；另外对高校体育自主及合作教学的模式、高校体育俱乐部及网络教学模式，以及高校体育教学的其他模式做了一定的介绍；还对高校体育教学的改革、高校体育教学设计及评价做了系统的分析。旨在摸索出一条适合体育教学理念及模式创新工作的科学途径，帮助其工作者在应用中少走弯路，运用科学方法，提高效率。

　　本书在写作的过程中得到了广大同事的帮助，也参考了许多同行及相关领域专家的文献资料，在此表示衷心的感谢！由于作者水平有限，时间较为仓促，书中难免有遗漏或不足之处，敬请广大读者和专家提出宝贵意见。

目 录

第一章 高校体育教学理论基础 ····································· 1
- 第一节 体育教学的概念与性质 ································· 1
- 第二节 体育教学的结构与功能 ································· 3
- 第三节 体育教学的特点与目的 ································· 8

第二章 高校体育教学的体系 ····································· 17
- 第一节 体育教学的内容 ······································· 17
- 第二节 体育教学的方法 ······································· 24
- 第三节 体育教学的原则 ······································· 35

第三章 高校体育教学理念与创新 ································· 46
- 第一节 "以人为本"教学理念 ································· 46
- 第二节 "健康第一"教学理念 ································· 51
- 第三节 "终身体育"教学理念 ································· 55
- 第四节 体育教学理念创新的注意事项 ··························· 59

第四章 创新教育理念下的体育课程建设与教学管理 ················· 62
- 第一节 创新教育理念下体育课程教学管理 ······················· 62
- 第二节 创新教育理念下体育课程教学活动及质量管理 ············· 70
- 第三节 创新教育理念下体育课程教学资源的管理 ················· 77

第五章 高校体育自主及合作教学的模式 ··························· 86
- 第一节 高校体育自主教学模式 ································· 86
- 第二节 高校体育合作教学模式 ································· 96

第六章 高校体育俱乐部及网络教学模式 ··························· 104
- 第一节 高校体育俱乐部教学模式 ······························· 104
- 第二节 高校体育网络教学模式 ································· 118

第七章 高校体育教学的其他模式 ································· 128
- 第一节 体育教学模式与其他教育融合的教学模式构建 ············· 128

第二节 "双向主体能动式"教学模式的构建 …………………… 135
　　第三节 快乐体育教学模式的构建 …………………………………… 140

第八章 高校体育教学的改革 …………………………………………… 147
　　第一节 高校体育教学中多媒体技术的应用 ………………………… 147
　　第二节 高校体育教学中微课的应用 ………………………………… 160
　　第三节 高校体育教学中慕课的应用 ………………………………… 163
　　第四节 高校体育教学中翻转课堂的应用 …………………………… 165

第九章 高校体育教学设计及评价 ……………………………………… 174
　　第一节 高校体育教学设计 …………………………………………… 174
　　第二节 高校体育教学评价 …………………………………………… 187

参考文献 ………………………………………………………………… 204

第一章 高校体育教学理论基础

第一节 体育教学的概念与性质

一、体育教学的概念

(一) 教学的概念

"教学"是一种动态行为,是教学工作者对具体的学科或技能组合进行的一种有组织、有计划的教学行为。下面从宏观和微观两个角度来分别对教学的概念进行界定。

1. 教学的宏观概念

从宏观角度来讲,教学是一种特殊的教育活动,它是指教学者以一种或多种文化为对象对受教者进行教育,从而使受教育者获得这种文化的活动。其中的教学者是指掌握某种知识或技能的人,他与接受教育的人共同构成教学活动的主体。

2. 教学的微观概念

从微观角度来讲,教学是一种直观的教师进行教授和学生进行学习的活动,在这个活动中,教师是教学的引导者,是教学活动的组织者和知识传授者;学生是教学的"受众"和主体。简言之,教学是一种以特定文化为对象的"教"与"学"的活动。

总的来说,教学是一种教育活动,这种活动需要教师和学生的共同参与,并为了实现某一具体的教学目标而相互协作。

（二）体育教学概念的界定与解析

1. 体育教学是一门学科

体育教学由体育教学目标、教学内容、教学方法、教学评价等多种要素共同组成。体育教学是一门特殊的课程教学，它以发展学生体能、增进学生身心健康为主要目标，它与德育、智育、美育、劳育相配合来促进学生身心的全面发展。体育教学最重要的教学组织形式是课程教学。具体来说，体育课程教学的开展主要是为了实现教学目标，促进学生德、智、体、美、劳的全面发展，同时促进学生体能与身心的健康发展。当前，体育课程教学只注重学生对体育运动的知识与技能的学习与掌握，而对学生的体育实践活动、情感发展及适应社会的能力的关注度还不够。

2. 体育教学是一项体育活动

体育教学主要是有目的、有计划、有组织的相关体育活动的组合。现代体育教学是为了使学生能在身体、运动认识、运动技能、情感和社会方面和谐发展的有计划、有组织的活动。通过体育教学，学生不仅要对理论知识加以了解与熟记，还要在参与实践运动的基础上，对一定的运动技能进行掌握，达到相应的技能标准与要求。

3. 体育教学是教育的一部分

体育教学是在教师的指导下，从生物科学、教育学、心理学、社会学、哲学等学科中获得知识，在体育与健康方面有计划、有目的、有组织地以身体锻炼为载体的活动，它与德、智、美、劳的教育课程相配合，共同促进学生身心全面发展。现代体育教学中，除了运动能力方面的教育还有些许欠缺，在体育运动与体育活动、训练方面的教育都已较为成熟，能够提高学生身心发展的基础修养。作为教育的一部分，体育教学的部分内容与方法也是素质教育内容和方法的体现。

二、体育教学的性质

事物本身与其他事物之间最根本的区别主要由性质来决定，性质不同的两种事物其带来的表象自然有一定的差异。体育教学和其他学科教学之间最根本的区别就在于它本身所具有的体育教学性质。这种体育教学性质使其表现出如下几方面的特点：①体育教学活动多在户外开展，但体育课堂教学在室内场馆开展的情况也较为常见。②体育教学过程中，师生都要承受一定的运动负荷与心理负荷。③教学过程是身体活动与思维活动的结合，并且有比较频繁的人际交往。④体育教学侧重于发展学生身体时空感觉及运动智力。⑤体育教学更加重视学生的自我操作与体验等实践能力。

体育教学活动中，最重要的教学形式就是体育运动技能的教学，它是体育育人的一个主要方式。对运动技能的传授同时也是体育教学与其他学科教学之间的一个主要区别。在体育教学中，学生全面掌握体育运动技能，需要经过几个教学阶段（认知阶段、联系阶段与完善阶段）才能实现。具体来说，在体育运动技能的认知阶段中，学生与体育运动技能之间的联系最为密切，该阶段教学的主要目的就是学生对所学技能的结构、要素、关系、力量、速度等要素进行表象化的认识，从这一角度来看，体育运动技能教学仅仅是学生提高身体素质、完成技术动作的一种方法。因此可以认为，运动技术不具有人的特性，而只是一种"操作性知识"。

通过以上论述，我们可以认识到，体育教学的本质就是"一种针对运动技术和知识的教学"。在体育教学中，学生学会了运动知识并将之转化为运动技能，则体育教学的本质就达成了。

第二节 体育教学的结构与功能

一、体育教学的结构

（一）外部结构

课外体育是组成体育外部结构最主要的因素，课外体育有着十分丰富而广泛的内容，通常情况下，体育课堂教学之外的所有体育活动（学校内外）都属于课外体育的范畴。具体而言，课外体育包括早操、课间操、课外体育活动、课外体育训练与比赛、学校运动会、体育节及校外一系列体育活动等。

（二）内部结构

从时间维度来看，体育教学的内部结构是一系列教学目标的综合体。具体来说，首先是以学段教学目标为起始，其次是水平教学目标，最后是学年教学目标、学期教学目标、单元教学目标及课时教学目标。

二、体育教学的功能

（一）健身功能

健身功能是体育教学的本质功能。所有体育教学都应将健康教育放在首要位置。因为增强人民体质是体育运动的本质属性。适当地参加体育运动，科学地进行体育锻炼，可以有效提高学生的身心健康水平。

经过长期的改革与实践，现代体育课程在规划设计教学大纲、选择教材内容、安排课时、实施教学组织等方面已逐渐趋于合理化与科学化。学生自身的身体运动锻炼是体育教学活动开展的主要方式，因此，学生直接参与活动就成为体育教学的显著特点。从这一点来看，可以根据体育教学的规律特点，将各种行之有效的健身内容、方法与手段（健身的、竞技的、娱乐的、保健的等）应用到体育教学中去，有机协调并统一体育教学的教育性、健身性、竞技性和娱乐性等特征,从而提高体育教学质量,增强体育健身效果。

(二)健心功能

1. 缓解紧张情绪

学生在日常学习中会承受不同程度的压力,各种各样的压力使学生的精神总是处于低落与紧张状态。学生可以在课余时间选择自己喜欢的环境进行体育运动锻炼,其在自己所选择的环境中参与体育运动有利于获得轻松愉快的心情。所以说,体育运动锻炼有利于学生紧张情绪的缓解和愉悦心情的保持。

学生通过参加校园体育运动能够使自身的紧张情绪得到调节,从而产生愉快的感觉,使自身的神经系统保持兴奋的健康状态,从而轻松地投入学习中。

2. 保持良好心情

学生在参与体育运动技能学练时,有一定的节奏规律需要遵循,且上下肢需要协调配合,使身体的各个部位全部参与其中,这样才能完成规范动作的练习。全身部位参与体育活动有利于缓解肌肉紧张,有规律的节奏能够使学生舒缓神经、缓和情绪,从而享受体育运动带来的乐趣。在体育锻炼的过程中,学生全身肌肉基本上处于放松状态,其精神也随着身体的放松而不断放松。所以,进行体育运动锻炼不仅能够使学生获得有效的休息效果,而且能够使其维持良好的情绪与心情。

3. 防治心理疾病

随着经济的发展与社会的进步,人们的生活水平不断提高,同时也面临着巨大的生活与竞争压力。这一客观实际会对人们的生理活动和精神状态造成消极的影响,人们在巨大的压力下很容易产生心理疾病。对于学生而言,主要压力来自学习,一些学生在学习过程中因为无法正确处理一些问题而容易导致心理疾病。

在生理上,心理疾病主要表现为没有食欲、体质不断下降、有睡觉的欲望但总会失眠;在精神上,心理疾病主要表现为情绪低落、精神不振、没有自信、心里郁闷、经常处于急躁状态等。这些心理疾病症状会影响学生的正常学习与生活。现代科学研究表明,参加体育运动锻炼能够有效预防上述心理疾病的发生。经过体育锻炼之后,学生往往会觉得身心轻松、心情愉悦、具有饱满的精神,这就有利于防止心理疾病的发生,从而使学生的心理保持健康积极的状态。

4. 建立良好的自我概念

一个人对自身在身体、思想情感、能力等方面的整体与综合评价就是所谓的自我概念,各种各样的自我认识是组成自我概念的主要因素。目前,很多学生因为对自己的体型与体态不满意而感到自卑、苦恼,因此无法树立良好的自我概念,在自我评价方面表现出消极的一面。

一个人的气质与风度在很大程度上受到身体姿态的影响。人们所追求的理想的身体姿态基本上都能够通过体育运动锻炼获得。学生参与体育锻炼,有利于身体中多余脂肪的消除，使体内的吸收与消耗处于平衡状态；有利于促进肌肉、骨骼及关节的匀称生长与协调发展，从而改善自身的不良身体姿态，促进优美身体姿态的形成与保持。这样，学生就能够通过优美的身体姿态来表现自身良好的气质与修养，姿态良好的学生始终散发着一种活力澎湃、积极健康的气息。

体育运动在塑造一个人的体形方面也具有非常明显的作用与功能。学生通过参加体育运动，尤其是练习力量性的动作，能够使骨骼变得粗壮，增加肌肉围度，从而对天生的体型缺陷产生一定的弥补作用，使体型变得匀称而健美。

综上，学生科学地参与体育运动，能够保持良好的身体姿态，加快自身生长发育的进程，同时也可以矫正畸形的身体形态。学生拥有良好的身体姿态和健美的身体形态后，就会在自我评价中表现得信心充足，从而建立良好的自我概念。

（三）教育功能

1. 智育功能

（1）增强神经系统功能

首先，学生在学习体育的过程中会不可避免地参与体育运动，通过参与体育运动，学生神经系统的功能将会增强，主要反映在其大脑的兴奋和抑制过程会变得比以前更集中，这时其能够迅速地对一些刺激做出准确的反应，这在一定程度上促进了智力水平的提高。

其次，一个人的左脑和右脑相比，后者在信息容量、形象思维能力及记忆容量等方面都优于前者，学生积极投身于体育运动的学练中能够不断地锻炼自己的右脑，从而使右脑在容量与能力方面的优势充分发挥出来。

最后，学生参与体育运动，能够促进自身血液循环的加快与流畅，促进自身呼吸系统功能的提高，也就能够将大量的养分提供给大脑，从而促进大脑记忆、思维和想象力的发展，最终促进综合智力水平的不断提高与发展。

（2）提高脑力工作效率

体育教学中，学生参与体育运动，能够缓解自身的应激反应，但是只有经常参与、科学参与、有规律地参与才能取得明显的效果。一个人的血压和心率会受到肾上腺素受体数目或敏感性的影响，因此，一个人的生理也就会受到特定的应激源的影响。冷静思考与欣赏音乐能够促使一个人皮肤电反应速度的降低，这个现象是从强烈的应激情境中变化而来的，而参与体育运动对人体产生的这一影响将会更加明显与有效。学生处于静止状态时，容易在生理上产生应激反应，而体育运动有利于生理应激反应的减少，从而提高脑力工作效率，进一步提高学生的学习效率。

（3）消除疲劳、振奋精神、开发潜力

生理与心理方面的不良因素都会导致疲劳的产生，可见疲劳是一种具有综合性的症状。如果一个人参与一些活动的态度是被动消极的，或者所从事的工作超出了自己的能力范围，这时，其在心理与生理上都容易出现疲劳症状。人的大脑皮层能够对自身的随意活动进行调节，学生在学习体育之外的其他学科时，大都是学习一些理论文化知识，这时其大脑皮层的有关区域处于高度兴奋的状态，学习时间越长，保护性抑制就越容易出现于大脑中，一旦出现，学习效率就会不如先前。

学生在学习体育学科时，通常不仅要学习文化知识，而且要学习实践技能，可谓是脑力与体力活动的有机结合，这样的结合活动有利于使学生的运动神经中枢处于兴奋状态，从而与学习文化知识相关的中枢神经有了交替的休息时间，这对因脑力劳动而导致的疲劳的消除是有利的，从而也有利于促进学习理论知识效率的提高。除此之外，学生经过参与体育运动，能够促使自身身体素质的加强，能够维持较高的健康水平，这样学生就有充沛的精力投身于文化课的学习中，并在学习过程中不断对自身的潜力进行开发。

2. 德育功能

体育教学具有帮助学生形成良好思想品德的功能。体育教学中，大多体育运动或体育游戏都需要集体共同参与方能完成。根据体育运动或游戏的规则，运动竞赛或游戏要想顺利进行，必须依靠参与者自觉遵守既定规则。因此，体育运动开展的前提是守纪守则，运动取胜关键要靠集体的团结配合。

学生在体育教学与比赛中，可以养成遵守纪律的良好习惯。学生要想取胜，必须认识到团结互助、协调合作、发挥集体力量的重要性。在体育练习或比赛（游戏）中，学生还要懂得关心同学、尊重对手、尊重裁判、自觉遵守体育课堂秩序。此外，系统的体育教学对陶冶学生良好情操，塑造学生完美人格同样具有重要作用。

3. 美育功能

体育教学具有提高学生审美意识与审美能力的重要作用。健、力、美同时蕴含于体育运动中，静态的人体造型和动态的运动节律都具有美的特质，都表现出人们向往美的意愿。体育运动的"美"不仅在运动过程中突出，而且在运动结果上也有淋漓尽致的体现。运动参与者主要从以下两方面获取成就感与审美感。一方面是运动参与者通过科学的体育锻炼而获得的完美身体曲线；另一方面是运动参与者通过激烈与公平的比赛而获得的成绩。

学生对体育运动的审美意识也可通过体育教学来培养，体育教学可以帮助学生树立正确的人体及运动的审美标准，使学生体验积极、健康的审美情感，进而提高学生的美学素养。

（四）传承功能

体育教学具有符合一定教学规律的系统结构，从体育教学内容这一宏观视角来看，体育单元教学计划由体育课累加而成；体育学期教学计划由各个单元教学计划累加而成；学年教学计划由两个学期教学计划累加而成。从体育教学内容这一微观视角来看，学生掌握的完整运动技术是由多个小的运动技术累加而成的，学生学到的运动技能又是由多个项目的完整运动技术累加而成的。

综合宏观系统视角与微观内容视角可知，学生参与大学不同学习阶段的体育教学后，能够掌握比较完整的体育知识、文化及运动技能，这时体育教学的体育文化传承功能也就得以实现。

（五）社会功能

1. 体育教学是培养社会角色的重要有效途径

每个人只要在特定的社会中生活，就会有一些不同的社会角色需要扮演，充当社会角色会促进人的社会化，加速人的社会化进程。人们在社会中需要学习很多与角色相关的内容，其中与角色相关的权利及义务的学习，与角色相关的态度、情感和价值观及角色转变的学习等是比较重要的。体育教学在培养人的社会角色方面发挥着举足轻重的价值与作用，具体表现如下。

首先，学生在体育教学活动中可以充当多样化的角色。例如，在学习中充当学生、比赛中充当运动员或裁判员、训练中充当教练员等，让学生以不同的角色参与体育教学，对于学生对不同角色任务的了解，角色多样性和稳定性的理解，扮演角色技能的锻炼，角色的态度、情感及心理习惯和社会习惯的培养等都会产生非常积极的促进作用。

其次，体育教学活动中，教师与学生通常使用的教学方法包括教师的示范教学与学生的模仿学习。从学生的模仿学习来看，不管在课堂上教师传授怎样的教学内容，学生都能够采取这一学习方法。学生采用模仿学习法可以对其所扮演的种种角色的感受进行深刻体会，能够使自身的集体意识与社会意识得到进一步的强化，从而对自己的社会角色与地位能够有更加深入的认识，对自己所表现出的行为也会有所理解，进而提升自身的社会适应能力。

2. 体育教学对学生良好个性的形成非常有利

一般情况下，有两方面的因素会影响学生个性的形成与发展，即遗传因素和包括家庭、学校、社会等的社会环境因素。在学生良好个性的形成过程中，体育教学发挥着积极的影响与作用。体育教学活动中，学生进行体育学习往往需要有身体的直接参与，而且体育学习有着很强的开放性，经常会发生时空的转换，学生之间的沟通与联系也很频繁，这对于学生学习效果的提高都是非常有利的。由此可以看出，体育教学所具有的这些特征在促进学生良好个性的形成方面，比其他学科更能发挥积极的作用。而且，体育教学对于学生学习自主性的提高、良好意志品质的培养及集体主义价值观的建立也都起着积积极的影响与作用。

3. 体育教学有助于改善人际关系

现代社会中，人们的生活节奏不断加快，人们在这样的环境中越来越喜欢将自己封闭起来，这样人与人之间的交流与沟通就难以实现，人们之间的感情就会不断淡化，人与人之间很难通过接触而营造和谐的社会氛围。学生也是如此，学生埋头学习，如果没有一些特殊的活动，很难与其他同学进行接触与交流。体育教学能够将这种局面打破，不管学生在性别、年龄、地域、学习成绩、信仰等方面有多大的不同，一旦参与到体育课的学习中，他们就很容易接触、交流与互相学习，这时他们所营造出来的学习氛围是融洽、和谐的。

学生通过体育的学习互相传达信息、互通有无、交流自己的心得，心与心的距离就会不断拉近。研究表明，学生多与外界联系对其社会化进程的加速是有很大帮助的。学生在体育课上能够结识很多朋友，他们之间相互帮助，保持着一种良好的人际关系，这有利于学生为以后步入社会积累人脉。

第三节 体育教学的特点与目的

一、体育教学的特点

体育教学与其他学科教学同样都属于教学活动，因此，他们之间有着许多共同的特点，具体表现如下：①体育教学和其他学科的教学均是以班级为单位开展的教学活动。在实际的教学过程中，班级教学的组织形式会根据具体需要而有所不同，如有学生入学时组成的自然班，有根据学生的不同兴趣组成的单项班等各种组织形式。②体育教学与其他学科教学的目的都是向学生传授某种知识或技能。③体育教学和其他学科的教学都是教师与学生的双边活动。教师与学生在教学活动中展开各种形式的交流，如语言上的交流、肢体动作的交流等。传统教学中，这种交流更多的是单向交流，即教师→学生（教师传授给学生某种知识和技能），而现代教学则要求教师注重学生学习的主体性，将单向交流转化为双向交流。

体育教学不仅具有同其他学科教学类似的一般特点，还具有自身独有的特点，主要表现在教学条件、教学环境、教学内容、教学过程、人际关系等方面，具体如下。

（一）教学条件的制约性

体育教学内容丰富，涉及要素较多，这就决定了其会受到很多客观条件的制约，这是体育教学的重要特点之一。体育教学活动受到的制约主要来自学生运动基础、学生其他基本情况（年龄、性别、生理和心理特点）、体育教学场地条件、器材、气候等方面。这些方面的因素都会影响甚至决定体育教学质量的高低。具体可以将这些制约因素归纳为以下两方面。

1. 就教学主体来讲

学生作为体育教学过程中体育知识与技能传授的受众，与之有关的诸多情况都会对体育教学本身造成一些影响，因此体育教学要想进行得顺利，取得良好的教学效果，就要意识到学生在运动基础及体质强弱等实际情况上存在的差异，从而能够区别对待。男生与女生在身体形态、机能水平、运动能力等方面的差异尤为明显，根据这些差异，学校体育教育部门和体育教师在开展教学设计、教材选择和教学组织等方面的工作时，就要考虑周全，否则会影响教学目标和良好教学效果的实现。

2. 就教学环境来讲

体育教学环境是体育教学的重要载体，其质量的高低对体育教学会产生较大影响。例如，体育教学活动多在户外开展，会面临严重的空气污染，或邻近马路所带来的噪声污染等问题，这些问题势必影响体育教学主体在教学活动中的状态与情绪。天气对于室外体育教学的影响也是不容忽视的，如遇到雨、雪、大风等恶劣天气时，体育教学活动被迫停止，转而来到室内进行一些体育理论课的教学，如此势必影响体育实践教学的顺利展开。

总之，体育教学受多方面条件的制约，要想顺利开展体育教学，摆脱不利于体育教学的各种条件因素的影响，体育教师就要在制订学年体育教学计划和具体课时计划时，在进行教材内容选择与教学组织实施中，都必须考虑到这些客观实际与影响因素，结合教学实际，科学选择体育教学内容、方法和组织形式，尽量将制约因素的影响程度降至最低。

（二）教学环境的开放性

室外是开展体育教学的主要场所，目前我国体育教学多以体育实践课为主，体育教师组织的体育实践课主要在学校操场进行。室外进行的体育教学不同于在教室、实验室等封闭的地方开展的教学活动，其更加富有变化性、环境更加开放。

体育教学环境的开放性特征决定了体育教学不能完全按照室内教学的要求来具体开展实践活动，而是需要谨记一些特殊的要求，具体如下：①室外的体育教学是动态的，在大部分的教学时间中，学生都处于不断变化与形式多样的运动中，而且班级内学生较多，教师可采取分组教学的形式来开展具体的教学活动。②体育课多在操场上进行，受到的干扰因素较多，如天气、地形、周边设施与噪声等，因此组织与管理方面的工作就变得十分复杂，需要体育教学工作者精心设计与统筹安排体育教学的组织形式、教学步骤与方法，使体育教学免受或少受外界环境的影响。③一些学校体育基础设施条件较差，场地与器材年久失修，而且不符合安全标准，很容易导致学生受伤，因此，体育教师应重视对学生的安全教育。

（三）教学内容的情感性

体育教学的内容非常丰富，涉及范围广泛，不仅仅限于球类运动、游泳、田径，还包括如体育舞蹈、瑜伽等内容。通过对这些内容进行学习，学生可以从中体会到源自体育的丰富情感。

具体来说，体育教学内容的情感性特征表现在以下几方面：①在体育教学过程中，师生可以体会到只有体育才能赋予人的人体美和运动美。一方面，学生通过体育教学掌握体育健身的方法和技能，以此达到运动塑身的效果，使身体外在形态保持优美的线条和良好的身材比例；另一方面，学生通过练习不同的运动项目，可以认识到人体不同的动作展现出的动作美和肌肉的动态美，这种美只有在运动中才能看到，是外显性非常突出的美。②体育教学能使学生真正领悟体育精神。每一项运动都向人们表现出了不同的美的内涵和审美特征，如球类运动可以表现个人对球类技术的掌握能力，集体球类项目中除了个人能力外，还包含了与队友之间的协作和互助精神。这些内容都是人类积累下来的丰富的体育内涵，而通过体育教学能使学生感受到体育的精神美，从而把握体育的精髓。③通过体育教学中对美的感受，可以提高学生的审美能力。既然有美的存在，那么就要有能够欣赏美的人存在，学生作为能够欣赏美的人往往需要懂得如何提高自身欣赏美的能力。④在体育教学过程中，学生通过参与体育活动可以陶冶情操、平衡心态。例如，学生在关键时刻始终保持冷静的心态，或是在胜利时表现出的谦虚等都有利于对情操的陶冶和心态平衡的保持。⑤体育教学是一种创造性的社会活动，其创造的成果就是让学生获得精神上的启迪。同时，体育教学联系着学生与学生、教师与学生，这对提高学生的社会适应能力具有重要的影响作用。

（四）教学过程的直观性

体育教学过程具有直观性的特点，这主要体现在讲解、示范和教学组织管理三个方面，具体分析如下。

1. 教师对体育教学内容的讲解的直观性

体育教学过程中，教师讲解体育教学内容，不仅要遵守其他学科教学的相关要求，而且要使讲解的语言更加生动，并且具有一定的肢体表达能力，以使学生产生形象、贴切、有趣的感觉。尤其是在对某些较难的技术动作进行讲解时，教师不仅要对技术动作的重点进行详细描述，还要用生动、形象的语言把复杂的技术动作进行简单化讲解，做到深入浅出，以便于学生理解。

2. 教师对体育动作技能的示范的直观性

体育教学过程中，大多数体育项目的实践教学都涉及技术动作或战术配合，为了加深学生的理解和认识，教师有必要进行动作示范和实践演示。教师运用示范法展开教学时，需要运用非常直观形象的动作为学生示范，其中包括正确动作的演示和错误动作的演示，这些演示都是非常直观地展现在学生眼前的，不能有任何的艺术加工和变形，这样才会使学生从感官上直接感知动作的正确与错误，从而建立正确的、清晰的运动表象。学生在建立正确的动作表象后，需要结合教师的讲解与自己的思维，从而对体育知识、技术及技能进行充分掌握。

3. 教师对体育教学的组织与管理的直观性

体育教学中，教师与学生接触得越多，关系就会越融洽，体育教师对学生的组织与管理带有直观性。体育教师要更加具有责任心、更具有活力，身体力行，对学生的身心产生一种无形的教育，这有助于其对学生的观察与帮助，有利于把控教学过程，也能为学生创造轻松的教学环境，使学生在教学中表现出来的言行都是他们最为真实的一面，也有利于获得正确的教学反馈，并及时对教学组织与管理进行完善。

（五）身心练习的统一性

一般认为，身体与心理是两种不同的事物，彼此间并没有很多的交集。实则不然，现代科学研究发现，身体健康有助于改善心理健康，而心理健康与否也会影响身体健康。因此，体育教学具有要求学生身心共修的特点。

体育教学重视对学生身体的改造，与此同时，它还能够促进学生心理健康与多种适应能力的发展，这是其他学科无法达到的教学效果。体育教学营造了不同种类的教学情境，一系列积极的情境使得参与其中的人在潜移默化中受到感染。在体育教学中，学生的身心发展看似是多元的，但实际上是统一的。也就是说，通过体育教学，学生的身体与心理能够共同拓展和发展，表现出突出的统一性。身体发展是基础，心理发展是依赖，心理发展能够促进身体发展。从这一方面来看，体育教学不仅可以促进学生掌握技能、身体发展、体质增强，而且有利于培养学生的思维方式和良好的心理品质，促进学生身心统一与协调发展。

体育教学中学生身心练习的统一性特征要求教师应做好以下几方面的教学工作。

1. 对体育教学内容的选择要注重身体与心理的统一

体育教学内容是体育教学活动的依据，对教学效果具有直接的影响作用。为了使体育教学体现身心统一的特点，教师应针对学生的身心健康状况合理选择教学内容，所选教材的编排要符合该年龄段学生的心理特点，除此之外还要满足美学、社会学等其他方面的要求。使学生通过体育知识学习、身体练习与情感体验，实现身心的健康发展。

2. 对体育教学方法的选用要注重身心统一

与其他学科的教学相比，体育教学的方法更加丰富，这更加便于体育教师结合体育教学实际合理选用教学方法。为了体现体育教学中学生身心练习的统一性特征，体育教师选择教学方法时要考虑学生在该年龄段的身心变化规律，选择正确的、适合学生身心发展的方法进行教学。体育教师还必须根据学生的身心特点来安排教学，如此才能有效激发学生对体育运动的兴趣爱好，提高其学习的积极性，促进其身体和心理的共同发展。

3. 体育教学中运动负荷的安排应注重身心统一

体育教学重在体育实践，它以身体练习为主，需要学生运用身体器官直接参与活动。在身体活动中，学生不仅要承受一定的身体负荷，还要承受相应的心理负荷。学生在完成大负荷的身体练习时，不仅要承受肌肉活动引起的疲劳与不适，体验不同的心理过程，磨炼思想意志，还要感受克服困难、团结一致、努力拼搏、体验失败和成功的心境。这种身心练习的统一性更有益于促进学生身心的健康发展。

（六）技能学习的重复性

体育教学最基本的目的则是使学生掌握运动技能，而为达到这一体育教学目的，就必须使学生重复学习运动技能。

运动技能的形成具有阶段性和规律性，运动技能形成大致要经历这样一个过程：练习分解动作—练习连贯动作—独立完成连贯动作—熟练完成连贯动作。学生要想熟练掌握运动技能，需要经过长期的反复练习。学生无论是掌握篮、足、排运动中的复杂技能，还是学习体操中的滚翻、田径中的跑等技能，都需要经历由不会到会、由简单初步学习到复杂深入学习、由不熟练到熟练的发展过程。在此过程中，体育教师要严格遵循循序渐进的教学原则，逐步指导学生掌握各种运动技能，根据不同运动技能的特点，合理安排练习内容和时间，通过反复练习，使学生掌握与提高运动技能。

（七）身体活动的常态性

体育教学中，学生需要不断地重复学习体育运动技能，这也决定了学生在体育教学活动中要经常进行身体活动，即体育教学具有身体活动的常态性特点。体育课堂教学过程中，教师与学生的身体操练非常频繁，这是非常显著的表现。

一般性（主要是指文化类学科）的教学，多在封闭的教室（实验室、多功能厅）进行，且要保持相对的安静，这样才能激发学生的思维并获得良好的学习效果。而和这些学科相比，体育教学则刚好相反，其教学的地点多为户外或专用运动场馆，场地较为宽阔，而且大多数时间都在进行运动技术练习，这一教学环节并不需要刻意保持安静，学生之间、学生与教师之间随时都可以有相关的交流和沟通，如此才更有利于学生对运动技术的学习。

体育教学要求学生掌握基本的运动技能，体育教学过程中有很多对身体活动的要求，这是体育教学与其他学科教学的最大区别。因此，在体育教学中，几乎所有内容都涉及身体活动，或者是为即将到来的身体活动做准备的活动，这就是将体育教学称为"身体知识"的主要原因。在体育教学过程中，不仅是学生要进行具有一定运动负荷的运动，教师在做示范、做指导和参与到组队教学赛中时也需要付出不少体力。可见，体育教学身体活动的常态性特点不单单是表现在学生身上，同时也从教师这一主体中表现出来。

（八）人际关系的多边性

人际交往在体育教学中所占的位置是不容忽视的，体育教学中的人际交往具有多边性的特征。

体育教学的组织形式主要是在单人、双人、小群体及全班之间不断转换的，要求学生在不同的时空内完成不同的身体运动、不断地变换角色地位，彼此之间建立多种不同的联系。因此，在体育教学中，师生之间、生生之间、小群体之间存在着频繁且形式多样的人际交往关系。

针对体育教学过程中人际关系的多变性特点，体育教师可以运用多种方式与学生进行交流与沟通，并引导学生之间进行配合、鼓励与评判，使学生在体育课堂中初步体会社会交往，培养学生的合作意识，提高其人际交往能力。

二、体育教育教学的目的

（一）体育教育目的的依据

体育作为一种以身体活动为基本手段，促进身心发展的文化活动，在社会发展中起着越来越重要的作用。确定体育教育目的，需要有科学的并符合社会发展趋势的理论依据。具体来说，确定体育教育目的的依据主要包括以下三个方面的因素。

1. 社会发展水平

首先，国家的政治需求决定体育发展的性质。从历史发展来看，在人类社会发展的各个不同阶段中，由于处于统治地位的阶级不同，体育便为不同的阶级服务。现阶段我国的体育教育应当为提高全民族的健康生活水平服务。

其次，国家的经济状况决定体育发展的水平。国家的经济发展状况决定了体育事业发展的规模与水平。长期以来，我国体育事业基本上都是由国家投资，政府部门实行直接的行政管理，实行单一的计划机制。这一机制在很大程度上为国家的体育事业发展做出了巨大的贡献。随着改革开放的不断深入，我国社会主义市场经济体制不断完善，一个以体育服务为宗旨、以体育经营为手段、以体育产品为内容的体育市场应运而生。体育经济成为社会经济发展新的增长点，在社会发展中发挥着越来越重要的作用。

2. 体育自身的特点与体育本身所具有的功能

首先，体育教育目的应该具有体育的特性。体育是以身体运动为基本手段，是通过身体活动的方式进行的，它要求人体直接参与活动，这是体育最本质的特点之一。

其次，体育的特有效能是确定我国体育教育目的和任务的主要依据。体育的特有效能是指体育最本质和核心的功能，即增进健康、增强体质。而增进健康、增强体质是体育事业区别于其他任何事业效能的本质特征。

3. 人们的体育需求

体育教育目的必须与人们日益增长的需要相适应，所以，人们的体育需求是确定体育教育目的的重要依据。

需要反映了人们对某种目标的渴求和欲望，它是人类一切活动最基本的动因。马斯洛把人类的需要看成一个组织系统，将其区分为生理需要、安全需要、社交需要、尊重需要和自我实现需要五个层面，并且肯定了物质需要的首要性和决定作用。随着社会的发展，人们的余暇越来越多，活动内容也越来越丰富，进而人的需要层次不断提高。而体育在满足人的不同层次的需要中都能够起到积极作用，其不仅能满足物质层面的需求，还能在精神上满足人的需要。体育是满足人们需要的一种重要手段。对于个体而言，身体健康的需要普遍反映在各种不同年龄的人身上：青少年都希望生长发育良好，追求健美的体形；中年人都希望保持高水平生命活动，这一需要将随着人民生活水平的提高而越来越迫切，越来越向高一级发展。对社会而言，也需要对其成员进行身体锻炼，培养出身心全面发展的建设者，为现代化建设服务。因此，社会主义国家体育教育目标更应充分体现出全体国民的这一需要。

需要注意的是，随着人们物质生活水平的提高，广大人民群众萌发了参加各种各样体育活动的需要。在确定我国体育教育目的时，一定要考虑社会上各个不同层次、不同年龄、不同职业的人对体育的不同需求。

（二）我国体育教育目标的体系

1. 体育教育目的

在遵循教育规律的大前提下，结合体育的功能和自身的特点，经过体育教育第一线的长期经验积累和可行性检验，我国体育工作者确定出我国体育教育的目的，即促进学生正常生长发育，增强学生的体质、增进学生的健康，与学校各种教育相配合，培养学生良好的思想品德和意志品质，促使其成为具有德、智、体、美、劳全面发展的社会主义建设者和接班人。

2. 体育教育目标结构

体育教育目标是指在一定的活动空间和时期范围内体育教育实践所要达到的预期结果，是体育教育目的的具体化，要表达的是体育教育应培养什么样的"人才"，这些"人才"应具备怎样的层次、类型和基本规格；体育课程编写、实施和评价应遵循什么样的要求；体育教学力求达到什么样的效果等。从这个层面上来看，体育教育目标又可分为总体培养目标、课程目标和教学目标。

3. 体育教育目的与体育教育目标的协同

体育教育目的确定以后，教育目标即应以教育目的为归属，将教育目的分解、渗透、内化在教育目标中，使之协调一致，共同发挥作用，从不同的层次、不同的角度来主导教学过程，通过各个教学目标的实现来达到教育目标，最终达到教育目的。其过程包括：①树立正确的体育教育思想。体育教育思想是体育教学的先导。体育教育就要定位在落实增强学生体质，培养其体育意识，养成自觉锻炼的习惯，掌握科学锻炼的手段和方法，树立终身体育思想，促进身心全面发展这一根本目的。②选择正确的教学内容与教学方法，强化体育的多功能目标。教学内容和教学方法是实现教育目标，达到教育目的的两个重要因素。教学内容的选择，既要考虑其生物性价值，也要考虑其教育性价值，将科学性和实效性相结合。在教学方法上，要突破传统教学模式的束缚，善于运用多种方法发挥学生的主体作用。③建立科学的体育教学评价体系。科学的体育教学评价方法对提高体育教育目的和教育目标的协同作用具有重要意义，要建立一个健全的、能将体育教学的结果评价和过程评价有机结合起来，着眼于明天，侧重于发展，有利于改进的评价体系。

总之，体育教育目标是一种策略，是以实现教育目的为出发点，服从于教育目的的。只有在教学过程中科学地分步实施和实现的时候，二者才是协同一致的。

（三）实现体育教育目的的途径

1. 体育与健康课

体育与健康课是学校体育的基本组织形式，它是根据教育部制订的教学计划而开设的必修课，是对学生进行系统的体育教育过程，是实现学校体育教育目的的基本途径。体育与健康课具有以下几大特点。

（1）课程功能的育人性

体育与健康课具有育人性，它通过学生创造性的学习，激发他们的热情和积极性，培养学生的主体意识、健康意识、探求精神、创新精神和实践能力，使体育课程不仅是学生掌握体育基础知识、基本技能的过程，也是其学会学习和形成正确价值观的过程。

（2）课程内容的广泛性

与传统体育课相比，体育与健康课的课程理念有了极大的转变，它是以新的健康观指导下的体育教学，真正使学生在身体、心理和社会适应能力方面健康发展。这样的转变要求课程内容广泛，涉及体育锻炼、意志品质培养和社会适应能力培养的内容，真正达到三维健康之目的。

（3）教学过程的新颖性

首先，教学目标的多维性。新的体育课程标准提出了运动参与等宏观教学目标和层层递进目标，从而使体育课堂教学能更好地集合运动乐趣、陶冶高尚情操、开发学生智力、体验良好情感、塑造完美人格。

其次，教学理念的创新性。新课程标准树立了坚持"健康第一"的教学理念，通过体育教学促进学生健康成长；通过锻炼激发运动兴趣，培养学生终身体育意识，树立以学生发展为中心的理念，重视学生的主体地位；关注个体差异，满足不同心理需求，确保每个学生受益，这种全新的教学理念，为教学创新思维提供了空间。

再次，教学形式的多样性。为了通过体育教学培养学生的社会适应能力，教学的形式将更加灵活和多样化，并将单一教学变为多种教学（多种方法、多个模式），使整体教学（综合效果）和分层教学紧密结合。

最后，教学评价的多元性。新课程标准对教学的评价更为全面、系统和科学，包括学习评价、教师教学评价和课程建设评价三个方面。

（4）课程结构的整合性

新标准改变了课程结构以强调学科本位、门类过多和缺乏整合的现状，将体育与营养卫生、安全急救、保健养生、环境保护等教育有机结合，从知识的结构上体现了实用性和社会适应性。

（5）体育资源的开发性

新标准的灵活性给教师很大的空间，他们根据实际需要自行设计课程的内容，从而合理利用体育资源，使学生有更多的学习兴趣，以更好地为实施素质教育服务。

（6）心理适应的融入性

新的课程要求教师关注学生的心理情感体验，把学生的心理和社会适应能力的培养融入体能的发展和运动技能的学习之中，关注学生的兴趣爱好，注重学生的学习积极性，要让学生能在体育与健康课上不断地体验到成功的喜悦，从而把学生对玩的"天性"由感性转到对体育与健康的"理性"认识上来，树立终身体育意识。

2. 课外体育活动

课外体育活动是实现我国学校体育目标的重要组织形式，它包括早操（早锻炼）、课间操（课间活动）、群众性的体育锻炼、课外运动训练与课余体育竞赛，以及在校外进行的远足、郊游、夏令营、冬令营等形式的体育活动。在实际工作中，体育与健康课和课外体育活动密切配合，互相促进、互为补充，共同实现学校体育的目标。

课外体育活动具有以下几大特点：

第一，规定与自愿相结合。许多学校已经把课外体育活动规定在每天、每周的课表里，但从目前形式上看，主要靠学生自觉自愿参加。

第二，课余性与计划性相结合。课外体育活动是在课余时间进行的，同时学校可以有计划地安排一下，使课余性与计划性结合起来。

第三，自主性与指导性相结合。课外体育活动是学生自主、自愿参加的，但这种自主性必须辅之以宣传教育、加强指导，要教会学生用运动处方去锻炼和养护自己的身体。

第四，多样性与效果性相结合。课外体育活动内容丰富、形式多样，但不能单凭兴趣出发，应做到一切从实际出发，既考虑多样性，又不能忽略效果性。

第五，独立性与补偿性相结合。一方面，相对体育课而言，课外体育活动具有独立性，它不完全是体育课的延伸和继续；另一方面，从学生身心发展的需要而言，课外体育活动应补偿体育课学时的不足，促进学生身心的全面发展。

3. 家庭体育

家庭体育是指以家庭成员为活动对象，家庭居室及其周围环境为主要活动场所，根据居室环境条件与成员的需要与爱好，利用属于自己的时间选择健身内容和方法，达到增进身心健康的目的，以促进家庭和睦与社会稳定发展。家庭体育是学校体育和社区体育的基础。

家庭体育具有强烈的亲和力与感染力、良好的继承性和连续性及内容的多样性和方法的趣味性等特征，社会效益很强，其可以增加家庭成员之间的接触，沟通思想，养成相互照顾、相互关心，以及正确对待别人和自己等优良品德，增强家庭凝聚力，促进家庭团结、和睦幸福。

第二章 高校体育教学的体系

第一节 体育教学的内容

一、体育教学内容的基础认知

（一）体育教学内容的概念

体育教学内容是依据国家的教育方针和社会对体育教学的需求选择出来的，根据对学生身体条件和学校教学条件的深入分析和研究，在体育教学环境下传授给学生的一种体育锻炼活动。

体育教学内容是根据体育教学的目标进行选择的，也是根据学生在成长过程中的发展需要及体育教学过程中必备的教学条件最终整理而成的，并且是根据社会需求的发展而不断变化的。

体育教学内容主要是针对教学对象的大肌肉群的运动进行的，其具有很强的实践性，主要包括身体的锻炼、运动型教学的比赛、运动技能的获取等。

诸如语文、数学、英语等学科知识的传授可以在教室内完成，学生可以通过对书本的反复研读，最终获得一定的知识和技能。但对于体育教学而言，其所有的运动技能的传授，必须在室外体育教学活动中才能完成。

（二）体育教学内容与体育运动内容的区别

众所周知，体育教学内容是体育教学正常进行的有力保障，但是其与体育运动内容之间却也有着非常细微的差别。作为一名体育教育者或是研究者，清楚地掌握它们之间的差别，有助于不断深入地了解体育教学内容。经过深入的分析和研究，对体育教学内容和体育运动内容之间的区别介绍如下。

1. 服务的目的不同

体育教学内容是以教育为主的，其服务的目的是促进学生身心健康的发展，其内容偏于理论性，对教学活动具有指导意义。体育运动内容是以提高竞技运动水平、夺取胜利为主的，其服务的目的较偏重于教学内容的娱乐性和竞技性，对教学活动而言具有很强的实践性。

2. 内容的改造要求不同

随着时代的不断进步，体育教学内容需要根据时代的变化和社会的需求不断改变，以保证体育教学内容能够满足社会培养人才的需要。因此需要对体育教学内容进行必要的改造、组织和加工，而体育运动内容则不必进行这种改造。

（三）体育教学内容的发展

体育教学内容和其他教学内容一样，也是随着社会和教育事业的不断发展而发展的。但是，与其他教学内容相比，体育教学内容的形成和完善还处于发展阶段。体育教学内容的发展主要来源于以下几个方面。

1. 体操和兵式体操

近代体育的主要形式是兵式体操，由国家的专门机构指导参加训练的士兵进行如步法、枪操、队列、军礼等战术动作的操练。后来，随着兵式体操训练的不断改进和制度的不断优化，体操最终成为今天体育教学中的内容之一。

2. 竞技类体育运动

我国早期出现的竞技类体育运动有骑技比赛、蹴鞠等，后来，随着人们对这类竞技体育运动的兴趣不断激增，这类体育运动的发展日趋完善，最终成为一种正规的体育运动。工业革命以后，随着人们生活水平的不断提高，英美的体育游戏迅速发展成为一种近代的体育运动，如足球、篮球、棒球等。而后，随着不断的殖民扩张，这些体育运动最终传到世界各地并流行起来，迅速地在各国的学校教育中开展。再加上这些体育运动具有很高的娱乐性，因此深受广大青少年的喜爱，最终演变成体育教学活动中的重要内容。

3. 武术

在古代的学校教育中，体育教学多是以武术教育的形式体现的，体育教学内容也大都是一些具有军事针对性的武术内容，这种运动不仅可以强身健体，而且能防身，因此迅速成为当下流行的一种体育教学内容，在社会上展现出独特的魅力，这也构成了武术的基础。再加上这些运动在对人的精神和意志方面的培养有其他理论知识和教育学科所达不到的作用，因此，这种类型的体育活动深受人们的关注和喜爱。鉴于这种原因，由各种武术原型构成的运动项目成为体育教学中的一种正式的教学项目，受到很多国家的关注。

4. 舞蹈与韵律体操

舞蹈是人类最古老的艺术形式之一，是从古至今人们最喜爱的一种活动。在社会发展的历程中，舞蹈的影子随处可见，研究各国文化发展的历史可以发现，舞蹈是世界上很多民族文化的重要组成部分，在民族文化的形成、民族之间的交流中占据着举足轻重的地位。除了舞蹈之外，韵律体操也因为很多体育爱好者追求美感和锻炼效果，逐渐登上体育锻炼的舞台。在韵律体操的基础上又出现了艺术体操、健美操等。传统舞蹈经过不断的改进和提升，形成了多样的民族舞蹈、体育舞蹈等。舞蹈和韵律体操能够陶冶身心，并且在培养肌体的美感和节奏感等方面也具有非常重要的作用。因此，舞蹈和韵律体操也逐渐成为体育教学内容的重要组成部分。

研究表明，以上几类体育教学中涉及的内容在体育教学中所占有的比例不同，并且每个国家在进行体育教学的过程中对其重视的程度也有所不同。

（四）体育教学内容的特点

1. 体育教学内容的功能具有多样性

体育教学内容起源不同，又受到所处文化形态的影响，这就决定了体育教学内容具有不同的功能，人们对体育教学内容的判断也必然受到其传统起源的影响。在进行体育教学时，要遵循因材施教的原则，这样才能保证体育教学的顺利进行。

2. 体育教学内容的更新速度较快

体育教学本身对实践性要求较高，体育教学中所涉及的因素也非常多，因此体育教学工作者在进行体育教学时的工作难度较大。要想与时俱进地开展体育教学，就要根据社会的需求不断地更新教学内容。

3. 每一种体育教学内容被赋予的教学任务不同

体育教学内容具有很强的时代性，不同时代的人对于体育教学的要求不同，因此，每一种教学内容所承担的教学目标和任务也就不同，如在体育教学中开展各种体育锻炼是为了提升学生的身体素质，进行比赛是为了培养学生的团队精神、合作意识等综合素质。因此在进行体育教学或是选择教学内容时，应该仔细地分析教学目标，以便对教学内容进行梳理和选择。

（五）体育教学内容与教育内容的共性

体育教学内容是教育内容的一个组成部分，它与教育内容具有一些共性。这些共性主要表现在以下三个方面。

1. 教育性

体育教学内容是对受教育者进行身体健康教育和心理陶冶教育的参考，当体育教学研究者和教学内容组织者将众多的运动项目选为体育教学内容的时候，他们首先想到的就是这些运动项目本身所具有的教育性。体育教学内容的教育性主要体现在以下三个方面。

（1）有利于学生身心健康

体育教学是通过指导学生身体的运动和一些竞技性的小组活动，以促进学生的身心健康发展而进行的一种教学。体育运动本身就是一种肌肉群的活动，它能够通过身体的锻炼来增强学生的体质，通过各种小组教学活动和竞技类活动的开展来培养学生的综合素质。

（2）对学生成长具有积极的影响

体育教学内容主要是一些具有深刻影响意义的内容，能矫正学生的心态，培养学生坚强的意志，影响学生价值观的形成，对学生的成长具有积极的影响。

（3）内容的设计具有普遍性

体育教学内容面对的是教学活动中的全体学生，因此所选择的教学内容具有普遍性。所谓普遍性就是指教学内容要保证适应大多数人群，这样才能达到教学的统一，有利于教学的开展和进行。

2. 科学性

由于体育教学本身就是一种以学校教育为主要形式进行的有计划、有组织、有目的的教育活动，是以教育和培养青少年的健康发展为主要目的，因此，体育教学内容也应该与学校教育范畴中的其他教学内容一样，保证其具有很强的科学性。

（1）教学内容符合学生的需求

在对体育教学内容进行筛选的时候，为了保证体育教学内容能够更好地为学生服务，体育教学研究者要对教学内容进行反复的筛选，使其能够符合学生的身体发展需求和社会需求，同时体育教学内容具有很强的指导性，为教学过程提供参考和依据。

（2）遵循体育教学的规律和原则

任何一门学科的教学都要遵循其特定的规律和原则，这是保证教学目标顺利实现的基本条件之一。体育教学牵涉的内容较多且较为复杂，为了保证教学过程能够按照目标的方向进行，在选择教学内容时应该遵循体育教学中特定的科学规律和原则，保证体育教学的科学性。

3. 系统性

体育教学是一门繁杂的学科，不仅所涉及的内容较为繁杂、范围较为宽泛，而且对教学目标的要求也较高。因此，在进行教学内容的梳理时，应该根据知识之间的系统性进行组织和安排。

（1）教学内容本身的系统性

通过以上对体育教学内容的介绍可知，体育教学内容具有很大的复杂性，但是每一个知识内容之间又表现出一定的联系性和逻辑性。

（2）体育教学目标的系统性

在体育教学的过程中，需要根据体育教学的特点、学生的成长特点和教学环境等，深刻地认识体育教学过程和教学内容。必须根据学生的成长过程系统地、有逻辑地安排各个学校、各个年级的体育教学内容，并处理好它们之间的相互关系，将体育教学贯穿于教学的始终，这就是体育教学目标的系统性。

二、体育教学内容的目标与要求

（一）传统性体育教学内容的目标和要求

传统性体育教学内容主要是指运用传统的教育方法对学生进行体育运动技能培训的一种形式，是体育教学内容中一直存在的锻炼项目。虽然体育教学内容随着时代的不断更迭而持续变化，但是传统性体育教学内容因其积极的教育作用仍然在教育界中占据着很重要的地位。

1. 体育保健

体育保健教学内容的目标：通过体育保健基本知识和原理的传授，首先让学生深刻地认识到体育教学在人的成长过程中的重要作用，学习体育运动对国家、社会的重要作用，从而激发学生对体育锻炼的使命感，使他们自觉地参加体育锻炼。除此之外，通过体育保健基本知识和原理的学习，学生能够了解一些体育学习的必要知识，形成对体育教学的正确认识。

体育保健教学内容的要求：体育保健教学内容的编写应该结合当前社会的现状、学生的实际需求等方面进行，并且精选一些对学生的实际生活和成长有较重要影响作用的体育运动项目，保证内容的真实性和目的性。同时在对这类内容进行教学的过程中，要结合实际操作进行演示，有益于学生掌握和接受。

2. 田径运动

田径运动是常见的运动项目，其主要包括跑步、跳高、跳远、投掷等内容。田径运动教学内容的目标：通过这项运动，学生能够了解田径运动的一般规律和基本知识，清楚地认识到田径运动对他们成长过程中身体素质培养的重要意义，掌握一些田径运动相关的基本原理和方法，以及一些基本的田径运动技能，通过生活中的不断练习，达到增强学生体质的目的。

田径运动教学内容的要求：在设计田径运动教学内容的时候，不应该单单从竞技类运动的角度划分、分析田径运动的教学内容和作用，而应该从文化、运动特点、技能作用等多方面进行教学内容的设计和组织，这样才能让学生更科学地掌握田径运动的基本知识，并且将获得的田径运动知识和技能正确地应用到健身实践中。由于田径运动会使肌体产生一定的负荷，负荷强度太高会对肌体造成一定的损害，强度太低又达不到运动的效果，所以在教学过程中，应该根据学生的身体特点灵活地进行教学。

3. 体操运动

体操运动是体育教学中的重要组成部分，由于其对人体的平衡和形体的训练有着非常积极的作用，体操这一运动颇受广大青少年的喜爱。体操运动教学内容的目标：第一，在教师的指导下，让学生充分地了解体操运动文化，了解体操运动对人体健康的作用；第二，让学生掌握一些基本的体操运动技能和方法，使学生能够在日常生活中使用体操来锻炼身体；第三，让学生能够安全地从事体操运动，并且掌握一些体操比赛的基本常识和技巧。

体操运动教学内容的要求：体操不仅能锻炼人体的平衡性、协调性和灵活性，而且能对学生进行心理方面的积极引导和教育。因此，要从竞技、心理和生理等多视角来对体操教学内容进行分析。在教学内容的编排上，要保证一定的层次性，不能总是停留在低水平的层次上。在教学过程中，要根据学生的身体特点开展合理的训练，如有些平衡能力较差的学生，应该对其进行更多有关平衡能力的训练，做到因材施教，这样才能保证教学质量的提高。

4. 球类运动

球类运动是一种常见运动，其主要包括足球、篮球、乒乓球等运动。由于球类运动是一项充满活力和竞技趣味的运动，因此很受当今青少年的喜爱。球类运动教学内容的目标：第一，让学生充分地了解球类运动的基本概念和球类运动中的一些比赛规则；第二，使学生能够掌握一些球类运动的技能和技巧，以及参加球类运动比赛的基本技能和常识性知识。

球类运动教学内容的要求：球类运动虽然是一项群众性的运动，但其技巧和方法较为复杂，因此在筛选教学内容的时候不能只对球类的单个技能进行教学，而忽视其与比赛之间的联系，否则就会失去球类运动的基本特性，同时还要注意教学内容选择的顺序性与实战性之间的联系。在教学过程中，要注重对技能的训练和对学生团队合作精神的培养。

5. 民族传统体育

民族传统体育反映了一个民族发展的历史，代表着这个民族的精神和文化。通过对民族传统体育的了解和研究，将其教学内容的目标确定如下：第一，借助这些民族传统体育的讲授，让学生对民族文化有更深的了解；第二，使学生学到一些民族传统体育的技能，既可以防身，又可以继承和弘扬民族文化，如中国武术。

民族传统体育教学内容的要求：在编排内容时，不仅要结合学生的特点及现代人的生活方式，而且要强调内容的文化性和实用性，特别是对民族传统体育文化背景和意义的介绍和揣摩。在教学过程中，要注意对学生兴趣的培养。

（二）新兴体育教学内容的目标和要求

随着社会的不断发展，人们生活水平日益提升，科技不断进步，促进了各国政治、经济、文化的迅速发展。在这种社会背景下，新的体育运动项目也逐渐兴起。研究新兴的体育教学内容有助于优化体育教学的结构。通过对体育教学内容的不断研究和分析，将新兴体育教学内容总结如下。

1. 乡土体育

近年来，随着教育改革的不断深入，创新教育内容、不断地对课程资源进行开发引起了广大体育教学研究者的重视，一些具有积极锻炼意义、散发着浓烈的乡土气息的运动项目重新登上体育教育的舞台。这类乡土体育运动的教学目标是：让学生对民间体育和民俗风情有更深的了解，使学生掌握一些具有地区特色的民俗体育知识和技能，促进当地传统文化的继承和传播。

乡土体育教学内容的要求：由于这类体育项目来自民间，具有民俗文化的传播作用，因此，要注重其内容的文化性、安全性、锻炼性和规范性，同时剔除一些消极因素。

2. 体适能与身体锻炼

随着社会对学生的身心健康全面发展要求的不断提高，一些针对性较强的体育锻炼作为培养学生身体健康的运动被正式带进课堂。这些内容与教师对此运动的实践技能的传授相结合，共同发挥着提高学生的身体素质和运动素质的作用。体适能与身体锻炼教学内容的目标：体育教师应该通过这一部分教学内容有效地锻炼学生的身体，让学生掌握更多实践锻炼和运动的原则及方法，帮助他们更好地提升运动技能。

体适能与身体锻炼教学内容的要求：由于这是对学生体适能的锻炼，因此要结合学生身体素质的状况，遵循体育锻炼时的基本规律，要注意锻炼的针对性、科学性和时效性，同时注意锻炼内容应该符合国家规定的关于学生体质健康的实行标准。

3. 新兴体育运动

由于新兴体育运动教学的内容具有时代性，因此，教师在教学时要注意对体育教学目标的掌握。现经过分析和研究，将新兴体育教学内容的教育目标总结如下：使学生掌握一些比较流行的体育运动文化，提高学生对新兴体育运动教学内容的兴趣，同时提高体育教学在终身教育方面的实用性，从而提高体育教学的质量。

新兴体育运动教学内容的要求：由于是一种新兴的体育教学内容，所以在选用这种教学内容时，首先要保证其符合教学条件的基本要求，其次要注意体育教学内容的文化性、教育性、安全性和实践性，同时注意对教育内容的筛选，杜绝不利于学生成长的体育内容。

4. 巩固和应用类课程的基本教学内容

巩固和应用类课程的基本教学内容是新课标要求下的一种教学内容，而且是随着活动课程的发展而不断形成的。其教学内容的目标是：通过此类教学内容的学习，巩固学生有关体育教学的基本知识和技能，并能够将其与运动实践相结合，借此提高学生的体育锻炼技能以及在参加体育活动方面的常识和能力。

巩固和应用类课程的基本教学内容的要求：在选用教学内容时，应该注意将其与学科内容和体育教学内容完美地融合，同时注意对内容的延展性和应用性的掌握，注意对学生在体育教学活动中的创新能力和创新意识的培养，使学生能够进一步拓展学习到的知识和技术。

第二节　体育教学的方法

一、体育教学方法概述

（一）体育教学方法的概念

关于体育教学方法，国内外学者很早就开始研究了。在研究过程中，诸多专家和学者对体育教学方法概念的界定有以下共识。

第一，体育教学方法是体育教学系统的重要组成部分。

第二，体育教学方法与体育教学系统其他要素之间具有非常密切的关系。体育教学方法服务于体育教学目标和体育教学任务，应能够促进体育教学目标和任务的实现。同时，体育教学方法又受到体育教学内容的制约。

第三，体育教学方法是"教"与"学"的统一，可有效促进师生的双边互动。

第四，体育教学方法受到特定的教学理论的指导。

第五，与其他科目教学方法相比，体育教学方法在注重教学语言要素的同时，更加注重动作要素。

综合我国学者对体育教学方法的研究，一般认为，体育教学方法具体是指为实现体育教学目的而采用的手段、方式、措施和途径等的总和。

（二）体育教学方法的特点

1. 实践操作性

与其他学科不同，体育学科的学习更多时候需要学生进行各种各样的身体练习，因此，在体育教学过程中，教师选择教学方法应充分考虑到学生的具体身体活动开展的可操作性，同时，教学方法应考虑客观的体育教学条件能否为教学方法的体育教学活动组织提供必要的物质支持。

体育教学方法的实践操作性受到体育身体活动的基本性质影响，同时，也受到学生的体育活动参与形式的影响，教师选择与实施教学方法，应结合具体教学实际对教学方法进行必要的修正，如果教学方法中的某一个环节和形式安排可能在接下来的教学活动开展中受阻，则教师应该灵活变通。不能让教学方法停留在理论层面，应落到教学实践中，符合教学实践。

2. 多感官参与性

体育活动的开展过程是师生的身体活动参与过程，教师与学生进行各种体育技术动作示范、练习，都需要充分调动身体各部分的组织和系统的功能，使整个有机体各个器官和组织、系统都要充分调动起来。例如，教师通过动作示范教授学生某一项具体的体育运动项目的技术动作，学生要利用眼睛去看动作、利用耳朵去听讲解、利用肢体去感受动作感觉，因此，体育学练的过程，也是学生有机体多感官共同参与的过程。

在体育教学中，为了获得良好的体育教学效果，体育教师在选择和运用教学方法时应注意教学方法是否能充分调动起学生的多种感官的积极参与，优化教学效果。

体育教学方法对学生的多感官的体育调动与参与主要表现如下：①体育运动参与和学习中，需要学生动用思维、感知、记忆和想象，需要学生的眼睛、耳朵及触觉和动觉等感受器官对运动的方向、用力的大小和动作的幅度等方面进行感知，形成正确的动作定式。②在形成正确的体育动作的基础上，将所接收到的教学信息进行整理、分析，同大脑思维活动，指挥身体的各器官完成相应的动作；通过不断重复技术动作，最终实现动作技术的正确和精细化。

3. 动静交替性

体育运动教学与训练应保持动静结合，这主要是受运动者个体运动负荷承受范围的影响，是体育教学的基本规律和特点。

体育教学方法的"动"即指技能学练，体育运动技能的学习与掌握必须通过实实在在的身体练习来进行。体育教学过程中的各种体育教学方法都是为了促进学生更积极、更好地去参与各种身体活动，通过体育活动实践来掌握体育技能。

体育教学方法的"静"即指合理休息。学生的体育学习过程中，学生生理方面和心理方面都要持续地不断受到刺激，并承受一定的负荷，长时间学习会导致大脑疲劳影响学习效果与质量，这时需要安排学生进行合理休息，包括积极性的休息和静止休息。安排休息时，应注重积极性休息和静止休息的结合。

4. 师生互动性

体育教学活动的开展，需要教师和学生共同参与。教学方法的选择不应该只是组织活动让学生参与，还要在体育教学活动中，教师能适时地融入学生的学练、发现、探索活动中，及时给予学生正确的教学指导。教学方法的应用应有助于教师、学生的体育教学活动的积极参与，并促进师生互动。

5. 继承发展性

教育工作者继续发展创新，教学方法及其应用也在不断丰富与创新使用，教师和学生的师生关系、课堂体验，以及体育教学效果都在不断优化。

二、传统体育教学方法及应用

（一）传统体育教法及应用

1. 语言教学法

语言教学法，就是教师通过语言表达来阐述体育教学知识、文化、规律、特点、技术构成、教学活动安排与过程实施的方法，学生通过教师的语言来了解教学过程、参与到学习过程中，掌握必要的教学知识点。

（1）讲解教学法

讲解教学法，即教师通过语言讲解来开展教学。讲解法通常用于体育理论教学。讲解过程中，教师应充分考虑学生的理解能力与认知能力的特点与水平。

讲解法使用要点如下：①讲解要明确，突出教学内容重点、难点、特点。在体育教学中，教师对于教学内容的讲解必须有明确的目的，不能漫无目的的讲解，这样会使学生抓不住重点，不能理解教师的用意，导致学习效率低下。②讲解要正确。注重讲解内容（历史文化、动作术语、技能方法等）的准确描述。③讲解要生动、简明、有重点。讲解应便于学生更好地理解教学内容，如生动形象化的讲解可加深学生的认知，教师应重视对技术动作的形象化描绘，可以适当加入肢体语言帮助学生理解。再如，关于概念、技能难点的讲解应有重点，把握关键技术讲解更便于学生掌握动作要领。④讲解要通俗易懂、深入浅出。教师要善于运用对比、类比、提问等方式进行启发性教学，这有利于学生积极思维，使学生举一反三、触类旁通，学以致用。⑤注重教学内容讲解的时机和效果。⑥重视讲解内容的前后关联性。

（2）口头评价法

口头评价法是体育教学中非常重要的教学方法，可以在课堂上及时、快速给予学生最直接的评价、提醒，也可以在教学结束之后，对学生的课堂表现进行口头点评。

根据评价性质，口头评价有如下两种：①积极评价——教师对学生的评价是鼓励性的、表扬性的、肯定性的。②消极评价——教师对学生的评价是负面的，以批评为主，这显然会让学生感觉到不舒服和沮丧，对此教师应掌握必要的语言沟通技巧，注意措辞，要就事论事，不能过分打击学生，更不能进行语言方面的人身攻击。

（3）口令、指示法

口令、指示具有简短地高度概括性，在体育过程中，借助简短的字词给予学生必要的提示，如体育时间教学中的动作学练。

口令和指示法应用要求如下：①教师应发音清晰、声音洪亮。②教师对学生的口令、指示应尽量使用正面引导、积极性的词汇，并注意提示的时机。③合理把握口令和指示的节奏。

在体育教学实践中，教师采用口令、指示法时，尽量做到语言精练、言简意赅。

2. 直观教学法

直观教学法，是利用学生的感官直接冲击来加深学生对体育教学内容的印象，使学生更直观、生动、形象、直接地了解教学内容。具体来说，就是通过直观感受刺激学生感官。

（1）动作示范法

在体育教学中，教师通过对教学内容的动作示范，来使学生对所要学习的项目技术动作有一个生动形象的了解，能够熟悉动作结构和要领。

动作示范教学法的运用应注意以下几点。①明确示范目的。教师在进行动作示范之前，要指导示范的目的是什么，要展示什么。②示范动作正确、流畅。教师进行教学动作示范，是为了给学生提供必要的技术动作模仿对象，教师的示范动作必须正确，避免错误引导学生。③示范位置合理，体育教学中，教师的动作示范应使所有学生都能够清楚地观察到示范动作，可多角度示范。④示范应与讲解结合起来，通过示范、讲解，充分发挥学生的视觉、听觉、触觉等各种感官的作用，使学生的听觉和视觉器官同时利用起来，以更好地加深学生对正确技术动作方法的理解与掌握。

（2）教具与模型演示

采用图表、照片和模型等直观教具辅助教学，使学生更加易于理解相应的技术结构和动作形象。教具与模型演示教学，应注意以下三点。①提前准备教具、模型。②教具、模型全方位展示，如果介绍具体器材的使用方法可以让学生近距离体验。③注意教具与模型的使用保护。

（3）案例教学法

案例教学法，就是在体育教学中举例子，使学生对体育教学内容的理解更加简单、直观、形象。

案例教学法应用要求如下。①举例恰当，避免举无效案例。②对战术配合和组织案例分析尽可能详细，并注意多角度（如攻、守）分析。

（4）多媒体教学法

多媒体教学法是现代体育教学中被较多使用的方法，与传统的课堂板书教学不同，多媒体教学能令教学内容的展示更加生动、形象，而且教师应更加准确地利用多媒体教学技术向学生分析动作的细节，通过动画和视频演示，可以将每一个动作精确到秒，将教学内容制作成电影、幻灯片、录像等，通过重放、慢放、定格等操作方法，使学生更深入、系统地学习知识，掌握技能。

多媒体教学法的使用需要必要的多媒体教学技术支持，也需要教师具备一定的多媒体技术操作能力。

3. 完整教学法

完整教学法是体育教学中广泛应用的一种教学方法，该教学方法重在完整地、不间断地演示整个技术动作过程，通常在体育教学实践课中运用。

完整教学法的体育教学应用应注意以下三点。①讲解要领后直接运用。教师通过对体育运动技术动作的分解讲解后，示范整个技术动作，使学生能流畅地模仿完整的技术动作。②强调动作练习重点。体育实践教学中，对于较为复杂的动作，教师应明确讲解、示范重点，使学生正确把握技术动作难点。③降低动作练习难度。降低动作难度以便于学生完整地练习，建立正确动作定型后逐渐增加难度，待学生熟练后再按标准动作进行完整动作学练。④应注意将各动作要素进行分析，以使学生能够了解用力的大小、动作的程度等方面。

4. 分解教学法

分解教学法是与完整教学法相对应的一种教学方法，适用于复杂和高难体育项目的技术动作教学。能将复杂的动作简单化，降低技术难度。

分解教学法适用于复杂和高难体育技术动作教学，具体是指在体育教学实践中，教师分解完整的技术动作，通过各个阶段、环节的逐个教学，最终使学生掌握整个技术。分解教学应注意以下三个方面。①对技术动作的分解要注意科学，不能打破各环节之间的有效衔接。②分解后的技术动作依次教学，熟悉后注意组织学生对学习环节前后的衔接结合练习。③技术动作分解与完整综合运用效果更佳。

5. 预防教学法

体育教学的开放性使体育学习同样是一个开放的过程，可受到各种因素的影响与干扰，就学生的个体差异性来说，学生的认知能力、理解能力、肢体协调能力等，使其不可能做到一下子就准确掌握知识要点、动作要领，学习过程中难免会犯各种各样的错误，教师针对学生的学习错误，应及时预防和纠正。

预防教学法是对学生的错误认知、错误动作提前采取阻断措施的教学方法。

预防教学法应用要求如下：①体育教学中，教师应在讲解过程中不断强化正确认知，避免学生错误认知。②教师在备课时可结合自己的教学经验对学生可能会犯的错误做好预防预案。③可结合口头评价、提示、指示帮助学生及时预防错误。

6. 纠错教学法

纠错教学法是学生在体育教学中出现认知、动作错误后，及时予以纠正错误的教学法。在体育教学过程中，教师应正确对待学生由于对各种动作技术理解不清或对动作掌握不标准的错误，注意进行有意识的引导和纠正。

纠错教学法应用要求如下：①纠错时，应注意正确技术动作的讲解，使学生明确产生错误的原因，及时改正。②结合外力帮助学生明确正确技术动作的本体感觉。

预防和纠错相辅相成，和预防相比，纠错的针对性更强。教师要认真分析学生错误的原因，并有针对性地结合错误的源头采取相应的纠正措施，并给出改正的方向与方法。

7. 游戏教学法

游戏教学法，是指教师利用组织游戏的方法使学生完成预定教学任务的教学方法。这种教学方法的应用比较广泛，在体育教学的初期和其他各时期都经常被用到，在调动学生的体育学习积极性与主动性方面具有良好的作用。

游戏教学法的应用应注意以下几点：①所开展的各项游戏应与具体的体育教学内容相适应，与教学内容相关。②游戏内容应选择学生感兴趣的内容、方式。③游戏开始前，注意游戏规则、目的的讲解。④游戏过程中，强调学生的积极努力、同伴协同配合。⑤游戏过程中，教师应监督学生在游戏中的行为，避免学生破坏规则，如有发生应实施"惩罚"。⑥游戏结束后，教师应做客观、全面的评价。⑦注意教学安全。

8. 竞赛教学法

竞赛教学法是通过教学竞赛的组织来开展体育教学的方法，竞赛教学法重视学生的体育运动技能的实践检验，也重视学生在运动中的角色体验及学会如何处理与队友的关系，并可以促进学生的运动心理的调适与完善。竞赛教学法是体育教学不同于其他学科教学的一种重要教学方法，对于学生的身体运动素质、竞技能力、心理素质、社会关系处理等都具有重要发展促进价值。

竞赛教学法的教学应用要求如下：①明确竞赛目的。通过足球运动竞赛切实提高学生的足球运动技能水平。②合理分组。各对抗队的实力应相当。③客观评价。对竞赛过程中学生完成动作的质量予以客观的评价，并指出改进的方向和方法。④竞赛教学法应在学生熟练掌握相应的运动技战术后使用，避免学生发生不必要的运动意外伤害。

在体育教学实践中，教师不应只专注于使用一种教学方法，也不能毫不顾忌教学实际而多个教学方法交叉和叠加使用。上述各种体育教学方法的应用应结合具体的教学实际情况和学生情况进行科学选择，以使用最佳的教学方法或者教学方法组合，进而促进良好的体育教学质量和教学效果的不断提高。

（二）体育学法及应用

1. 自主学习法

所谓自主学习法，即学生积极主动、独立自主进行体育学习的方法，在学习过程中，主动发现、分析、探索、实践。当然，整个学习过程需要教师给予必要的指导。

高校体育教学中，教师指导学生进行自主学习，应做好以下几方面的工作。①教师应针对学生的水平、特点，为学生安排难度适当的体育教学内容。②教师可帮助学生制定学习目标，指出学生通过自我探索应该达到什么水平、解决哪些问题，学生应根据自身的知识储备和能力水平，明确学习目标。③学生应根据自身情况，对照学习目标，进行积极的自我调控。④教师必须认识到在组织学生进行自主学习中，教师仍要间接参与学生的整个学习过程，自主学习并非意味着教师放任不管，教学中，教师应时刻关注学生的学习进度，是否遇到了一些问题，如果学生的学习偏离预期，应及时引导。

2. 合作学习法

合作学习法，是在教师的指导下，学生进行合作互助，通过责任分工承担不同的学习探索任务，并最终解决问题，达到教师所设定的学习目标，完成教师布置的学习任务。

合作学习能够提高学生的学习能力、合作能力。教学中，具体的学习操作方法如下：①教师根据教学内容确定相应的教学目标。②教师引导学生结成学习小组。③全体学生在教师的指导下，根据教学内容确定相应的教学目标。④确定各小组研究的课题，引导学生自己进行小组内的具体分工。⑤小组成员合作完成小组学习任务与目标。⑥不同小组进行学习和交流，分享研究成果，发现问题，取长补短。⑦教师关注、监督学生学习，推动各小组活动顺利开展。⑧教师评价，帮助学生总结。

（三）传统体育练法及应用

1. 重复训练法

重复训练法，就是反复进行某一训练内容练习的方法。重复训练法旨在通过反复的动作重复不断地强化运动条件反射,使机体产生较高的适应机制,促进学生掌握和巩固技术动作。

2. 持续训练法

持续训练法,是在保持一定负荷强度、运动时间的基础上无间断地连续进行练习的训练方法。

3. 循环训练法

循环训练法,是对较多的训练内容进行分类和排序,依次完成训练内容与任务,然后再从训练最初的任务开始,不断循环重复整个训练内容的训练过程与方法。循环训练各站点内容不同,对提高学生的训练兴趣和积极性、主动性有较大的促进作用。

4. 完整训练法

完整训练法,是指从头到尾完整地完成一个动作、一套动作、一个技战术配合的训练,整个训练一气呵成,没有中断。

5. 分解训练法

分解训练法,与完整训练法相对,是对训练内容进行阶段、环节划分,逐一攻破,逐一精细化地学习与练习的训练。

6. 间歇训练法

间歇训练法,"间歇"把控是重点,具体是对训练时间作出严格规定,通过训练内容与训练时间的有机结合与搭配,安排各内容与阶段的训练的训练方法。

7. 程序训练法

程序训练法是按照一定的顺序进行的程序化、模式化的运动训练方法。

8. 变换训练法

变换训练法,重在对运动训练要素的变换,通过变换不同的训练要素来开展训练活动的训练方法。

三、高校体育教学方法的创新与发展

(一)高校体育教学方法发展趋势

1. 多元化

体育教学的复杂性决定了体育教学方法的多元化发展:体育教学发展至今,已经有了许多教学方法,随着体育教学在未来的不断发展,也必然会出现更多的体育教学方法。

体育理论知识体系和运动技能内容丰富、技战术复杂、体育教学系统的多元化都在客观上要求体育教学方法的多样化与多元化,单一的教学方法是无法实现教学目标的,新课程改革的开展与深化也要求必须创新教学思路与方法,体育教学课上不能死咬几种教学方法。体育教学方法的多元化能为体育教师的体育教学提供多种选择,进而实现体育教学更加科学地组织与开展。

现代体育教学中，随着新课程改革的开展与深化，综合考虑多方面影响因素，争取教学方法的多元化优化创新是体育教学发展的必然趋势。

2. 现代化

科学技术的发展为人们的生活提供了便利，在教育领域，新技术的应用对新的教学模式、教学方法的创新也提供了技术支持。教学设备的现代化是体育教学的重要表现之一。随着体育教学的各项技术逐渐发展，其教学方法也必然呈现出现代化的发展趋势。

传统高校体育教学理念与方式已经表现出局限性与落后性，传统课堂板书、单纯体能训练（苦练）的教学方法已经与现代社会和学生的发展需求严重不符，不能充分调动学生学习的积极性，因此加快高校体育教学方法创新是高校体育教学改革的必然趋势，而且创新意义重大。

新时代，随着现代体育教学的发展，现代化的教学设备、技术在体育教学中普遍应用。通过先进的现代化设备，教师能够对学生的身体素质进行更加深刻地了解，并能够更好地制定运动训练的负荷量。在教学管理方面，能够对学生的学习和生活提供更加便捷的服务。而体育理论教学中，多媒体、计算机软件等的运用，也使体育教学更加生动形象。

在科技发展迅速的大环境下，科学技术的进步对其教学方法的影响是极其深远的。多媒体技术教学、移动通信教学、网络教学等诸多新的具有现代时代特点的体育教学方法的优化创新，充分吸收了现代的先进科技，为学生的体育学习提供更加快捷、生动、形象和立体化的教学情境，符合当下学生的学习习惯与需要，经过教学实践证明也确实优化了教学效果。

3. 民主化

民主化教学是现代体育教学改革中所提倡的一种新的体育教学思想，民主化的体育教育有两个方面的要求，其一，体育教育面向全体学生，每一个学生的体育参与都是民主的；其二，在体育呼吁体育教学中的师生民主，体育教学的民主化是大势所趋。

随着体育教学过程中民主意识的崛起，民主化的体育教学方法也逐渐得到快速的发展。在体育教学方法的选择过程中，也应关注到体育教学中的民主化条件、氛围的创设，让学生在良好的教学环境中学习、参与体育。

4. 合作化

现代体育教学实践中，只运用一种教学方法不可能完成整个教学，这就需要对多个教学方法进行综合运用，这就是体育教学的合作化。体育教学方法的合作化，是体育教学方法的重要创新策略，目前，自主学习、合作学习等推崇民主教学的教学方法已经在我国高校得到广泛应用，极大地促进了教学目标的完成和学生的全面发展。

一方面，注重学生合作的教学方法选择，有助于培养学生的体育合作意识，是实现对学生的体育学习的社会性能力培养与发展的科学有效途径，能更好地通过教学活动组织实现体育的社会性教育功能。

另一方面，多种各具特点的体育教学方法的综合运用，可以最大限度地发挥不同体育教学方法的优势，多种不同特点教学方法的优化合作，不仅能够有效地提高学生的技战术水平和知识，还能够在学生的品德方面有着更着重的培养，更有利于促进学生技战术的学习和提高，能培养学生的合作意识和良好意志品质。其是对多元体育教学方法的一种"优势放大"，有利于体育教学效果的完善和教学质量的提高。

5. 个性化

体育教学中的教学方法面向的是全体学生，但不同的学生之间存在各种差异，这就需要体育教学方法在选用过程中也应突出个性化，体育教学的方法应随着学生各方面的变化（学生的时代特征、个性差异）而进行适当的调整。个性化的教学方法改革和创新对于学生和社会的发展均具有重要意义，能真正实现每一个学生都有所发展和进步。

传统体育教学过分强调教师对教学的指导，教师的教学活动忽视了学生个体之间的差异性，使学生的体育学习比较被动。

新时代，随着现代高校体育教学改革的不断深入与发展，再加上现代社会越来越注重学生个性的发展，同时，新的体育教学理念的推动、新的科学技术在体育教学中的应用，使现代体育教学中的体育教学方法的个性化发展成为可能，并具有了科学化的操作路径，能促进体育教学中的学生个性化教学。学生的个性发展要求教师应根据学生的具体情况，采用不同的体育教学方法。这对于提高学生的体育学习兴趣，充分调动学生的体育学习积极性与主动性具有重要的意义和作用。体育教学方法的发展也必然呈现个性化发展趋势。

6. 心理学化

体育具有多元教育功能，促进学生的心理健康发育是体育教育的重要教育功能之一，体育教学中的教学方法选择应为体育的心理教育功能的实现服务。体育教师在体育教学方法中应重视学生心理塑造，正确引导学生，培养学生体育健身意识，促进学生的良好体育道德、体育意志品质、体育精神和体育行为的养成。

实践表明，心理学理论在体育教学中的应用对于实现体育教育教学促进学生身心健康发展具有重要意义，为体育教学方法重视学生心理建设、发展提供了启发，通过科学的心理学理论指导，教学方法选用开始更多地关注学生心理，能使体育教学方法更符合学生的心理发育特点和心理活动特点，有助于有针对性地选择合适的体育教学方法，更好地激发学生的体育学习的积极性与主动性。通过影响学生心理来组织和实施体育教学，能更好地实现体育教育教学、更进一步促进学生身心健康发展。

7. 最优化

不同的教学方法各有优点，针对具体教学内容、教学对象特点，教师应善于甄选出最佳的教学方法。

具体来说，最佳的教学方法应充分考虑以下两个方面：教学方法创新发展必须重视教学方法优化策略中的系统性和操作性；体育教学方法的优化发展应充分考虑教学方法的实操性和实效性。

（二）高校体育教学方法的科学选择

高校体育教学方法丰富多样，不同的教学方法各有优点与特点，要真正发挥教学方法在高校体育教学中的作用就必须重视教学方法的科学选择，具体来说，高校体育教学方法的科学选择依据主要有以下几个。

1. 依据教育理念选择

教学理念对教学方法的选择有重要指导作用，教学方法的选择应以最新体育教学理念为指导，具体要求如下。

第一，现代体育教学强调素质教育，强调学生的身心健康全面发展。体育教学方法选择应体现"以人为本"，促进学生体育参与学习过程中的"健康第一"，并有利于提高学生的体育学习与参与积极性，促进学生实现"终身体育"。

第二，体育教学方法的选择应体现出学生在体育教学中的主体地位，激发学生的积极性与主动性。

第三，体育教学方法的选择应重视在教学活动中对学生的体育意识、体育能力的培养，为学生走出校门、走向社会继续参与体育奠定知识与技能基础。

2. 依据教学目标选择

教学目标、任务不同，教学方法的选择也不同。体育教学目标是科学选择体育教学方法的重要依据。

依据体育教学目标选择体育教学方法，要求如下。

第一，从体育教学的总体目标要求出发，保障每次课的教学目标和总体教学目标都能实现。

第二，充分考虑教学媒体的选用能否实现本次课的教学目标，结合教学目标应用不同的教学媒体，选择不同的方法。

第三，教学方法要充分考虑具体教学活动安排所要实现的每一个小的教学目标，如为让学生巩固技能，教师应多采用练习法、比赛法等；为了教会学生学习新技能，教师应多采用讲解、示范、分解、模仿练习等教学方法。

第四，现代体育教学总目标是"促进学生体魄强健、身心健康"，所有教学方法的选择都应该以此为标准，不能偏离这个标准而只考虑短期的教学目标的实现，短期教学目标的实现也是为长期教学目标的实现服务的。

3. 依据教学内容选择

体育教学内容丰富，不同的教学内容向学生展示，需要使用到不同的教学方法才能呈现出最好的教学效果。在体育教育教学系统中，教学内容、教学方法是两个重要的系统构成要素，二者之间具有密切的关系。因此，教学方法的选择必须充分考虑教学内容。操作要求如下。

第一，选择体育教学方法，应充分考虑体育教学内容的方便实施，如技术动作教学应采用主观的示范法；原理教学应采用语言讲解教学法。

第二，选择体育教学方法，应充分考虑教学内容的表现方式，通过哪种教学技术能更好地将教学内容呈现给学生，最大限度激发学生的学习兴趣，就选择哪种最适宜的教学方法。如图片展示更直观便捷，还是多媒体教学展示更生动细致，这些都需要教师把教学内容与表现形式综合考虑。

4. 依据学生特点选择

学生是体育教学的对象，教学活动开展不能离开学生，否则教学就没有任何意义。对于体育教师来说，体育教学方法的科学选用是为了更好地促进学生体育学习服务的，所以在具体的教学方法选择中应重点考虑学生的特点。

在体育教学中，科学选择体育教学方法，既要考虑学生群体特点，又要考虑学生个体特点。具体来说，根据教学对象特点选择教学方法，应重点关注以下几个方面的工作。

第一，科学选择教学方法，就学生群体特点来说，要根据抓住某一学生群体的共性，科学选择能涵盖学生这些共性的、有针对性的体育教学方法。如低年级学生应多采用游戏方法教学，高年级学生多采用探究、发现法教学。

第二，就学生个体特点来说，关注不同学生的个体差异，针对不同学生采用不同的教学方法。

5. 依据教师条件选择

体育教师是体育教学的组织者、指导者，是体育教学活动的安排者，也是体育教学方法的选择者、实施者，因此，教学方法的选择应充分考虑教师的相关条件，要求如下。

第一，体育教学方法的选择，应考虑该教学方法是否能使得具有一定的素质水平、知识结构、教学能力与经验的教师科学、有效地实施，充分发挥出教学方法的优点。

第二，体育教学方法的选择，应充分考虑是否符合教师的教学风格、性格特征。

第三，体育教学方法的选择，教师应考虑本次课的教学目的与课堂控制。

总之，体育教学方法的选择过程中，教师应认真审视自己，根据自己的实际特点来选择合适的教学方法，以便于扬长避短，使教学方法选择更具针对性。

6. 依据教学环境与条件选择

在整个体育教学活动开展过程中，体育教学方法的选择应考虑到整个教学活动所涉及的教学因素，其中，客观教学环境与条件是应重点考虑的因素，教学方法的科学选择应该能够以这些必要的教学要素为依据去选择。

具体来说，教学环境包括场地器材、班级人数、课时数等，同时，外界的社会文化环境也对教学环境具有重要的影响作用。体育教学条件则涉及体育教学的硬件条件、软件条件等。

在体育教学活动开展过程中，体育教学环境与条件是不以人的主观意志为转移的，对教学方法的选择具有重要影响，体育教师要选择哪一种教学方法，应关注这些客观教学环境因素的影响，充分考虑如果选择和实施某一种教学方法，有没有实施这种教学方法的必要的客观环境和条件的支持。

(三) 高校体育教学方法的优化创新

1. 教学方法的优化策略

随着现代体育的不断发展，不断有新的体育教学方法被提出并应用到体育教学中，体育教学方法体系内容不断得到丰富。体育教学中，教师在体育教学方法优化创新应用方面的意识越来越强，但也不乏会出现为了创新而创新的现象，这种现象违背了体育教学的客观规律，忽视了体育教学中的学生、教师、教学条件等客观实际，是一种不科学的创新。

科学的体育教学方法优化创新，应注重对教学方法和教学现实的深入分析，充分了解不同教学方法的优点，针对具体教学内容、教学对象特点，教师应善于甄选出最佳的教学方法。对教学方法的合理运用是科学组织与实施体育教学的重要前提，也是体育教学方法优化创新的前提。

体育教学方法的科学化优化操作，具体要求如下：

第一，在实际的体育教学方法优化创新过程中，必须重视教学方法优化策略中的系统性和操作性。

第二，严谨的系统性能使教师对教学有着非常好的整体把握，更强的操作性则能够帮助教师更加方便地执行教学方法。

第三，教学方法将优化应用于具体教学实践，体育教师应重视对教学方法产生的效果进行跟踪了解，可通过学生的学习反馈收集、整理、分析教学方法使用效果的反馈信息，并对教学方法做出优化调整。

2. 教学方法的组合创新

教学方法的组合创新是现代体育教学方法优化组合的必然趋势和要求，具体是指以合作学习法为基础来进行教学方法的优化创新。从本质上讲，教学方法的组合也是对原有教学方法的一种优化措施。

随着社会的飞速发展，体育教学方法不断创新，传统教学方法不断完善、新的体育教学方法不断出现，高校体育教学中，体育教师应对教学方法当中的各优势要素进行组合创新运用，以最大限度地发挥不同体育教学方法对体育教学的促进作用。

第三节 体育教学的原则

一、体育教学原则的概念和含义

任何一门学科都拥有教学原则，这是保证教学过程规范化和教学方向科学化的基础。体育教学原则在教学过程中发挥着关键作用。

（一）体育教学原则的概念

体育教学原则是实施体育教学最基本的要求，是保证体育教学过程不脱离体育教学目标的最基本因素。在进行教学内容和教学方法的选择时，体育教学方法也受到体育教学原则的约束，因此，它也是保证体育教学方法和教学内容科学性和实用性的基础。

（二）体育教学原则的含义

体育教学原则是根据体育教学的特点及体育教学大纲的目标要求而编写的。体育教学原则有以下三个方面的含义。

1. 体育教学原则是体育教学的规范

体育教学原则是体育教学的规范，是体育教学过程中各种教学行为改变的基本"底线"，体育教学的相关方法和目标都是在体育教学原则的基础上不断优化和加强的。因此，体育教学原则是体育教学所有要求中最基本的内容。

2. 体育教学原则保证体育教学的科学性

体育教学原则既来源于体育教学，又对体育教学起到约束作用。因此，体育教学原则中的要求能够保证体育教学过程不脱离教学实际，有利于教学目标的实现。

3. 体育教学原则保证体育教学内容的合理性

体育教学原则是保证体育教学内容合理性的基础，因为在进行教学内容的选择时，对所选择的内容应该按照体育教学原则的要求进行筛选和检查，如果不符合体育教学原则的要求，那么就应该予以删除，如拳击类运动就违反了安全性的教学原则，因此不能作为教学内容。

（三）体育教学原则的形成

1. 体育教学原则是体育教学实践经验的概括和总结

自从体育教学成为学校教育的组成部分之后，体育教学工作者们一直致力于探索"如何更好地完成体育教学的目标"和"如何提高体育教学的质量"。为了保证体育教学的规范性，体育教学工作者在长期的体育教学实践中，对前人的体育教学经验和教学成就进行了总结和分析，探究出体育教学的规律要求。在长期的积累和不断地修订中，最终形成了体育教学的原则。

2. 体育教学原则是体育客观规律的反映

体育教学原则是体育教学过程的客观反映。体育教学有着共同的规律，这些规律是客观存在的，不受任何环境和情况干扰。在所有的体育教学中，人们也都是依据这些客观规律进行体育教学实践的。

3. 体育教学原则在不断发展和完善

体育教学原则与人们的认知水平有着本质联系，是受人们的认知水平制约的。随着人们对体育教学认知和实践的不断深入，以及社会的不断发展和进步，体育教学原则将会随着人们认知的提高而不断发展和完善。因此，我们要跟随时代的脚步，与时俱进地对体育教学原则进行研究。

二、体育教学特点与体育教学原则的关系

（一）一般教学原则与体育教学原则

每个学科都有一般教学原则和属于该学科的特有教学原则。所谓的一般教学原则，是指在一般的教学条件下的各门学科都应该遵守的基本教学原则，是各科教学原则的指导。对体育教学而言，体育教学原则是在一般教学原则的基础上制定的，但是由于体育教学与其他学科的教学存在明显的差异，如实践性、开放性、互动性等，因此一般教学原则不能代替体育教学原则，而是在一般教学原则的基础上，根据体育教学的特点增加的。因此，体育教学原则包含一般教学原则。

目前，世界上关于体育教学的一般教学原则的研究和结论各不相同，但是从关于一般教学原则的论述中可以看出，一般教学原则无外乎以下几点。

1. 教学的整体性和系统性原则

这是对教学过程的连贯性的要求，也是教学的基础。

2. 理论联系实际原则

任何一门学科的教学都是为了社会的发展而存在的。

3. 促进师生共同发展原则

在教学这一大环境中，师生是教学的主体，也是教学的重要组成部分。

4. 反馈调节原则

反馈是教学中的重要环节，只有不断反馈和调节才能保证教学过程的不断优化。

5. 不断优化原则

教学的最终目的就是不断提高教学的质量。

（二）体育教学特点

任何一种形式的教学，都离不开"教"和"学"两个方面的概念，都是在教师的指导下进行的一种有计划、有目的、有组织的教学活动。但是由于每种教学面对的内容和要求有所不同，所以每一种教学活动都有其自身的特点。与其他学科的教学活动相比较而言，体育教学活动主要有以下几方面的教学特点。

1. 教学活动主要是靠身体的运动进行

由于体育教学强调的是教学活动的实践性，因此，体育教学中的技能主要是通过大量身体活动实现的。可见，注重身体的运动是体育教学活动的主要特点。

2. 体育教学具有锻炼学生身体的目的性

体育教学的目的就是提高学生的身体素质，以及让学生掌握一些体能知识和技能，这是与其他学科教学目的的最大区别，也是体育教学的功能之一，能够通过一些有规律的活动和体育锻炼来提升学生的身体素质。

3. 教学经常在相对自由的集体活动中展开

体育教学是围绕运动技能的传授展开的，而运动技能又是在相对开阔的空间和专用的体育环境中展开的。有的运动项目和活动还是以小组的形式进行，这就增加了体育活动的自由性。这种自由性不仅表现为小组之间的组合相对较为自由，还表现为学生在活动中的行动也比较自由。

4. 教学组织更加复杂

体育教学注重学生的实践性，而且教学场地一般脱离教室，在体育场馆或是其他室外条件下进行，教学环境较为开放，并且对教学场地的要求较高，有很多因素难以控制，使教学的组织更加复杂。

对于体育教学工作者而言，他们只有对体育教学的特点具有很深的认识，才能制定出合理的体育教学原则。体育教学工作者要能够准确地把握体育教学的规律，联系教学实际，制定出科学的、符合教学实际的体育教学原则。

三、体育教学原则的作用

（一）使体育教学要求更加明确

体育教学原则是体育教学工作的基本要求和教学规律的具体体现。通过体育教学原则制定的教学要求更加具有科学性、准确性和生动性，而且有利于学生接受，因此，体育教学原则更加明确了体育教学的要求。在体育教学开展的过程中，相关教育单位或者体育教学小组可以针对体育教学原则的内容对体育教师提出具体的要求。从某种程度上说，体育教学原则是对体育教师提出的最基本的要求，是教学过程中必须遵守的。

（二）梳理教师进行教学的思路

体育教学是一个复杂的教学过程，涉及的内容有很多，如根据教学目标进行教学内容的选择和安排，对教学方法的选择和运用，对学生兴趣的培养和管理，对教学条件的准备和优化，对课堂的设定和计划，对学生的研究和方案的制订等，这些因素会为教学增加很大的难度。但是如果教师按照体育教学原则进行，那么教学工作就是正确的、科学的，教学质量就能得到基本保障。所以，教学原则帮助教师梳理了教学思路，保证了教学的科学性。

（三）作为观察体育教学的视角

由于体育教学原则反映的是体育教学的基本要求，所以说在教学的过程中只有遵循体育教学原则才能满足体育教学要求，这样才会呈现出合理的外部特征和表现；反之，如果不遵循体育教学原则，就不能保证教学目标的顺利实现和教学过程的科学性。所以，在教学过程中，可以以体育教学原则为视角观察教学的外部特征和教学表现，从而判断体育教学实施过程的合理性。

（四）作为评价体育教学效果的标准

任何一种对教学的评价都有可能出现主观依附性，对教学效果产生干扰，影响体育教学评价的科学性。但是如果我们以体育教学原则为参考进行评价，不仅能统一体育教学评价的标准，还保证了体育教学评价的科学性。

四、体育教学原则的因素与要求

（一）学科体系因素与要求

虽然体育教学与其他学科相比有着非常明显的区别，但是每一个学科的教学都应该遵守学科的一般要求，这是教学实施的前提和基本要求。如果在教学的过程中不遵守"学科体系因素与要求"，那么教学就会失去科学性和合理性，朝着错误的方向进行，同时还可能造成教学步骤混乱、教学失去重点、难以达成目标等，如有序性原则、结构性原则、科学性和思想性相统一的原则，都是在学科体系因素与要求的基础上确立起来的。

（二）学生发展因素与要求

学生是学科教学活动中的重要组成部分，是教育活动的承受者和教学效果的表现者，也是教学过程合理性与否的体现者。由于学生的生长环境和心智发育存在差别，因此在教学过程中应该对学生进行研究和分析，把握每一个学生的特点，以便于针对性教学的实施，保证教学的质量，如启发创造性原则、因材施教原则、启发诱导原则、动机原则、积极主动性原则等。

（三）教学法理因素与要求

教学法理因素与要求是根据学生在教学中的接受能力和教学内容的特点以及学生的心理发展特点和教学方法特点制定的，坚持这样的教学原则能够保证学生学习的合理性和科学性，有利于学生对学科知识的接受和掌握，促进教学质量的提高，如理论联系实际原则、直观性原则、巩固性原则、循序渐进原则、系统性原则、反馈原则等。

（四）教学工作因素与要求

教学工作是教学的中心环节，也是教学中最重要的环节。教学工作是教学实施的过程，教学工作中涉及教学形式、教学方法、教学条件和教学过程等因素，其中每一个因素都有其基本的要求，只有在教学过程中认识到这几个因素的重要作用，才能保证教学的准确性和合理性，如教学整体性原则、教学形式最优化原则、教学方法优化原则、教学条件优化原则、教学过程优化原则等。

在进行体育教学时，必须建立一个内容完整、词义准确、指导性强、便于记忆的教学原则体系，这样才能发挥整个教学原则对教学活动各个环节的指导作用，促进体育教学达到最优化。

五、当前我国基本的体育教学原则

（一）合理安排身体活动量的原则

合理安排身体活动量是保证体育教学科学性的前提和基础，是素质教育对体育教学的基本要求。如果体育教学的运动量较小，就无法满足学生的身体发展需求；如果运动量过大，就会对学生的身体造成损害。

1. 合理安排身体活动量原则的含义和依据

合理安排身体活动量的原则，是指在教学的过程中必须体现体育教学的本质特点——身体的活动性，而且要根据学生的身体状况和运动的特点，保证学生接受的活动量在其肌体承受能力之内，同时又能满足学生掌握体育知识和技能的需要，以及身体发展的需要。

合理安排身体活动量的教学原则是依据体育教学的特点，以及学生在身体锻炼过程中所承受的运动负荷的规律而提出的。

科学的身体运动是学生锻炼身体和掌握基本运动技能的过程，也是保证体育教学目标实现的过程，因此在体育教学过程中要保证学生肌体所承受的运动量的合理性。

2. 贯彻合理安排身体活动量的基本要求

（1）活动量的安排要服从体育教学的目标

在教学的过程中，教师合理安排体育教学的活动量，实际上就是为了保证教学活动的科学性。因为合理的运动量的安排能最大限度地发挥体育教学的优势，促进教学目标的实现。如果某位教师在对学生进行身体训练的时候，运动量超过了学生的身体承受能力，则会对学生的身体造成伤害，无法保证"促进学生身心健康"这一教学目标的实现。

（2）活动量的安排要符合学生的身体发展状况和身体发展需要

身体运动量的科学性能促进学生身体素质的提高，降低现代生活中一些不利因素对学生造成身体方面的影响。教师要科学地安排学生的活动量，首先应该对学生的身体发展状况进行研究，清楚学生身体发展的需要，这样才能保证活动量的合理性。

（3）要通过科学的教程、教材和教法的设计合理安排身体活动量

体育教学运动具有复杂性的特点，运动项目多种多样，有的运动量大，有的运动量小，呈现出不平衡的趋势。因此在教学设计的过程中要考虑到学生的运动量问题，以此进行教程、教材和教法的设计。

教学的过程是实现体育教学目标的过程，由于教学的各个阶段的教学任务和教学内容不同，因此，在教学过程中还要根据不同阶段的教学内容及教学内容的特点合理安排运动量。

教法是教学的呈现，也是调节运动量的根本手段，因此在教学的过程中，要跟随体

育教学活动的情况随时调整运动量和运动强度，以保证运动量的合理性。

（4）因人而异地考虑运动量

学生是教学活动的主体，因此要保证教学过程中运动量控制的合理性，应该以学生为重点，根据学生的身体特点因材施教地安排运动量，调节运动量的大小，在达到体育教学对学生整体要求的水平上，根据学生的身体强弱进行运动量的控制。

（5）逐步提高学生控制运动量的能力

在体育教学过程中，除了要促进学生运动技能的提高，促进学生对相关运动的知识和要求的掌握外，还要教导学生一些判断运动量和调整运动量的方法和技巧，帮助他们合理地控制运动量，逐步地学会锻炼身体。

（二）注重体验运动乐趣的原则

1. 注重体验运动乐趣原则的含义

注重体验运动乐趣的原则是指在体育教学过程中，传授学生体育相关知识和技能的同时，让学生感受到体育学习的乐趣，这样能使学生喜爱体育运动，并积极参加体育教学活动。

注重体验运动的乐趣，是根据体育教学的特点和学生在体育运动中情感的变化提出来的，体验运动乐趣是人参与体育运动和体育比赛的重要目的。随着科学技术的不断更新，人们生活的节奏也日益加快，这些快节奏的生活方式给人们的健康带来了不利的影响，人们急需通过体育锻炼维持自己的身心健康，所以，体育运动逐渐成为人们生活的一部分。

让学生体验体育运动的乐趣，同时也是促进体育教学质量提高的手段，因为体育教学侧重的是学生的学习活动，学生只有在体验到体育运动乐趣的时候，才会增加对体育运动的兴趣。有了兴趣，他们学习的主动性和积极性才能被充分调动，体育教师才能不断提高体育教学的质量。

2. 贯彻体验运动乐趣原则的基本要求

在体育教学的过程中，贯彻体验运动乐趣原则的基本要求有以下几点。

（1）正确理解和对待体育运动中的乐趣

每项体育运动项目都有其固有的运动乐趣，这些乐趣来源于这些体育运动项目的特征，体育教师要想充分地挖掘和利用体育运动中的乐趣，促进教学目标的实现，首先应该正确地理解和对待它们，既不能无视它们的存在，也不能盲目地挖掘，要从体育教学目标、运动的特点、学生的情感倾向等方面深刻地理解体育教学运动中的乐趣。

（2）注重从学生的立场理解教材

教师和学生是体育教学中的两大主体，是教学活动的重要组成部分。教师是教学活动的教授者，学生是教学活动的接受者。两者的立场不同，因此理解教材的角度也就有所不同。教师往往从教学过程和教学目的两个方面理解教材，而学生往往从乐趣和挑战两个方面理解教材。再加上学生是教学活动的参与者，是教学方法的受用者，也是教学目标的体现者，因此，应该注重从学生的立场理解体育运动中的乐趣。

(3) 让每一个学生都能不断获得成功的体验

体育与其他学科的根本教学目标一致，就是提高学生的知识和技能，使学生不断成长。而与其他学科教学不同的是，体育教学是一个与学生的身体条件密切相关的教学活动。每一个学生受到遗传因素的影响，在身高、体重和运动技能等方面有所区别，如果开展集体的训练活动，那么一些身体条件较弱的学生很容易在学习的过程中体验到差距。所以，为了保证学生在学习过程中的平等性，就必须通过各种教学的加工和教学方法的优化，让学生不断体验成功的乐趣，增加学生的自信。

(4) 处理好运动乐趣与运动技能之间的关系

要让学生在运动的过程中体验到成功的乐趣，但是体育教学的目标是提升学生的运动技能，因此在教学的过程中要保证两者之间的统一。体育教学中有些内容具有趣味性和技能性，但是有的运动技能性偏重。只有技能性和趣味性两者相统一，才能促进教学目标的实现。因此，在教学的过程中，要将趣味性和技能性较强的活动作为教学的重点，同时也要挖掘技能性偏重活动中潜藏的趣味性，提升教学质量。

(5) 开发多种有利于学生体验乐趣的教学方法

在教学的过程中，教师除了要重视体育知识的传授之外，还要善于采用多样化的教学方法帮助学生体验运动的乐趣。如在教学的过程中，可以通过运动项目的特点，灵活地使用游戏法、比赛法、领会教学法等，让学生能够充分地、平等地体验到体育的乐趣，促进学生对体育学习兴趣的建立。

(三) 促进运动技能不断提高的原则

体育教学的目的是促进学生运动技能的提高，因此在教学的过程中要注重促进学生运动技能不断提高的教学原则，保证教学目的的实现，提高教学质量。

1. 促进运动技能不断提高原则的含义

促进运动技能不断提高的原则，是指在教学的过程中教师要通过各种教学方法的运用，不断提高学生的运动技能，提高学生的运动成绩，从而提升体育教学质量。

促进体育教学运动技能不断提高的原则是由体育教学的目标、社会的需求和肌体发展的需求三个因素决定的，同时也是实现体育教学终身化的基本前提和条件。

掌握体育教学的运动技能，是通过体育教学提升学生的运动能力、发展学生的运动素质、提升学生运动技能的有效途径，也是让学生体验运动的乐趣、提升体育教学质量的前提，更是判断体育教学目标是否完成、检测教师教学能力高低的标准。

2. 贯彻促进运动技能不断提高原则的基本要求

促进学生运动技能的不断提高，是体育教学目标的重要组成部分，也是体育教学的意义所在。在制定这一教学原则的时候，应该做到以下几点。

(1) 正确认识运动技能在体育学习中的重要意义

掌握运动技能可以锻炼学生的身体，提升学生的运动素质，促进教学质量的提高。

因此，教师在教学的过程中，要注重提高学生的运动技能。

（2）明确运动技能学习的目的，有层次地掌握运动技能

体育教学要求学生掌握运动技能，就是为了丰富学生的学习生活，增强学生的身体素质，保证学生的健康成长。因此，在教学的过程中，开展以"运动技能的提高"为目的的教学时，要坚持"健康第一"和"终身体育"的理念。将体育教学目标根据教学任务进行分阶段的划分，有层次和分门别类地让学生掌握体育教学大纲所要求的运动技能。

（3）要钻研"学理"和"教学"，提高教学质量

要想提高教学质量，应该先做到"知己知彼"。因此，要让学生很好地掌握体育运动技能，就必须详细地掌握运动技能的规律，特别是教学环境中的各种运动技能的特点和发展的规律。因为体育教学是一门较为复杂的学科，并且教学的时间相对有限，为了保证体育教学的效率，我们必须研究体育教学技能提高的途径和规律。

（4）要创造提高运动技能的环境和条件

任何一种技能的学习都会受到环境和条件的影响，只有在环境和条件相适宜的情况下，才能最大限度地发挥教学的作用。影响这种环境和条件的因素，不仅包括教师自身的运动技能和水平，教学场地和器材的优化，还包括体育教师对学生学习氛围的营造。

（四）提高运动认知、传承运动文化原则

提高运动认知原则能够促进学生体育相关知识和技能的形成，传承运动文化原则能够增强学生的责任感，从而激发学生对体育教学的兴趣，促进学生对体育技能的掌握。

1. 提高运动认知、传承运动文化原则的含义

提高运动认知、传承运动文化，就是在进行体育教学时，通过对学生的体育知识和技能的培养，增加学生对体育运动的认识，加深学生对体育运动文化的理解，便于学生对体育文化的接受和传承。

体育运动是通过各种运动体验而形成的一种特殊的运动方式，而且就目前运动在人们生活中的价值和社会发展的趋势可以看出，人们对运动的认知能力的提高，不仅有利于身心健康，还有利于运动文化的传承和发展。

每一门学科都有其重要的作用，体育教学的作用之一就是提高学生的运动认知能力，促进学生身心健康的全面发展。因此，在开展体育教学的过程中，要坚持提高运动认知、传承运动文化的原则。

2. 贯彻提高运动认知、传承运动文化原则的基本要求

（1）重视体育教学中的认知因素

重视体育教学中的认知因素，就是要在教学过程中，注重学生对运动技能的掌握和对体育运动文化的理解。加强学生对运动技能的认知有利于他们在今后的终身体育学习中对运动技能的运用，将体育运动很好地融入生活之中。

（2）注重培养运动表象和再造想象

运动表象和再造想象是学生掌握技能的基础，学生头脑中关于运动表象和再造想象

的知识储备越多，对运动技能的接受和掌握就会越迅速和高效。因此，教师在体育技能教学的过程中，要不断地向学生演示运动的具体动作，并督促学生模仿练习，使动作得以巩固和熟练。

（3）注意开发有助于学生认知的教学方法和手段

方法和手段是实现教学目标的基础。体育教学是一种较为宽泛的教学，在体育教学过程中，想要提升学生的运动认知和技能，就必须采取正确的教学方法和手段。在教学方法的选择上，要注重创新方法和层层深入方法的开发；在教学手段层面，要重视对娱乐性较强的教学手段的开发，从而帮助学生提高运动知识和技能。

（五）在集体活动中进行集体教育原则

1. 在集体活动中进行集体教育原则的含义

在集体活动中进行集体教育原则，是指在学生进行集体性的学习活动时，要注重对集体荣誉感和团结性等集体活动特性的培养，增强集体的凝聚力，使学生形成正确的集体意识，养成良好的集体行为习惯。

在集体活动中进行集体教育原则依赖于组成集体的特点、集体活动的规律、集体运动的发展等。

体育教学活动主要以协同、竞争、表现为特点，这些特点主要是在集体活动形式中得到体现。再加上体育教学侧重于室外教学，受到场地、教学活动范围和教学方式的影响，体育室外教学的开展一般以小组为单位，这使得体育教学具有集体性，因此在教学过程中要注重对学生进行集体教育的原则。

2. 贯彻在集体活动中进行集体教育原则的基本要求

（1）分析、研究和挖掘体育教学中的集体要素

从体育教学的特点可以看出，体育教学中有很多集体性的要素，因此在进行体育教学的过程中，要注重分析、挖掘具有集体含义的要素，如团队的意识、共同的目标、互帮互助的活动形式等。教师在进行集体教学的过程中，将这些要素有目的、有意识地融入学生的集体活动和体育学习之中，以便促进对学生团结意识和集体荣誉感的培养。

（2）善于设立集体运动的场景

在体育教学过程中衡量教学活动是否具有集体性的依据是：检测集体是否具有共同目标、是否具有共同的学习平台，因为共同的目标和学习平台是集体运动的重要组成部分。

共同的学习目标是每个学生学习的动机和欲望；共同的学习平台是学习的场所和环境，能够体现集体的存在感。这两个要素能够让学生更好地凝聚在一起，互帮互助完成共同的目标。因此，教师想要贯彻教学中的集体教育原则，就应该善于设立集体运动的场景，如打篮球、进行拔河比赛等。

（3）善于开发有助于集体学习的方法

要合理贯彻集体活动中进行集体教育原则的手段，就必须建立有助于集体学习的方

法，这是促进教学目标实现的重要方法。如组织学生进行课堂讨论、分组进行某种运动技能的比赛等，这些教学方法将为体育教学中贯彻集体教育原则提供技术上的保证。

（六）安全运动与安全教育的原则

安全运动与安全教育的原则是体育教学的根本要求，因为开展体育教学的目的是提高学生的身心健康水平，如果脱离了安全这一宗旨，任何一种教学活动都不能称为科学有效的教学方式。

1. 安全运动与安全教育原则的含义

安全运动与安全教育原则是指在教学的过程中保证安全教育的同时，对学生进行安全意识的培养和教育。

安全运动与安全教育的原则是依据"体育运动的特点"和"加强学生体育教学的目的"两方面确定的。众所周知，体育运动是以剧烈的身体活动、野外活动、集体活动、器械运动等一系列身体上的运动组成的，因此，体育运动是一种危险系数较高的活动。初学者或是体质较弱的学生在学习某类活动的时候风险较高，但是这种风险是相对的，是可以避免的。因此在体育教学之前要进行严格的设计，以保证教学的安全性。

2. 贯彻安全运动与安全教育原则的基本要求

在体育教学中贯彻安全运动与安全教育原则的要求如下。

（1）教师必须周到地预想所有存在安全隐患的因素

从长期的教学经验可以看出，体育教学中有很多存在安全隐患的因素都是可以预测的，如因学生的身体差异产生的因素、器械的损害产生的因素、场地不合理产生的因素、天气产生的因素等。在进行教学之前，教师只有根据这些因素进行合理的规划，才能保证教学的安全。

（2）时刻对学生进行安全运动教育

要在教学过程中贯彻安全运动与安全教育，就需要对广大的学生普及安全教育知识，让学生在学习的过程中时刻坚持"安全第一"的原则，这样才能将安全意识落到实处。

（3）建立运动中的安全制度和安全设备的管理

制度是约束学生行为的一种较有权威性的指标，建立运动中的安全制度，能够让学生在教学的过程中自觉遵守安全行为规定，限制危险运动或行为；设备是体育教学中不可缺少的条件之一，也是危险的存在载体之一，因此要在教学的过程中重视对设备安全的管理。

第三章 高校体育教学理念与创新

第一节 "以人为本"教学理念

一、"以人为本"教学理念概述

(一)"以人为本"的基本内涵

"以人为本"思想在古今中外均有所提及,只是一直到近现代才发展成为一个系统的思想,在教育教学领域成为一个固定的名词。

1. 我国古代"以人为本"思想

我国古代最早的学校体育教育思想家所提出的教学思想与现代"以人为本"教学理念有着相通的思想内涵,只是,当时的各种教育教学思想并没有形成一个系统化的理论体系。

早在商周时期,先人就提出了"民本"思想,指出人民是国家的基础,这是我国古代教育家和思想家重视"人"的重要体现。

春秋时期,传统思想倡导"仁者爱人""以民为国家之本"等思想,都与"以人为本"教学理念有着密切联系,只是,当时对人的关注更多的是政治的体现,在教育方面并没有系统地显现出来。

2. 现代"以人为本"思想内涵解析

自 19 世纪初哲学家费尔巴哈第一次提出了"人本主义"的口号后，人本主义思想引起了社会家和思想家的重视，并不断有思想家提出新的"人本"观点，对"人本主义"学说进行丰富。

在人本主义思想的不断丰富与广泛影响下，西方教学思想在教育领域引起了对教学目的、任务、过程设计等的讨论与变革，促进了现代体育教育的发展。

在我国体育教育教学领域，"以人为本"教学理念指出，教育应落实到"育人"和"促进人发展"上面，这对我国传统体育过度重视竞技体育成绩取得、用体能训练和技能训练代替体育教学、体育教学重视竞技体育人才培养和为竞技体育运动发展服务等错误的教学思想进行了否定。

新时代的体育教育坚持"以人为本"的教学理念，教育的出发点、中心及最终归宿都是"人"，教育的目的是"人的发展"，教育是以人为基础和根本的。"以人为本"的发展观要求在教育过程中将人的自由、幸福、和谐全面发展及终极价值实现重视起来，要求体育教育突破机器的教育模式，真正转变为人的教育。教育是人的自我实现、自我理解及自我确认的过程，而不是用金钱标准衡量现代人的自我价值和自我尊严。新时代，将"以人为本"的基本发展理念融入体育教育，是人类社会协调和可持续发展的基本要求和重要内容。21 世纪的竞争的根本是人才之间的竞争，而人才的培养是依靠教育来实现的，新时代，各级学校贯彻落实科学发展观，坚持"以人为本"，是学校体育教学发展的必然趋势与必然要求。

（二）"以人为本"的理论基础

"以人为本"教学理念的提出是在现代人本主义教育思想的基础上发展起来的。人本主义教育思想的产生，源于对现代科学发展中人对科学产品的使用和在智能化时代发展过程中的人的价值丧失的思考。

进入 20 世纪以后，随着科学技术的快速发展，科学主义成为当代教育发展的主流。20 世纪 50 年代的教育改革中，各种教学思想、教学观点层出不穷，其中，认知心理学和行为主义中对人性的认识分析带来困惑，教育工具化，接受教育、获取知识的兴趣的快乐体验无法得到重视，教育单纯成为人们获得更高技能与认可的一个途径。

也正是在科学技术不断发展的影响下，人类社会的生产生活方式和模式发生了很大的变化，科学改变生活，对人们启发很大，人们依赖科技，也会越来越受制于科技，因此在教育层面，人们也越来越强调"人本主义"，旨在将人从"器物"中解放出来。现代人本主义强调，应将人类从依赖科技中解放出来，恢复人在世界中的本体地位，而非依附于科技发展。

从社会发展中人的主体地位的体现到教育领域中对作为学习者、施教者的教学活动参与主体的"人"的重视，"以人为本"思想在包括教育在内的各个领域均得到了重视。

教育教学中的"以人为本"教学理念旨在将教学活动参与者从传统教学中的非人性化的状态中解脱出来，恢复人的教学主体地位，强调了"人"的重要性，在教学中，真正关注教师、学生的自我的健康、可持续发展。

"人本主义"理论具有以下几个基本观点：①学习者是学习的主体，应受到尊重。②学习是丰满人性的过程，其根本目的是人的"自我实现"。强调教育应促进教学参与者（尤其是学生）人格的完整，促进人的认知与情感的丰富、提高。③人际关系是最有效的学习条件。④"意义学习"是最有效的学习。

（三）"以人为本"的教学观点

"以人为本"肯定了人在教育中的重要作用，在教育教学实践的广泛应用过程中，体育教育工作者和许多学者逐渐总结概括出了以下几个观点。

1. 教育的目的是促进师生自我实现

首先，在体育教学中，学生的自我实现是要促进学生的身体、心理、智能、社会性等全方面的自我发展，让每一个学生都能通过体育教学有所进步。体育具有多元教育价值，通过体育教学能促进学生的各种素质的综合发展。在"以人为本"的基础性理论、人本理论的支持下，体育教育强调了在体育教学中不仅要重视健康知识和运动技能的学习，还要通过科学的体育教学环境创设和教学过程安排来促进学生的心理、情感、智慧、社会性发展，使学生的情感和智力有机结合。教育学家罗杰斯认为，体育教育的一个重要教学任务就是在体育教学中促进学生的认知与情感的共同进步与发展，通过体育教学，发掘和发挥每一个学生的学习潜能，培养学生在各个方面的创造性，最终培养出来的学生应具有创新、创造意识与能力，这样的人才才是社会真正需要的。

其次，在体育教学中，教师的自我实现最基本的就是能创造性地完成体育教学任务，在教学中实现作为教师的这一角色的价值，通过体育教学培养出适合社会发展的合格人才，促进学生的发展与进步。同时，在体育教学中，通过对体育教学的科学设计与各种丰富多彩的体育教学活动的开展和教学媒体媒介的应用来提高自己的教学能力、组织能力、社交能力、科研能力、创造力等，促进自我综合教学能力和体育素养的不断提高，实现自我职业生涯的不断发展，并能在日常工作和生活中身体力行地从事体育健身锻炼，不断提高自身的身体健康水平，并能对学生和周围的人形成一种潜移默化的影响。

2. 课程安排应尊重学生的自由发展

在人本教育理念产生之前，传统的教育侧重于社会价值和工具价值，人本位的思想和观念使人们认识到了传统工具化教育是对其本质属性的违背，必须认识到，人是教育的出发点，人本教育将教育的重点落实到人身上，关注人的健康成长。在人本教育的基础上，我国所提出的素质教育也正是关注人的"以学生为本"的一种教育，学生是教育活动的主体，素质教育背景下的教育应关注学生的个性发展，独立人格发展，在体育教学中，教学应关注学生群体与个体的统一性、个性化发展，通过体育教学，调动每一个学生的积极性，促进每一个学生的自我进步。

体育教学所面对的教学对象是人，每一个人都与其他人存在个体差异，教育不是为了"批量生产人才"，而是旨在促进每一个人健康全面发展的基础上的个性化发展，因此，体育教学应在统一要求的基础上做到因材施教，教师必须尽可能实现多种多样、侧重点不同的教学课程设计，使每一个学生都能在体育教学中有所进步与成长，通过科学体育教学活动组织与引导学生的正确、充分参与，培养个性化的人才。

3. 教学方法选用应重视学生情感体验

人本主义教学理论强调"以人为本"，主张教学以学生为中心，实现个性化发展，而学生的这种发展都是从学习经验中体悟和实现的，因此，这就要求体育教学中应重视科学化体育教学方法的选择，激发学生的体育学习兴趣，为学生创造良好的学习体验。

在"弘扬人的个性，强调以人为中心，尊重人的情感体验"的现代体育教学中，体育教师应全面了解学生、充分尊重学生、真正理解和信任学生，在此基础上，教师与学生之间的"高高在上""师命不可违"的关系才能彻底改变，才有助于教师与学生构建和谐的师生关系。而良好的师生关系的建立对于教育教学活动的顺利开展具有非常重要的意义。可以说，学生对体育学习的态度、个人爱好、获得学分是重要动机，除此之外，来自教师的个人魅力因素也具有重要影响。此外，师生的和谐关系建立也有助于教学活动中师生能够更好地配合，从而提高体育教学的质量。

二、"以人为本"教学理念的高校体育教学指导

（一）重新定位体育教育价值

传统体育教学在对"育人"的认识上存在不少误区。长期以来，人们总是在理解体育科学化的基础上，常常采用生物学的观点来对学校体育的价值做出判断，并且过多地关注学校体育"增强体质"的功能。此外，在对体育运动的本质理解上，一些教师存在一定的偏差，以足球运动教学为例，我国体育教材普遍将足球运动确定为"是以脚支配球为主，两个队在同一场地内进行攻守的体育运动项目"，针对此概念，有教师认为，"球"是活动争夺的目标，自然应该处于主体地位，因此也就忽视了"球"要受制于人，"人"才是整个体育活动中的活动主体。

在全球化的发展背景下，各种思想文化不断地发展和融合，教育思想也呈现出这一发展趋势，人本理论和"以人为本"教育理念的提出体现了当代社会对人的发展的重视。在体育教育教学领域，当前的学校体育更加强调人性的回归，学校体育的根本出发点和落脚点应是"育人"。

现代高校体育教学中，"以人为本"教学理念是符合当前时代的发展要求的，当前社会，人的发展在社会的各个领域受到了重视，即使是在智能时代，虽然很多机器生产代替了人工生产，但是发明机器、操控机器的还是人，人在人类社会的发展中起到关键作用，任何时候都不能忽视人的作用。

人本主义教学理念与思想指导下的体育教学，就是要求教育者在体育教学活动开展过程中关注作为教学对象的学生这一因素，教师的教学活动开展需要学生的参与、配合，如果没有学生的参与，则教学活动就没有开展的意义了。

必须提出的是，教师是教学活动中非常重要的参与一方，也是应该受到关注的人这一要素。体育教师在教学活动中所发挥的作用也不容忽视。

现阶段，我国的体育教学思想呈现出多元化的发展趋势，诸多教学思想都围绕"人"的教育展开论述，讨论了体育教学中如何更好地促进和实现"人"的发展。

（二）体育教学目标的重构

随着体育教学的不断发展，新的科学化的教学理论、教学理念给了体育教育工作者更多的教育启发与指导，体育教学的育人作用被不断丰富和发展，多元化的学校体育价值体系对体育教学目标重构提出了要求。

新时代，"以人为本"教育理念在学校不同学科的教学中被广泛应用并渗透，也有越来越多的学者认识到传统的体育教育体制不再适合当前的体育教育教学，不能单纯地追求学生的外在技能水平，而应该重视学生的全面、健康、可持续发展。新时代的体育教学的重点转移到"以人为主"上，在体育教学中，教师必须认识到，人是运动的参与者、是运动的主体，体育运动的教学和训练也必须以促进人的全面发展为根本目标。

（三）学生教学主体观的建立

现阶段，"以人为本"教学理念成为我国体育教学的重要教学理念，在我国的体育教学实践活动开展过程中，越来越多的教师开始关注学生，从学生的特点、条件、基础和学习需要出发来选择教学内容、教学方法、教学组织形式与教学模式。高校体育更多以选修课形式设置，不同教师之间也正是通过个人教学能力和对学生的"因材施教"和关心关爱学生、研究学生获得学生喜欢，以此来促进更多的学生选修自己的体育课程。

总之，学生是教学的主体，如果没有学生，教学也就不复存在。

（四）体育课程内容的优选

传统体育教学对学生的全面健康发展关注不够，体育教学课程内容主要是竞技体育运动技能，体育教学课通常被体能训练课、技能训练课代替，"以人为本"教学理念重视学生的全面、健康、个性化发展，在体育教学内容选择上，也更加科学。

在"以人为本"教学理念指导下，我国的体育教学有了很大的进步与发展，为了进一步促进我国体育教学的改革，教育部门先后修订了各级学校体育教学大纲，强调在体育教学中要不断丰富体育教学内容，通过多样化教学内容旨在促进学生的身心健康与全面发展。高校体育教学中，教学活动开展也建立在落实"健康第一"的教学理念的基础上，通过丰富的体育教学内容来吸引学生参与体育锻炼，通过体育教学促进学生身心健康发展，而非传统体育教学中只关注竞技能力提高，有时为达到竞技力提高的目的，甚至安排不合理的教学内容。超负荷的揠苗助长，可能对学生身心健康造成损害，这种行为是"健康第一"教学理念坚决禁止的。

此外，在丰富高校体育教学内容的同时，"以人为本"教学理念还强调体育教学内容应与不同大学生的发展需求相适应，在体育教学内容优选中应注意以下几点要求。

第一，突出体育教学内容的趣味性，在课程改革过程中，激发学生学习的兴趣。

第二，强调体育教学内容的健身性，对过度强调竞技技术提高的体育教学内容予以摒弃或改编，使之能更好地为促进高校大学生的身体健康服务。

第三，重视体育教学内容的适用性，体育教学内容的教学实施应有利于学生的当前身体健康发展，并能为高校大学生的终身体育意识和体育能力的培养奠定基础。

第四，关注体育教学内容的创新性，高校体育教学内容还应适应现代化社会发展潮流，应具有启发性、创新性，促进高校大学生的创新意识和能力培养。

第二节 "健康第一"教学理念

一、"健康第一"教学理念概述

（一）"健康第一"的理论依据

从世界范围来看，"健康第一"教学理念的提出是符合世界教育发展趋势和社会对人才的发展要求的。

1. 世界范围内对人类健康发展的重视

在人类社会的发展历程中，健康始终是一个备受关注的课题。人类健康是推动人类社会发展的一个必要条件。

世界范围内各国开始普遍性地关注社会健康、大众健康。20世纪50年代以后，各国社会经济逐渐恢复，各方面的发展促进了各个国家和地区对本国家和地区的人们健康的重视，大众健康逐渐走入公众视野，同时，教育领域关注学生健康也成为国际体育教育的发展潮流。

随着国际的大众健康交流日益增多，各国和地区都非常重视本国和地区的大众健康发展，整个社会已对体育的功能、价值等方面形成了全新的认识。在教育领域，重视学生的健康发展已成为各个国家和地区重视本国体育事业和教育事业发展的一个重中之重，体育健康教育对增强青少年体质健康水平和通过青少年群体影响周围群众健康、实现青少年进入社会成为社会体育人口间接增进社会大众健康具有重要而深远的影响。

2. 社会发展对人才健康发展的客观要求

在当前和未来社会的发展过程中，健康问题将始终是影响个人和社会发展的一个首要问题，社会的快速发展与激烈竞争要求现代人才不仅要有正确的政治思想，具备扎实的科学知识和能力，还必须具备强健的体魄，"身体健康是其他一切健康的基础""身体是革命的本钱"，身体健康是个体生活、学习、工作的基础，如果没有一个健康的身体，则很难在社会劳动力竞争中占据优势，社会竞争对劳动力的基本要求就是身体健康。要想在这个竞争中立于不败之地，必须首先拥有一个健康的体魄。

教育的最终目的是促进个人的健康发展、培养符合社会发展的合格人才，对学生群体的身体健康教育是体育健康教育的重中之重。

(二) "健康第一"的教育特点

"健康第一"教育理念内涵丰富，其在体育教学实践中表现出以下特点。

1. 强调身体健康是健康的基础

"健康第一"，其中所提到的"健康"是全面的健康，是包括身体健康、心理健康、社会健康等在内的多维健康，健康的基础是身体健康。健康的体魄是人类发展的基本标志。教育应首先关注健康教育。

2. 强调多元健康发展的素质教育

"健康第一"作为一个现阶段的重要的先进教育理念的提出，强调体育教育应重视学生的健康发展，指出学校教育教学的首要目标是促进学生的健康成长，学生的身心健康比"卷面分数""升学率"更为重要。

3. 强调健康教育的全面性

第一，学生身体健康教育。在"健康第一"理念的指导下，高校体育教学应时刻关注学生的各方面健康的综合发展，通过体育教学，关注和促进学生的身体健康发展，也促进学生的心理和社会性的发展，以为学生奠定良好的身体基础、心理基础，并能在走出校园、走进社会之后有良好的身心健康状态和水平应对生活、工作、再教育中的各种挑战。

第二，学生心理健康教育。现代社会竞争日益加剧，各种社会竞争要求社会生活中的每一个成员都应具备良好的心理素质，如此才能正确地看待、应对学习、生活、升学、就业、恋爱、婚姻等过程中的各种问题。当前，就我国高校大学生群体而言，许多大学生都深受学业、就业、生活中的各种问题的困扰，都存在不同程度的心理问题。因此，教育关注学生心理健康非常必要。体育具有促进运动者健康心理形成和发展的重要作用，现代大学生压力大，容易受到不良因素的影响，高校体育教育应关注大学生的心理健康发展，通过体育教学活动的开展，促进大学生心理健康发展。

第三，学生社会性发展教育。体育是一种独特的教育形式，学校体育教育可促进学生的社会性良好发展，应该在教学中有意识地培养学生的人际关系建立、竞争与合作能力。

因此，在高校体育教学活动开展中，深入挖掘体育的教育价值，在体育教学实践中充分贯彻"健康第一"的教育理念，切实促进学生身心健康、全面发展。

二、"健康第一"教学理念的高校体育教学指导

(一) 树立体育教育新观念

"健康第一"教学理念对我国的体育教育的最重要的影响就是教育重点和方向的转

变，要贯彻"健康第一"教学理念，就必须转变体育教育观念，改变竞技化体育教育，关注学生身心健康发展。应该把教育的重心从单纯地追求学生的外在技能水平向追求学生的全面协调发展转移。

新时代，不断强化高校体育教育教学改革，必须落实健康教育，每一所高校、每一所高校的体育教育工作者，都应该形成正确的体育价值观、培养良好的意志品质，不断完善性格特征。总之，现代科学化的体育教育应该将体育教育工作理念从以往单纯的"增强体质"为主转移到"健康第一"的新型教育观、发展观。

现阶段，社会发展对人才的要求是全面化的，一名合格的社会人才应该是健康发展的人才，身体健康、心理健康、社会性健康等，缺一不可。

（二）明确体育健康教学目标

在当前的体育教育教学实践中，"育人"是学校体育教学工作的最根本目标技术教育和体制教育，并不能完全作为学校体育实践的重心，"健康第一"的教育理念为促进我国高校体育目标多样性、多层次的建构提出了新的要求。其具体内容如下。

第一，高校体育教育应重视加强学生的体育文化知识教育，提高学生体育文化素养。

第二，高校体育教育应充分融合健康、卫生、保健、美育等多种教育内容，通过内容全面的体育教育来培养学生健康的体育意识、健康的娱乐休闲习惯，远离可能影响个人身体健康的一切不健康因素和事件的影响。

第三，高校的体育教育工作应紧密结合学生生长发育与生活实际开展健康教育，使学生学会自我保护，预防疾病发生。

第四，高校体育教育应重视大学生青春期教育和心理健康教育，作为健康教育的重要内容来抓好，为学生在特殊时期的健康成长提供科学指导。

（三）完善体育教学课程体系

深化高校体育教学课程体系改革是促进高校体育教学发展的一个重要和有效途径，新时代，要贯彻落实"健康第一"体育教学理念，就必须在体育教学课程体系建设方面做好工作，不断丰富体育教学课程体系内容，以更好地满足当前高校大学生的多元化、个性化的体育健康发展需求。

在"健康第一"教育理念影响下，我国的高校体育教学课程现状发生了很大的改变，如体育课程内容的增加，教学方法的不断丰富、学校体育课内与课外活动的有机结合，体育选修课越来越考虑大学生的学习爱好与需要，体育课程与内容设置针对不同专业学生凸显出了专业特点等。

现阶段，要继续贯穿"健康第一"教学理念，建设更加完善的体育教学课程体系，应持续做好以下工作。

第一，在高校体育教学中，应始终坚持以学生为主体，将学生的身心健康发展放在首位，所有教学活动的开展都应围绕促进学生的健康发展服务。

第二，调整体育教学内容，充分了解学生的特点和需求，对体育教学大纲所规定的教学内容进行科学选择,对与本校实际教学情况和本校学生不适合的教学内容进行调整,使体育教学内容能更好地从理论落实到教学活动实践中。

第三,丰富体育教学内容。通过丰富的体育教学内容吸引高校大学生的体育学习与体育参与兴趣,并且满足大学生的不同体育学习需求。

第四,重视教学内容的因地制宜,根据本地区气候、资源及学校自身教学特点来进行特色化的体育教学课程设置,并研究推出更能反映本校学生健康发展的健康监测内容与标准。

第五,重视高校大学生课内体育教育与课外体育活动的有机结合,加强体育课对学生的教育意义和提高学生对体育课的兴趣,并使学生养成科学合理的作息习惯、健身习惯,在课余时间也能科学健身,保持健康的生活方式。

(四)重视体育教学方法优化

良好的体育教学效果的开展受到体育教学方法是否正确的影响,在高校体育教学中,有很多体育教学方法可以供教师进行选择,不同的体育教学方法有不同的特点,同一种体育教学内容可通过多种教学方法来展现给学生,体育教师应该判断出哪一种教学方法是最合适的,这样可以促进教学方法应用的最优化,进而促进体育教学效果的最优化。重视体育教学方法优化,要求体育教师具有良好的体育教学能力,以及有科学选择各种教学方法、有效应用各种教学方法的能力。

(五)教学评价体系的完善

在"健康第一"思想的影响下,体育教学的评价应以学生的体质增强、身心健康发展为重要评价指标,完善体育教学评价体系。

"健康第一"教学理念指导下的高校体育教学评价体系的科学化构建与完善,具体要求如下。

第一,对学生的全面评价中,要重视对多方面的教学效果进行量化分析,并且将定性评价和定量评价相结合,提高教学评价的科学性,促进学生能更好地认识自身的不足及获得学习的动力。

第二,对学生的全面评价中,要做到评价内容的全面、评价指标的全面、评价方法的全面,还要尽量做到邀请不同的评价主体进行评价。

第三,体育教学不仅注重对学生进行全面的评价,还注重对教师教学方面的评价。

第三节 "终身体育"教学理念

一、"终身体育"教学理念概述

(一)"终身体育"的基本内涵

"终身体育"教育思想的形成是人类自身和社会发展的必然。终身体育包括两个方面的内容:第一,终身教育贯彻人的一生,从出生开始一直延续到生命的结束,在人的一生中,都应养成参加体育锻炼的习惯,体育是日常生活的重要组成部分;第二,终身体育是科学的体育教育,在人的一生中的不同的阶段,都有正确的价值观念来指导和引导个体参加体育活动,并通过体育活动的参加实现身体的健康发展,使其终身受益。

具体可以从以下几方面来理解终身体育:①时间方面,贯穿于人的一生。②内容方面,项目丰富多样,选择性强。③人员方面,面向社会全体公民。④教育方面,旨在提高全民体质健康水平。

学校"终身体育"教学思想的树立和形成能有效促进我国体育教学的发展,是所有运动项目的体育教学都应该树立的一个正确教学思想和观念。

要切实推动终身体育教育理念在高校的贯彻落实,教师在推动"终身体育"教育思想的落实方面具有非常重要的责任与作用,调查发现,在学生对于体育运动的参与方面,有很多学生受到教师的影响,特别是教师业务水平的影响,教师应在教学中和课堂外都提倡学生积极参与体育锻炼。

在体育课堂教学中,教师应关注学生终身体育意识和能力培养,不能只关注和过于重视技术、技能教学。

在体育课堂外,教师可以组织学生开展各种体育活动、体育游戏,对高校大学生体育俱乐部活动的开展,教师应鼓励,并给出指导性意见和建议。

(二)"终身体育"的思想特征

1. 体育锻炼时间的终身性

"终身体育"是一种先进的教育理念,其最为重要的一点就是它可以令个体一生受益。

从教育功能作用于个体的影响来看,"终身体育"突破了传统的学校体育目标过分强调学习和掌握运动技能的观念,打破了传统的体育教学把人接受体育教育的时间仅仅局限在在校学习期间,而是将体育教育时间大大延长,囊括了人的一生。

"终身体育"教育理念强调体育教学应符合学生生长发育、心理健康发育的客观规律,以及健身的长久性,注重培养学生对体育的爱好、兴趣,养成锻炼的习惯和能力,强调体育锻炼的终身参与、终身受益。

2. 体育锻炼群体的全民性

"终身体育"的体育对象是指接受终身体育的所有人,每一个社会成员都应该积极参与,"终身体育"是面向全体社会成员的,从学生在学校体育教学中逐渐培养起体育锻炼意识到走出校门、走进社会之后能持续参与体育锻炼,为以后的整个人生参与体育锻炼奠定良好的基础。因此,终身体育教育的主体并不局限于在校学生,而是面向所有民众,应做到全民积极、主动参与。

从一种体育发展理念演变为一种体育教育理念,"终身体育"教育理念的教育对象是面向整个人类社会成员的,"终身体育"教育不仅仅局限于学生,也包括社会大众。

体育教育是一个需要长期坚持的系统工程,生存、健康是社会和时代发展主流,健康是人们生存生活的重要基础,体育健身与生活是密不可分的。因此,无论个体的年龄、社会身份发生怎样的变化,都应该成为"终身体育"的教育对象。

3. 体育锻炼目的的实效性

"终身体育"以适应个人发展和社会发展为根本着眼点。因此,终身体育参与必须做到因地制宜、因人而异,不同的人应结合自己实际选择具体锻炼内容、方式、方法等,同时,应融入日常的生活、学习、工作中。

在现代社会生活中,人们为了改善自己的生活质量,根据自身条件合理选择适合自己的体育方式,做到有的放矢,具有较强的针对性和实效性。

在高校体育教育教学中,体育教学的内容选择、方法运用都应为提高学生的体育知识、体育技能服务,不断提高学生的终身体育意识和终身体育能力,如此,在大学生毕业进入社会后,也能持续参与体育健身锻炼。

(三)"终身体育"与体育教育

1. 终身体育与学校体育的相同点

(1)共同的体育目标

体育具有多元教育价值,无论是终身体育参与还是体育教育的体育活动参与,其最终目标都是实现体育运动者的体育、智育、德育、美育等多元教育价值,更好地促进运动参与者的健康全面发展。

健康的身体是其他健康的前提条件,学校体育教学就是要培养学生的终身体育意识与能力,以为其健康的一生,更好地实现个人价值和社会价值奠定健康基础。

(2)共同的体育手段

终身体育活动参与和体育教育都是通过体育运动健身参与来实现体育的教育价值的,最终的个体行为也都落实在体育健身活动上面。终身体育强调个体应养成终身参与体育锻炼的习惯,在人生的每一个阶段都积极参与体育健身锻炼。体育教学以学生的身体练习为主要教学手段,通过身体活动促进身心、社会性全面发展。

（3）共同的体育任务

个体的终身体育健康参与，离不开科学体育知识作指导，离不开体育健身锻炼实践活动参与，而与此同时，体育知识与体育技能的掌握，也是高校体育教学的重要任务，只有掌握这两方面的内容，才能更加科学地去从事体育健身实践活动，才能通过身体力行的体育活动参与实现运动者的身心健康全面发展。

2. 终身体育与学校体育的区别

（1）体育参与时限不同

终身体育贯穿人的一生，学校体育只负责学生在校期间的体育教育。

（2）体育教育对象不同

终身体育以全社会所有成员为教育对象，学校体育以在校学生为教育对象。

二、"终身体育"教学理念的高校体育教学指导

（一）转变传统体育教学思想

"终身体育"教学思想指导下的高校体育教学，应该在体育教学内容、体育教学方法、体育教学评价等各方面都要做到以培养和提高学生的体育终身意识和能力为标准，通过与学生日常生活、学习、工作关系更密切、关联程度更大的体育项目教学，培养学生的运动习惯，而不是仅仅关注学生的运动技能掌握情况。

高校体育教育教学过程中，教师应将体育教学达标的制定从单纯和过度关注技能指标的思想观念中解放出来，关注学生的体育价值观、体育态度、体育意识、体育行为习惯，如此才能真正有针对性地开展体育教学，从而真正实现终身体育教育。

（二）重视学生终身体育意识的培养

个体的体育活动参与行为的实现，必须建立在对"终身体育"教育理念有一个正确认识的基础上，"终身体育"意识是高校大学生主动进行体育学习、体育参与的重要内部驱动力和动机。

当前社会，社会节奏快、生活压力大，每一个人都面临着各种各样的生理和心理负担，要获得高质量的生活，就必须确保身心健康发展，而体育运动能有效促进运动者的身心保持良好的状态，终身体育对于学生的身心素质发展促进具有重要作用，学生走进社会之后，在社会上面临的各种压力并不比学生时代少，甚至要更多。体育健身锻炼是一种身心压力释放、身心健康状态重塑的过程，对运动者保持良好身心状态迎接生活、学习、工作挑战是非常重要的，可以有效提高个人生活质量，提高学习、工作效率。

终身体育活动参与对于个人的社会性发展是具有重要的促进作用的，大学生坚持体育健身锻炼，能有效增强身心适应能力，可以在步入社会后更好地适应社会，提高自己的抗击压力的能力。

现代高校体育教学实践中，要培养学生的终身体育意识，要求教师应做好以下教育引导工作。①引导学生树立正确体育价值观。②端正体育学习态度。③将素质、技能、

知识、能力等教育内容渗透到终身体育教育中。④通过体育教学丰富学生的体育知识、体育技能，提高终身体育参与能力，为终身体育锻炼奠定基础。

（三）丰富终身体育教学内容的设置

学生的个体差异性决定了学生的体育兴趣爱好不同、所适合从事的体育运动项目不同、所渴望学习的体育运动知识与技能（水平）不同，因此，在高校体育教学中，不能只追求学生某一特定的运动技能和运动的熟练程度，而应重视不同学生的不同体育发展需求，尽可能地丰富体育教学内容，使体育教学内容项目、层次多样化。

"终身体育"教学理念指导下的体育教学内容丰富化教学工作要求如下。

第一，延伸与拓展学校体育课堂教育，使学校体育向终身体育延伸。

第二，不同教学内容的课程目标设置应在充分了解与分析学生现状的基础上进行，以体育课程终身体育教学目标为导向组织体育教学。

第三，选用体育课程内容时，应重视对休闲体育项目、时尚体育项目的引进，开展能够激发学生体育兴趣和潜能的体育活动。

（四）关注学生需求与社会需求的统一

"终身体育"旨在为学生提供一种健康的生活态度与生活方式，对于任何人来说，身体健康都是个体适应现代社会生活、工作、发展的必要条件。

高校体育教育的终身体育教育理念的贯彻，就是要在培养符合社会发展的合格人才的基础上，促进学生的个性化发展，实现学生的社会价值与个人价值的共同发展。

高校终身体育教育对学生需求与社会需求的统一性的实现，要求应做好以下工作：

第一，重视国家需要、社会需要与学生个体需要的有机结合。

第二，明确学生需要与社会需要的彼此地位。这是正确处理学校体育发展与社会需要适配性的关键问题。

第三，重视体育教育的健身价值与人文价值的实现，重视体育知识、体育技能、体育习惯的共同培养。

第四，围绕学生开展体育教学，充分满足学生的学习和发展需求。

第五，全面提高大学生的体育素养，以符合社会发展对人才的体质、体能、知识、精神、道德要求。

"终身体育"教育有四个支柱，即"学会认知、学会做事、学会生活、学会生存"，但应充分考虑"终身体育"与"以人为本""健康第一"的有机结合。

第四节　体育教学理念创新的注意事项

一、综合加强体育、卫生、美育、心理健康教育

体育教育是一种以体育为主的全面教育，在体育教学中，应加强体育、卫生、美育等教育的充分结合。加强学生的多元和多方面的体育教育应注意以下几点。

第一，学生参与体育活动，必须注重补充营养，并养成讲卫生的好习惯，高校体育教育教学应将学生的多方面体育教育综合起来施教。

第二，高校体育教学中，应加强对学生的营养指导，让学生了解有关营养、卫生保健的知识。

第三，高校体育教学中，应加强对学生的美育教育。美育不仅能陶冶和提高学生的修养，而且有助于开发他们的智力。体育是健与美的有机结合，寓美育于体育之中，可以提高学生对体育的兴趣，增强学生的体育学习情感体验，提高学生的审美、创造美的能力。

第四，高校体育教学中，应加强对学生的卫生保健教育，并应紧密结合学生的生长发育与生活实际来开展健康教育，使学生学会自我保护，促进其自我健康成长发育。

第五，高校体育教学中，应加强对学生的心理健康教育，把学生青春期教育和心理健康教育作为健康教育的重要内容来抓。

二、综合培养学生的体育健康意识、行为、能力

健康的意识、知识、方法、技能对每一个参与体育锻炼的人来说都非常重要，开展高校体育教学活动，要真正促进学生的健康，就必须将体育教学活动与学生当前和日后的日常生活与工作密切结合起来，使体育意识演变成体育习惯，并落实成体育行为，在以后的发展过程中，都能通过体育运动参与来更好地促进生活和工作的发展，如此就将体育知识、技能转化为学生自觉的行动基础。通过体育教学中对学生的体育健康知识、锻炼方法、运动技能等的传授，使学生能自主参与体育锻炼，并对自我体育锻炼效果进行正确评价，进而不断改进与完善体育锻炼。

具体来说，在体育教学中，学校和体育教师应做好以下几方面的工作：①结合学生实际选择体育教材；②活动适量，不应矫枉过正；③加强学生体育课外活动指导；④组织开展多种体育比赛；⑤展开与体育相关的各学科的教育，如运动学、心理学、营养学、保健学等；⑥坚持以运动技术为主，注重一专多能；⑦体育运动项目的开展要和社会体育资源相结合，不断提高学生参与体育的运动能力，实现"以人为本""健康第一""终

身体育"多元教学理念的相互促进。

在教育教学的发展过程中,出现了许多先进的体育教学理论和教学思想,这些教学理论和教学思想在不同的历史时期,对教育教学实践具有重要的促进和推动作用,而且在同一时期可能会有几种教学理论和教学思想同时对教育教学实践发挥着影响作用,只不过是一些教学理论和教学思想起着主导影响作用,而另一些则起着次要的影响作用。

体育方面的教学思想有很多,各种不同的体育教学理念既具有优点,也有不足之处,不同的体育教学理念相互影响,不同的体育教学思想可能相互补充,也可能存在冲突的地方,教师在体育教学活动开展中,应注重对具体的体育教学实际进行分析,在"以人为本""健康第一""终身体育"三个主要教学理念的指导下,各种教学活动安排都应该充分体现出这三个教学理念中的一个或几个,如此才能切实促进学生的身心健康全面发展。各种不同体育教学理念也可相互借鉴,取进步内容丰富完善自我教育理念内涵,对不足之处予以改正,或者用其他与体育教学实践更加贴近的体育教学理论和思想予以补充。例如,有利于人性发展的观点值得吸取,但可能放任教学内容泛滥应坚决摒弃;运动技术技能教学思想的落实可有效促进学生对体育运动技能的掌握,但容易过分强调技能水平而忽视学生身心发展规律,对此教师应格外重视。

在当前体育教育教学的发展过程中,"以人为本""健康第一""终身体育"都是先进的体育教学理念,对体育教学实践具有重要的指导和发展促进作用。

现代体育教育教学实践中,新的体育教学理念要求体育教学应关注学生发展、充分重视学生的体验,让学生在愉悦的体育教学氛围中能积极主动地参与体育活动、进行体育学习,同时,新的体育教学理念还重视对学生终身体育锻炼的习惯进行培养,使学生在体育中养成积极健康的生活方式,进而促进学生的全面、长期、持续发展。新的教学理念中的"以人为本""健康第一""终身体育"是相互促进、互为补充的,通过这些体育教学理念对体育教学实践的共同的教学指导,能真正实现体育教育对学生的全面健康发展的促进。

新时代,要实现体育的多元教育功能,促进学生、教师、体育教育的科学发展,就必须综合实现"以人为本""健康第一""终身体育"的相互促进和对体育教学实践的共同启发与指导价值,以不断完善体育教学,通过体育活动最终实现人的可持续发展。

三、提高高校体育教师队伍的综合素质

在体育教学实践中,体育教师发挥着重要的主导作用,体育教学理念在体育教学实践中的贯彻实施需要体育教师去执行,提高高校体育教师队伍人员的综合素质有利于更好地在体育教学中发挥先进的体育教学理念的作用。

要促进先进体育教学理念对体育教学实践的指导,提升体育教师素质,应注意做好以下工作。

第一,一名合格的体育教师应具备良好的体育文化素养,掌握丰富的体育文化知识、理论知识。教师要丰富自我文化素养,不仅要重视对体育学科知识与理论的学习,

还要重视对体育相关学科的知识的学习，以不断丰富自我知识结构。

第二，重视体育教师的综合教学素质、体育素养的提高。通过培训、学术交流、体育文化活动参与等不断促进体育教师熟知信息科学，通过对多方面的科学发展规律，如生命科学、环境科学、教育科学、传播学等知识学习，掌握不同活动发展的规律，来为体育教学活动开展提供理论指导。

第三，加强树立终身学习意识，体育教师要落实终身体育，自己要先有足够的体育学习与参与意识，并形成体育健身习惯，教师必须为人师表，做出表率，才能为学生积极参与体育健身锻炼树立一个良好的形象与榜样。

第四，鼓励体育教师积极参与体育科研，体育教学实践活动的开展离不开具体理论的指导，体育教师提高科研能力，有利于其更敏锐地在体育教学中发现问题、分析问题、解决问题，从而促进体育教学的不断完善。

第五，加强对体育教师的教学监控，督促教师不断完善自我、促进自我可持续发展。教师作为人，也有人的一般惰性缺点，因此，有必要通过客观的教学监督指导来促进体育教师对自我工作的不断改进与完善。

第四章 创新教育理念下的体育课程建设与教学管理

第一节 创新教育理念下体育课程教学管理

一、体育课程教学管理概述

(一) 体育课程教学管理的目的

1. 体育教学管理基本目的

体育课程教学管理属于体育教学的重要内容，作为一名合格的体育教师，一定要具备出色的体育教学管理的能力。具体来看，体育教学管理的目的主要有以下几个方面：①营造良好的体育教学氛围，让学生充分感受到体育文化的独特魅力。②传授学生体育相关知识与专业技能。③培养学生良好的竞争意识和团结协作的集体主义精神，激发学生参与体育教学活动的兴趣。④培养和提高学生的健康素质和活动能力。

2. 体育教学管理目的的实现

在体育教学工作体系中，体育教学管理是一项非常重要的内容，管理目的能否实现、实现的程度如何，直接决定了体育教学管理工作的质量，因此，要采取各种措施和手段实现体育教学管理的目的。①强化体育的多功能目标，体现体育教育的多样化功能。②树立正确的体育教学思想。对于学生来说，在教师的引导下树立"健康第一""终身体育"等思想，是有助于他们养成自觉锻炼的习惯的，同时，还能对他们的身心全面发展等起到促进作用。③建立一个科学完善的体育教学评价体系。体育教学效果及体育教学活动的进展情况，都需要经过一定的教学评价才能实现。通过评价得出的反馈信息还能为接下来的教学安排提供必要的事实依据。

（二）体育课程教学管理的内容

1. 教学目的与任务管理

对教学目的与任务管理是体育课程教学管理的一个非常重要的内容。这一项管理的主要目的在于进一步明确教学目的与任务，以期围绕目的与任务来展开教学，尽快完成教学任务、实现教学目标。只有先将教学目的与任务确定下来，体育教师才能明确教学方向，有针对性地展开教学，减少盲目教学的可能。

体育教师不管是设计课堂教学组织形式，还是选择教学内容与方法，或者是调整课堂教学步骤，都要严格依据课堂教学的目的任务来进行。此外，体育教师也要让学生明确学习任务和要达到的学习目的，从而让学生选择适合自己的且有利于尽快完成学习任务与达到学习目的的学习方法，最终获得预期的教学效果，实现教学目标。

大量的事实表明，体育教学效果与教学目的和教学任务之间有着密切的关系。如果教学目的、任务缺乏科学性，也比较模糊，那么体育教师在教学过程中很难把握重点、突出重点，教师不知为什么而教，学生不知为什么而学，整个课堂教学显得盲目、随意，而且氛围也比较压抑、枯燥，最终影响教师教授的热情与学生学习的积极性，导致教学效果不佳。

因此，在体育课堂教学目的与任务的管理中，要重点明确教学目的与任务，并以此为依据开展教学活动。需要注意的是，制定的教学目的与任务要合乎实际，客观而明确。

2. 教学时间管理

一堂体育实践课，主要包括三个部分，即准备部分、核心部分和整理部分，这三个部分缺一不可，体育教师一定要结合教学实际合理安排。如果安排得当就能增强体育课堂教学的时效性，保持体育课堂教学良好的节奏感，使学生一步步掌握重点内容。在每个部分的教学中又包含一些具体的教学活动和任务，对于各项活动与环节所用的时间也要合理安排与分配，以保证按照预期计划完成教学任务，保证突出教学重难点，最主要的是保证学生掌握了知识，提高了运动技能。

为实现体育教学效果，体育教师一定要管理与控制好教学时间，不能因为没有分配好时间就随意减少计划中要传授的教学内容，或课后拖延时间，匆匆完成任务，这都是不负责任的表现。加强对体育课堂时间分配与安排的管理体现了有效教学的观念，能够将有限的课堂时间充分利用起来，提高教学效率，实现体育教学的目标和任务。

3. 教学方法与手段管理

在体育教学体系中，教学手段与方法起着极为重要的作用，科学合理的教学手段与方法有助于提高教学效率，实现理想的教学效果。由此可见，体育教学方法与手段的管理也是体育课程教学管理中的重要内容。体育课堂教学方法与手段的管理至关重要,体育教师在这方面的管理中能够深刻体会到"教学有法、教无定法、重在得法、贵在活用"的含义,并能积极探索与学习新的教学方法,加强对传统教学方法的改革与创新。对体育教法与手段进行革新与管理,首先要树立新的教学理念,在先进理念的指导下创造新的教学方法,以提升体育教学的高度,彻底改变传统体育教学中将少数几种教学方法不分场合、一用到底的局面。体育教师在课堂上对教法与教学手段的合理选用有助于真正达到省时低耗、优质高效的理想教学状态。为了强化体育教学方法与手段的管理,探索更多先进有效的体育教学方法与手段,学校应组织体育教研组定期开展研讨会,充分发挥学校体育教研组的力量,从而构建一个科学、合理和完善的体育教学方法体系。这样才能为取得理想的教学效果提供良好的保障。

4. 教学效果管理

教学效果是评价体育课是否成功的最重要依据,因此加强体育教学效果的管理也是非常重要的一项管理内容。体育课的教学效果最直观地反映在学生的考试成绩中,尤其是技能考核成绩中。在体育课堂教学中,教师的教学活动与学生的学习活动都是为实现教学目标和提高教学效果而服务的,因此,体育教师必须在教学内容安排、教学方法选用、教学模式构建、教学评价实施中不断改进与优化,要从学生的身心特点及实际需求出发组织教学,使学生在课堂上将体育知识与技能掌握好,促进其身心健康发展及运动技能的提升。只有如此才能从根本上提升体育教学效果,实现体育教学目标。

(三)体育课程教学管理的类型

1. 专断型管理

体育课堂教学中实施专断型管理的体育教师对学生提出了非常严格的要求,学生必须按教师的要求执行课堂常规。教师往往以命令的方式要求学生完成一些学习任务,学生不得不服从命令,教师认为学生若不听从命令就是无视教师的权威,对于这类学生往往会采取一些方式进行惩罚。在整个课堂教学中,教师将个人意愿和个人权威放在首位,而对学生的个性化需求及其主体性并不在意。课堂教学氛围紧张、压抑、沉闷,学生不敢发表自己的意见和想法,虽然对教师言听计从,但并不是真正愿意在这样的氛围中学习。长此以往,必然会压抑学生的个性,制约学生主体性的发挥,影响学生的身心健康发展。

2. 放任型管理

放任型教学管理方式具有很大的负面作用,在这一管理模式下,体育教师往往缺乏责任心和管理意识,在体育课堂教学中一般只负责传授知识与技能,依据教案按部就班地教学,以完成教学任务为目的,至于学生是否认真听讲、是否掌握了课堂知识及课堂教学效果、是否良好等问题,教师对此并不关心,甚至可以用"放任自流"一词来概括教师对学生的态度。

在体育课堂教学中,体育教师采取必要的管理方法与策略有助于活跃课堂氛围,使学生在良好的课堂环境下学习知识与技能，使学生学习的积极性和效率得到提升，最终取得良好的学习效果，但采取放任型管理方式的体育教师往往忽略了课堂管理的重要性及自身在课堂管理方面应有的责任。教师对学生放任不管，似乎对学生的个性发展有益，实则对学生的学习与成长无益，教师不负责任的态度会导致体育课堂教学无法满足学生的实际需求，无法调动学生的学习热情，即使学习自觉的学生如果长时间不管理，也会变得懒散，而本身自觉性就差的学生则更是无视课堂纪律，会做出一些不尊重体育教师、破坏课堂纪律、影响其他学生的不良行为。

总之，放任型课堂管理方式不利于体育课堂教学活动的顺利进行，在很大程度上会影响体育教学效果，不利于学生的健康成长。因此，体育教师尽量不要采取这一管理方式。

3. 民主型管理

民主型管理方式能在一定程度上体现"以人为本"的基本原则，运用这一管理方式的体育教师往往具有较强的民主意识，他们以学生的实际需要为中心，围绕学生的整体特征及个性化需求而展开教学，在教学过程中教师会采取一些有效的措施激发学生的学习积极性，强化学生的学习动机，并努力结合学生的兴趣爱好设计教学，以满足学生的需求。

民主型课堂管理方式较为灵活，在体育课堂教学中，教师在从一个活动转移到另一个活动的过程中能够通过灵活的管理来使学生始终保持较高的学习兴趣，并使课堂秩序始终保持良好状态。随着课堂教学需求的提高和教学因素的变化，体育教师也能及时完成课堂环境的重建，从而满足新的需求、适应新的变化，这是民主型管理方式与前两种管理方式相比较而言最显著的优势与特征。体育教师采取民主型管理方式说明他们尊重学生，并希望通过民主管理来营造和谐融洽的课堂氛围，激发学生的学习兴趣，促进课堂教学效率的提高。这种教学模式符合现代教育理念及教学要求，因此值得提倡。

4. 理智型管理

理智型管理也是体育教学管理的一个重要类型，这一类型的特点是体育教师有清晰的教学思路、明确的教学目标，并依据教学目标有序安排每个教学环节，精心处理每个教学细节，以求最终顺利实现课堂教学目标。此外，体育教师也能够以课堂教学目标和所教的内容为依据而对一些教学方法合理进行选用，并给学生留出自主学习与思考的时间，让学生自主选择适合自己的学习方式和练习方式。在学生自主学练期间，教师适时、适当地进行指导和提示，以提高学生的自主学习效率，增强学生学有所获的成就感。

体育教学和一般的文化课教学不同，课堂教学中会受到很多内外因素的干扰与影响，面对多重影响因素，理智型教师往往能够灵活安排课堂教学工作，并灵活管理学生，学生在课堂上表现出来的学习态度、学习行为等对教师来说都是有价值的反馈，教师可依据这些反馈信息灵活进行管理，从而端正学生的态度，使学生的学习行为趋于积极主动、合理有效。在体育课堂上善于进行理智管理的教师往往具有"教学技巧高超、管理技巧娴熟"的优势，也正因如此，他们才能更科学地安排课堂教学活动。

需要注意的是，理智型课堂管理方式也有其自身的缺陷，其主要表现为课堂氛围比较严肃、沉闷，缺乏足够的生气与活力，这容易影响学生学习的热情和效果。

5. 情感型管理

情感型教学管理主要是指体育教师从学生的情感需要出发来管理课堂教学活动，课堂管理的整个过程中都透露着教师对学生的"爱"。体育教师以得体而亲切的语言进行课堂教学，并鼓励学生发挥自己的优势，对于进步明显的学生，教师总是不吝夸奖。教师对学生的情感需要给予一定的关注与重视，并能根据学生的情绪调动课堂气氛，使学生在体育课堂上能够获得愉快的心理体验。体育课堂上难免会有破坏课堂纪律的学生，提倡情感型管理的体育教师不会一味指责这些学生，而是会以恰当的方式来指正、引导他们规范自己的课堂行为，这样既维护了学生的尊严，又能使学生感受到教师的真诚与善意，这对于建立和谐的师生关系，巩固师生之情及净化课堂风气都具有重要的意义。情感型管理方式与"以人为本"的基本原则有着密切的关系，与现代教育的理念相吻合，因此这一管理方式值得提倡。

6. 兴趣型管理

学生是体育教学活动的重要主体，体育教师要以学生为本组织与管理教学活动，要想实现良好的管理效果，就要重视学生兴趣的激发，采取各种手段与措施培养和提高学生学习体育的兴趣。因此，在体育课堂教学中采用兴趣型管理方式的体育教师往往教学艺术高超，教学风格突出，能够以独具艺术性的教学技巧将学生的学习兴趣激发出来，并能使学生在学习中陶冶情操，提升艺术修养。

体育教师在课堂教学中语言生动形象、教态从容优雅、示范优美娴熟、节奏把控良好，能够以有趣的方式给学生呈现所要教授的内容，使学生在富有美感的课堂中集中注意力听讲、看示范，使学生保持高昂的学习热情，在教师的引领下跟着节奏一步步掌握新知识，获得"美"的享受，这样的课堂管理也显得非常轻松活泼，能获得理想的管理效果，从而有利于实现既定的教学目标。

（四）体育课程教学管理的特点

体育课程教学管理主要呈现出以下几个方面的特点。

1. 方向性特点

体育课程教学一个非常重要的特点就是具有一定的方向性，这一特点可以说是学校各个课程教学都具有的。要想保证体育教学活动的顺利开展，体育教师必须以科学的理论为指导组织与管理整个教学活动，并贯穿于管理过程的始终。因此说，体育教学管理具有一定的方向性特点。

2. 系统性特点

体育课程教学属于一个大的系统，系统内包含大量的要素，各要素之间相互配合，共同推动着体育教学系统的发展。所以说，体育课程教学具有一定的系统性特点。体育教学系统非常复杂，受各种因素的影响，其通常会存在一些问题，如何应对与解决这些问题就成为其中的关键。只有解决好这些问题，才能推动体育教学管理系统的健康发展，才能保证体育课程教学的质量和效果。

体育教学管理具有一定的系统性特点，因此体育教师在组织与管理体育教学活动时也要遵循一定的系统性原则，从整体上以全面的眼光把控整个教学过程，促进教学系统内各要素的协调发展，从而形成一个强有力的整合系统，只有实现了系统功能之和，体育教学才能获得健康发展。一般来说，体育课程教学管理的要素主要涉及人、物、信息、时间等四个方面，体育教师要采取各种手段灵活地协调这四个方面，使其相互配合，推动整个体育教学系统的健康运转。

3. 阶段性特点

在学校体育教学中，不同年级的学生处于不同的年龄阶段，而体育教学也具有一定的年龄特征，这些因素都对学校体育课程教学管理产生了重要的影响。因此，在体育课程教学管理的过程中，一定要重视教学阶段的这一特点，以此为依据开展各项工作，这一点非常关键，体育教师要引起高度重视。

另外，需要注意的是，虽然体育课程教学管理具有一定的阶段性特点，但是各个阶段之间的教学活动并不是孤立的，而是存在着一定的联系，这就要求体育教学管理工作要遵循其中的发展规律，循序渐进、按部就班地进行。

4. 教育性特点

随着学校教育的不断发展，体育教学在学校中的地位也逐渐受到重视。我国政府及教育部门也制定和颁布了一些促进学校体育教学的政策与文件，各学校的管理部门及领导也开始重视体育教育。体育教育的一个重要目的在于增强学生体质，促进学生全面发展。因此，这也就赋予了体育教学管理具有一定的教育性特点。在体育教学管理过程中，体育教师应坚持"以人为本"的基本原则，一切教学活动的开展都要为了促进学生的全面发展服务。

我国体育教学的总体目标是"以人为本"，也就是以学生为本，促进学生的全面发展。因此，在具体的教学管理中要突出"育人"的特点，以育人为基本原则，充分调动体育教师教学管理的积极性，提高教学管理的效益和质量，推动学校体育教学的健康、快速发展。

（五）体育课堂教学管理的实施

1. 体育课堂教学管理实施的前提

（1）教学业务素质

体育教师的业务素质主要包括体育基础理论、一般文化理论知识、运动技能等方面的内容。一般来说，能够依据体育教学规律和教学原则合理安排教学内容、正确选用教学方法、科学构建教学模式、全面实施教学评价，并使学生利用有限的课堂时间充分掌握体育知识与技能的体育教师就是业务能力强、业务水平高的专业教师。业务素养高的体育教师容易树立威望，对学生有威慑力，能管好课堂纪律，调动课堂气氛，能以生动形象的讲解和准确无误的示范调动学生学习的积极性,使学生保持积极向上的学习态度,因而最终也能取得好的教学效果,由此可见,体育教师业务素养的培养与提高非常重要。作为一名体育教师要时刻想着如何提升自己的教学业务素质,这样才能组织与管理好体育教学活动,从而实现教学目标。

(2)思想道德素质

思想道德素质也是体育教师的一项重要素质,这也是体育课堂教学管理实施的重要前提之一。需要注意的是,体育教师思想道德素质的影响虽然不是外显的,也不是快速形成的,但这种内隐而又潜移默化的影响却是非常持久而深刻的。只有思想品质高尚、有崇高敬业精神、工作态度认真负责、胸怀坦荡的教师才会对学生产生积极的影响。学生这个群体具有一定的敏感性,在体育课堂上,体育教师的言行举止,甚至是表情这种细微的变化都会引起学生的注意,而学生接收这些反馈信息后也会不自觉地改变自己的行为。所以体育教师必须严于律己,以身作则,给学生树立一个良好的榜样,这种言传身教的方式将对学生产生至关重要的影响。

总之,为实现体育教学管理效果,体育教师必须先规范好自己的言行,再要求学生遵守课堂纪律,否则难以使学生真正接受管理。只有教师以身作则,严于律己,才能给学生树立榜样,建立威信,从而保证教学活动的正常开展。

2. 体育课堂教学管理实施的关键

大量的实践表明,体育课堂教学管理实施的关键因素在于营造一个和谐的课堂教学氛围。在这一和谐的教学氛围下,教师和学生才能密切配合好,实现良好的教学效果。

体育教学活动是指师生的双边活动,缺少了任何一方,都不能称为完整的体育教学活动。体育课堂教学管理同样需要体育教师与学生共同参与,需要二者互动交流。为了维护良好的课堂秩序,保证课堂管理制度的真正落实,必须建立融洽和谐的师生关系,维护与巩固师生感情,从而使体育教师和学生能同时积极主动地教和学。

体育教学效果的取得离不开一个良好的教学氛围,而教学管理效果的好坏也与课堂氛围是否融洽有着直接的关系。教师的教与学生的学固然对体育课堂教学质量与管理效果有着决定性影响,但这并不是唯一的决定性因素,师生互动的课堂环境也是不容忽视的决定性因素之一。课堂氛围不同,学生的学习效率、教师的教学效果及课堂管理质量都会或多或少存在一些差异,只有构建和谐的课堂环境,营造融洽的课堂氛围,才能增强教师与学生之间的联系,实现合作与发展。由此可见,构建一个和谐的体育课堂教学氛围是实施体育教学管理的关键因素,体育教师在教学管理中一定要引起重视。

二、体育课程教学管理的机制

(一)体育教学管理机制的概念

最初,"机制"一词主要指的是"机器的构造和动作原理",后来随着时间的不断发展,"机制"这一词的含义逐渐延伸,扩展至生物学、医学、管理学等领域,在管理学领域，"机制"的意义与其本意区别不大，它与管理学相结合从而形成了一个新的名词——"管理机制"。

为促进体育教学管理效益的提高，必须建立一个科学有效的管理机制，在这一管理机制下展开系统内的各项活动。要想建立一个科学的管理机制，首先就要结合体育教学实际建立一个组织机构并制定相关的组织制度。组织机构的建立要掌握一定的原则，那就是把系统内部的相关人员按照实际情况分配到组织系统的所有部门。而组织机构的相关制度则是不同岗位人员的行为规范，要在既定的行为规范下进行活动。体育教学管理系统能否顺利运转与系统内部各要素有着一定的关系，因此，体育教师在教学管理的过程中要善于激发各个环节的要素，以人为本，充分发挥人尽其才、物尽其用的效果，从而实现体育教学管理效益。

综上所述，在体育教学活动中，体育教学管理机制就是为保证体育教学活动的正常开展而设置的相关组织或机构，各组织为了同一个目标而形成的一个体系。在这一机制的运转下，体育教学活动中的各个主体行为都能得到一定的规范，这样体育课程教学活动就能顺利地进行，培养体育人才的目标也能得以实现。

（二）体育教学管理机制的构成

大量的实践充分表明，一个科学的体育教学管理机制对于体育教学质量的提高具有重要的影响和意义。具体而言，体育教学管理体系主要包括广义与狭义两个方面的内涵。

从广义上来讲，体育教学管理机制是指学校内外体育教学过程中涉及的具体要素。其中，政府部门、各类企业、社区、家长等都是这些要素中的重要内容。体育教学管理活动的顺利进行与这些要素之间有着密切的关系。

从狭义上来讲，体育教学管理机制是指学校内部体育教学过程中涉及的各个方面的要素。其中，学生、教师、教学管理人员等都是这些要素中的重要内容。受学校类型、发展历史等因素的影响，每一所学校在校园机构设置和管理层次等方面都存在着一定的差异，这是不可避免的。但无论如何，体育教学管理体系的构成要素在利益主体方面是相同的。

在具体的实践活动中，体育教师一定要做好各方面的准备工作，充分考虑各利益主体之间的关系，使他们获得和谐稳定的发展。在体育教学管理工作中，相关组织机构的设置、管理人员的配备、教学体系制度的制定等都要围绕体育教学的目标进行，这一教学管理体系要能充分激发师生参与教学活动的积极性，能保证学生体育运动水平的提高，保证教学活动的顺利进行。

第二节　创新教育理念下体育课程教学活动及质量管理

一、创新教育理念下体育课程教学的顺利开展

（一）体育课程教学准备管理

1. 教师备课

备课就是教师根据教学大纲的要求和体育课程的特点，与学生的具体情况相结合，选择最合适的表达方法和顺序，使学生有效地学习得到有力的保证。从教师自身的角度来说，认真备课是上好课的前提，也可以加强教学的预见性和计划性，是充分发挥教师的主导作用的重要保证。

具体来说，体育教师在备课时，需要做好以下几个方面的工作，主要涉及以下几个方面。

（1）认真钻研教材

首先，体育教师一定要对教学大纲（课程标准）进行深入细致的研究，然后结合体育学科总的教学目标及各单元、本节课的具体教学目标，对教学的基本要求有一个充分的理解和认识，也能准确把握教材的体系范围与深度。

其次，体育教师对教材的钻研，还体现在多项教材的重点与难点，以及其前后的联系上面，钻研结束后，还要做好总结工作。

（2）深入了解学生实际

学生作为体育教学的主体，是体育教学开展需要围绕的中心，因此，对学生知识基础、身体健康状况、认知能力、运动能力水平，以及学习态度兴趣需要及个性特征等实际情况加以了解并熟练掌握，在此基础上，开展体育课程教学才能取得理想的教学效果，对学生产生积极影响。

（3）选择合适的教学方法

在对教材有深入研究，明确教学任务，充分掌握学生实际情况，具备充足适宜的场地器材的基础上，要将合理的体育课程教学的方法选择并确定下来，与此同时，还要将教学活动的类型和结构确定下来。

（4）编写教案

教案，也就是课时计划，它是教师进行课堂教学的直接依据。因此，教案的编写

至关重要，一定要保证教案的质量和可行性。具体来说，编写教案的具体流程有以下三方面。

第一，要根据教学大纲的要求和学校的有关规定进行编写，这是最基本的依据。体育教师要以学生的体育基础、体育骨干、伤病情况等实际情况为依据来备课，同时，也不能忽视了场地、器材等的实际情况，并如实详细记录。

第二，注意教案的编写要具有规范性，要根据侧重点保证详略程度的适宜性与合理性。

第三，教案编写的文字要做到精练、准确，教法运用要保证正确性。

（5）准备场地器材

场地器材，是体育课程教学活动开展必不可少的重要物质基础，关系着体育课程教学活动能否顺利开展。在体育课程教学活动之前，体育教师应自己或组织学生帮忙准备好场地、器材。另外，教师还要按照体育课程教学活动的实际情况和需要，对场地进行认真的规划，对器材进行科学的布置。

2. 学生预习

对于教师来说，准备工作是备课；而对于学生来说，其准备工作就是预习。通过预习，能够使学生对教材内容作预先的学习，对教材中的主要内容及其重点、难点加以了解，这样，就能够对上课过程中涉及的内容了然于胸，对学习的重点有准确的把握，加快掌握动作技能的速度，使学习效率大幅提升。

（二）体育课程教学实施管理

1. 体育教师的上课管理

在体育课程教学活动中，体育教师具有双重身份，即教学者与管理者，因此，上课管理是将体育教师的这两种职责充分结合起来的重要体现，做好上课管理对于教学质量的提升有着至关重要的作用。

体育教师对体育课程教学活动的管理，涉及的工作内容比较多，比如，体育课程教学常规的建立，思想政治工作的开展，如何将学生学习的积极性调动起来，上课时在分组上要保证合理性，选择并运用好适宜的教学方法、手段，在运动的强度、密度等方面要进行准确把握和适度调整，保证场地器材的科学合理运用，做好安全保护措施，除此之外，还要对教师和学生的服装要求加以监督等。

2. 把握好调控的力度

从体育教师的角度来说，调控教学对于体育课程教学活动的开展是有着非常大的影响的，要做到对调控工作的准确把握，需要对以下几点加以注意。

第一，在对教学时间进行分配时，要充分考虑到体育课程教学内容的难易程度及价值，保证分配的科学性。

第二，要将启发式教学思想确定下来，然后在其导向下，对体育教学方法加以选用。

第三，体育课程教学活动中，往往会存在"吃不饱"和"吃不了"的矛盾，要处理好这一对矛盾，首先要对学生的年龄特征和个别差异有准确的了解和把握，同时，在教学进度上也要有准备的掌握。

第四，对于学生来说，有效学习是其理想目标，这就需要对学生掌握运动技能的效果和程序加以了解，在此基础上，还要根据完成动作情况来对教学进程进行适当调整，以达到教学目的。

3. 师生之间积极互动

体育教师在体育课程教学活动中具有重要的主导性作用，学生则处于主体性地位，两者相结合，才能保证体育课程教学活动的顺利开展。具体来说，要保证体育课程教学活动的开展效果，就要求体育教师应从自身出发，努力提升自身的教学积极性，并善于创设良好的课堂气氛，以此来将学生学习的兴趣充分调动起来；与此同时，学生要按照教师的指引，积极认真地学习，将自身的主观能动性充分发挥出来，以使学习效果达到最佳化。

（三）体育课程教学检查与评价反思

在体育课程教学活动中，检查与评价反思是最后一个阶段，这一阶段也是非常重要的，是不可忽视的。检查和评价反思在体育课程教学活动中的功能和意义体现在两个方面：一方面，是进一步巩固所学体育知识、运动技能；另一方面，是获得学生掌握运动技能的反馈信息，发现体育教学过程中存在的不足，为及时采取相应的补救措施提供一定的便利。

检查最终的教学效果就是为了对教学效果有一个全面且充分的了解，采用的方式主要有教师观察、身体素质测定、运动技能展示等，检查的内容包括体育基本知识、运动技能的掌握情况、学生在体育教学比赛中综合运用运动技能的能力，以及体育教师业务水平的提高程度等各个方面。这也是保证教学效果全面性的一个重要方面。

评价反思对于体育教师和学生来说是体育课程教学活动中不可或缺的重要环节。教学评价反思，具体来说，就是体育教师以学生对新知识、新技能的掌握情况为依据，来对教学目标的达成情况进行判断，然后确定要采取的补救措施或者对既定措施加以适当调整，同时，学生也要做好自我监控工作。除此之外，教师和学生都需要反思体育课程教学活动，通过对自己在教学过程中的行为，取得的最终效果以及这样做的原因、理想方法或策略的选择等内容进行反思，来有效促进理想教学效果的实现，这也能使教师的教学能力和学生的学习能力得到有效的发展和提升。需要注意的是，在体育课程教学活动中，评价反思是一个相对独立的环节，同时又贯穿于整个教学过程中。

二、创新教育理念下体育课程教学质量的管理

（一）体育课程教学质量管理的含义

体育课程教学质量，指的是学生经过一定时间的学习后所应达到的规格要求。而体

育课程教学质量管理，则是通过一定原理和手段的运用，来合理协调和利用参与教学活动的各种因素，有效控制体育课程教学过程的各个环节，最终达到预期的质量标准，实现学校教育目标的一种管理方法。

很显然，体育课程教学过程管理包含教学计划管理和教学质量管理两个方面，缺少其中任何一个，体育课程教学过程管理都是不完整的。

加强体育课程教学质量管理，首先要在观念上明确以下几个方面的重点：①对体育课程教学质量的认识应该是全面的、完整的。②对体育课程教学质量问题的认识应该从教与学两个方面来进行。③体育课程教学质量管理的受众是全体学生，切忌只针对少数拔尖学生。④体育课程教学质量管理是一种全过程的管理。⑤要确立全员体育课程教学质量管理的观念。

（二）体育课程教学质量的主要内容

体育课程教学质量的内容主要有三个方面，即条件质量、过程质量及结果质量。

1. 条件质量

（1）硬件条件要符合标准

首先规定必备的硬件一定要达到相关的标准要求，否则，人才培养的质量就难以得到保障。为此，就要求在体育课程教学质量管理中必须加强对体育教学条件的管理。

（2）要做好体育课程教学基本建设

课程建设、教材建设等都属于体育课程教学基本建设的范畴。电子教材、网上教材等方面的探索与应用也要加以注意。

（3）要做好班风建设工作

班风是提高体育课程教学质量的重要保证。班风建设质量的好坏会影响到体育课程教学质量和教学水平，学生的学习风气、学习态度的优劣是班风建设的根本问题，教师从严治教、为人师表是班风建设的重要方面，要高度重视。班风具体可以分为学风、教风、考风等几个方面。

2. 过程质量

教学过程的质量，实际上指的就是平时所说的教学质量，其所强调的重点为理论课和实践性教学环节的动机和效果的一致性。对体育课程教学过程质量产生影响的因素具有显著的复杂性特点，其表象的直观性也非常突出，但其原因却是隐性的，涉及很多因素，比如，课程体系的合理性、教学大纲的适用性，教师的教学态度、备课充分的程度、教学的针对性、教学手段和方法的合理性、学生学习的态度、学生学习的能力、考核方法对学生的影响力及教学保障体系是否正常运转等。其中，从根本上产生影响的主要是教师的教学态度、投入程度及学生学习的自觉性。具体来说，要做好体育课程教学过程质量管理，需要从以下三个方面着手：①要使各个教学环节的教学管理的规范性得以保证。②将教学主要环节的管理作为关注的重点。③要加强薄弱环节的管理。

3. 结果质量

在关注体育课程教学时，必须对体育课程教学结果质量加以关注，这是不可或缺的重要部分之一。可以说，提高体育课程教学结果质量是提高整个体育课程教学质量的重要基础。在评价体育课程教学结果质量时，需要从以下几个方面着手进行：一是师生关系的融洽性；二是教与学的沟通性；三是要注意科学性与实用性的融合，不但要丰富学生的知识储存，还要开拓他们的思路，不仅能用，还要会用；四是要求教师运用各种教学艺术，精心组织教学，便于学生的消化和理解。

（三）体育课程教学质量管理的要求

1. 教学质量管理处于体育课程教学管理的核心地位

教学质量的高低，能够综合反映出体育课程教学管理水平。体育课程教学管理的内容主要为教学质量，是为了教学质量的提升做准备的。教学质量的管理在整个体育课程教学管理中处于重要的核心地位，管理者要在正确的教学质量观的指导下，根据一定的教学目的，通过质量标准的参考，来对影响"教"与"学"的各种因素进行检查、分析与控制，从而使教学任务的全面完成和教学质量的全面提高得到有力保证。

2. 体育课程教学质量观和质量标准

（1）体育课程教学质量观

所谓的体育课程教学质量观，就是指对教师教学优劣程度的总体性的看法和认识，其能够将管理者的教育思想水平反映出来，同时，其在整个体育课程教学过程中还起着重要的导向作用。

管理者的教学质量观不同，检查评价教学质量的标准就不同，对教学过程产生的影响也就不一样。因此，树立正确的教学质量观是科学地实施教学质量管理的重要前提。

正确的体育课程教学质量观应是全面的质量观。它具体表现为：对教与学两方面质量的整体认识；对教学促进学生个体发展的全面评价；对教学质量评价要面向全体学生。

（2）体育课程教学质量标准

教学质量标准有总体标准与具体标准之分。

①总体标准

体育课程教学质量总体标准是学校教学的培养目标，是具有普遍性和方向性的质量标准。体育课程教学质量总体标准是体育课程教学质量管理应该遵循的根本原则和最高依据。

②具体标准

体育课程教学质量的具体标准有三个方面：第一，是各学科各年级的质量标准；第二，是教学过程中"教"的质量标准；第三，是教学过程中"学"的质量标准。

通常情况下，可以将体育课程教学质量标准体系分为纵向质量标准、横向质量标准和综合性质量标准三个方面。

（四）体育课程教学质量管理的方法

1. 体育课程教学的组织工作要严谨

所谓的体育课程教学组织工作，就是要把学生的目光、注意力、情绪、思维集中到体育课程教学上来。从某种意义上来说，其既是一种约束力，又是教师为学生创设良好的学习环境，使教学过程有条不紊顺利进行所营造的良好氛围。

在体育课程教学活动中，学生出现的不同程度的注意力转移都会对教学任务的顺利完成和课堂教学目标的实现产生重要影响。因此，做好体育课程教学的组织工作，维持良好的课堂气氛，既是有效完成教学任务的基础，也是提高教学质量的重要手段，同时，还是教师责任心和组织能力的具体体现。

具体来说，体育课程教学的组织工作并不是简单的命令，而是积极有效的诱导，可以从以下三个方面得到体现。①课内问题课前解决，每次课前认真备课。保证授课内容的思想性、科学性、正确性。②对体育课程教学过程要有全面调控的能力，做到周密思考、张弛有致、紧凑有序。③将体育课程教学的规范性与学生个性的关系处理好。

2. 体育课程教学用到的语言要具有艺术性

艺术性语言能够将学生的注意力最大限度地吸引过来，同时，还能将学生的求知欲望有效激发出来，积极引导他们步入知识的殿堂。要达到这一目标，就要求教师在教学时也要运用艺术性的语言。具体来说，要满足以下三点要求。

（1）语言要做到准确干练

具体来说，就是既有严密的科学性和逻辑性，又通俗易懂、言简意赅、连贯适中、承上启下、生动有趣、引人入胜、富有感染力和吸引力，从而紧紧抓住学生的注意力。

（2）语言要亲切温和

教师应吐词清楚，速度适中，语气中宜亲切、慈祥、温文尔雅，富有亲和力，使学生能感受到师生间的友爱。同时，还要以体育课程教学内容和学生反应为依据，发挥抑扬顿挫的作用。

（3）语言要幽默

因为幽默的语言是富于感召力、增强亲和力的，能够起到有效调节体育课程教学氛围的作用，同时还能对学生的注意力起到调控作用。比如，激活课堂气氛、调节学生情绪、开启学生的智慧、提高思维的质量。

3. 体育课程教学采用的方法要具有灵活性

从实质上来说，灵活的教学方法能够起到不断地启发学生的思维、激发学生对知识的兴趣、并帮助学生形成对事物主动思考能力的作用。

对于教师来说，其要以体育课程教学内容、教学对象为依据精心设计，不断地变化教学方法。同时，还要将各种教学方法综合起来加以运用，不断地引导学生积极思考，切勿采用单一的教学方法，因为，理想的教学效果是任何一种教学方法都无法达到的。

4. 体育课程教学采用的教育手段要具有策略性

在体育课程教学过程中，部分学生往往会出现注意力不集中的情况，表现为走神、讲话、做小动作等，这些学生通常意志薄弱，不能对自己的言行进行有效控制。这些都会对体育课程教学产生不利影响。因此，就要求教师在教育方法上讲究策略，迅速做出适当的反应使这些消极的心理活动得到及时地调整。

通常情况下，教师要以消极情况和对象的不同为依据，将要采取的方法确定下来。一是用目光唤回学生注意力；二是走近给以暗示；三是突然停顿讲课，使个别做小动作或无视学习的学生，因突然的安静而骤然清醒，回到正题上来；四是创造发言的气氛，调动参与集体活动的积极性，提一些容易的问题，让他们发言，并在发言中对其学习的闪光点给予肯定表扬，鼓励、激发其学习兴趣和学习的积极性。对有些对抗情绪的学生尽量不点名批评，避免正面冲突，做到动之以情、晓之以理。

5. 体育课程教学的责任要明确

体育课程教学本身是一个包括教与学两个方面的双边活动，它是教师传授和学生学习的共同活动。教师要对其主导地位和学生的主体地位有明确的认识。

在整个体育课程教学过程中，教师始终处于主导地位，也必须起到主导作用。但是，教师的主导作用必须密切地与学生的学习主动性结合，教学质量是在教与学的互动过程中实现的。教师的教学态度和行为、学生的学习态度和行为，以及双方在教学过程中的交流方式与效果会产生良好的教学质量。"教学相长"就是说教与学相互促进，其能够将师生之间相互推动、共同提高的关系体现出来，这也是教学的主要目标。

6. 体育课程教学的态度要认真

（1）教案的编写要认真

教案是上课的重要依据，是保证教学质量的必要措施。因此，编写好的教案非常有必要。要认真编写教案，首先要吃透教学大纲的精神实质，然后熟悉教材要领达到融会贯通的程度，对重点、难点做到心中有数，与此同时，还要充分了解学生的实际情况，对其进行充分考量。

（2）要有良好的教学姿态

教师上讲台讲课，首先吸引学生的，就是其良好的形象。教师良好的教态最主要包括衣冠整齐，精神饱满，胸有成竹，声音洪亮、清楚，表情丰富，伴有手势等。

（3）教学要有特色

第一，教学特点要突出。教师的表情、感情、书写会对学生产生直接影响。因此，要求教师讲课要有激情，有了激情，不易发挥的、潜意识的知识都发挥出来了，触类旁通，学生听课的兴趣就更大。

第二，教师课堂上要抓住学生的思路。教师要有良好的监控能力，使学生保持高度的参与性。还要有敏感的自我反思能力，发现学生不注意，就要立即反思自己的教学方法是否有问题，马上调节过来。除此之外，自我效能感也是非常重要的，教师自己要先进入角色，才能引导学生跟着走。

第三节　创新教育理念下体育课程教学资源的管理

一、创新教育理念下体育课程教学经费的管理

（一）体育器材经费的管理

学校为组织开展多种体育教学活动，就必须购置多种相关体育器材，这些器材数量较多，种类各异，每种都有自己的价格和适宜的购买方式。因此，科学管理体育器材经费就显得非常重要。对于学校体育器材的经费管理来说，首先应对器材予以分类，通常体育器材可分为大型体育器材、小型体育器材、体育消耗品和固定体育资产。这几类器材的消耗程度各有不同，相比之下，大型体育器材的消耗程度较小、寿命较长，如篮球架和足球球门等；小型体育器材的消耗较大，寿命较短，需要经常性地进行维修、保护及补充，如乒乓球、羽毛球、网球等。对体育器材实施科学经费管理的最大意义就在于其有利于提高器材的使用效率和费效比。

1. 减耗增效要求

体育器材都是有其使用寿命的，属于消耗品，但不同器材的消耗速度却不同。因此，要想使体育器材的价值充分发挥，对其进行必要的使用规划和后期维护就显得非常重要。在实际的使用中，器材的磨损总是难以避免的，我们对体育器材的管理所要达成的目的绝不是阻止器材的正常磨损，而是确保其少经历非正常磨损，以及维持器材的使用价值，减少其磨损速度。为此，就需要建立起体育器材管理制度，并增设器材管理专职人员。

2. 采购器材预算

随着体育器材的逐渐磨损，现有器材很可能不再能满足教学所需，此时就需要去市场采购，为此要制定采购预算。一般学校采购体育器材的预算主要有下列内容。

（1）每年体育器材消耗费用的预算

在正常开展体育教学工作的情况下，每年都会有一定的体育器材消耗，这是非常正常的。这些消耗需要及时补充，以满足体育教学的需求。据统计，多种球类运动中所使用的球，是消耗程度较大的器材。因此，各种球类就成为每年采购预算中的主要项目。

（2）第二年增减项目的器材费用的预算

由于种种原因导致的次年体育教学内容的变化而需要相应增加或减少的体育器材费

用。这一费用的预算要视具体情况而定。

（3）体育教师工作服采购费用的预算

有相关规定要求学校每年为体育教师购置运动服装，尽管这项费用数额不多，但意义重大，即代表着对体育教师的尊重，以及对其工作的支持。要知道，体育教师必须身着运动服上课，更多的运动使其服装的磨损较大，学校为这部分费用做出预算也是合理的。在实际中，这部分费用的使用较为灵活，一般有学校统一为教师订购运动服装，还有将这部分费用以补贴的形式发放给教师，让其自行购买喜爱的运动服装。

（4）机动费用预算

有一些时候，即便学校制定好了年器材采购预算，但实际中总是难免会出现由于各种原因导致预算不足的情况，因此，再做出一些机动费用预算予以备用就显得很有必要。

3. 采购行为监管

但凡涉及采购行为的，都要辅以必要的监管措施。有效的监管决定的是器材预算能否真正用在该用的地方，使用效益如何。在对采购行为进行的监管中，除了要关注经费的使用，还要关注体育器材采购的质量和渠道，如此保证体育器材采购的透明度，并有利于促进采购人员的规范行为。

（二）体育场馆经费的管理

学校中的大多数体育场馆是在一定体育经费支持的基础上兴建的，用以满足日常的体育教育和训练比赛的需要。作为体育教育的重要场所，体育场馆在使用过程中会出现一定的损耗及为了维护场馆正常功能雇佣的管理人员的工资等都需要另外的经费供应。当然，现在众多体育场馆在平时会对社会开放，用以作为社会体育资源来满足大众体育健身的需要，这种场馆资源的提供不是无偿的，会根据市场收取一定的场租费用，如此一来场馆也获得了一定的收入。

1. 体育场馆的支出

（1）体育场馆费用的开支分类

不同大小和功能的体育场馆所需的支出有很大区别。具体来说，可按不同影响因素分为以下几类。

①按性质分类

按费用支出的性质，可以将体育场馆的费用支出分为营业成本和期间费用两大类。其中，营业成本与营业收入直接相关，学校体育场馆的营业成本包括设备的维护费用、职工工资、业务费用等。期间费用是体育场馆营运过程中所发生的费用支出，学校体育场馆的期间费用主要包括管理费用、财务费用和营业费用（日常支出及损耗）。

②按项目分类

按活动项目，可以将体育场馆开展各项专业业务活动及其辅助活动发生的实际支出分为以下几种，即工资（雇佣管理人员产生的费用）公务费、设备购置费和维修费等。

③按时间分类

按时间标准，可将体育场馆的费用支出分为三种，即体育场馆为取得营业收入发生的直接费用；有助于当期营业收入的实现或为数细微、不值得在各期间分摊的期间费用；效用在一个会计期间以上的跨期费用。

（2）体育场馆费用的监控管理

为了能将运行体育场馆的费用落到实处，必须有专人对资金的使用和流动方向进行严密的监管。尽管监管可能会让执行人有不被信任的感觉，但从制度上来说监管仍旧必要，其根本目的在于有利体育场馆的各方面正常运行，因此就要求这种监管系统全面、精打细算、勤俭节约。具体来说，体育场馆费用的监控管理主要包括以下两个方面。

①出纳员的监控管理

出纳员是体育场馆的费用开支控制管理的重要人员。在实际工作中，出纳员除了要严格遵守法律法规外，还要遵守各场馆所制定的费用支出细则，严格审核支出凭证是否与会计部门制定的内容相符，是否与会计部门制定的金额相符，是否与领款人的印鉴相符，如有疑问应先查询确认后方可支付。

②费用开支的监控管理

制订体育场馆费用开支计划：可以根据本校体育场馆的运营情况制订月计划、季度计划或年度计划，计划一般由财务部门汇总、审核，经相关会议或总负责人审批后执行，并下达各单位费用开支指标。

制定体育场馆费用开支标准：体育场馆费用开支标准的制定主要包括借款审批及标准，出差开支标准及报销审批，业务招待费标准及审批，福利费、医药费开支标准及审批，其他费用开支标准及审批。

2. 体育场馆的收入

正如前面所提到的，学校体育经费的收入来源主要有事业拨款、学校筹措、社会集资和自行创收等。其中自行创收是学校实现经费自我供给的重要途径，这里主要就自行创收中的体育场馆营业收入进行阐述。

（1）体育场馆营业的收入分类

①按营销方式分类

按营销方式可以将体育场馆营业的收入分为常规销售和优惠销售两大类。其中，常规销售是按平日的一般价格销售，由此形成的营业收入还可分为单项收入和综合收入，是体育场馆营业收入的主要来源；优惠销售是指在特定时期或特定时间进行优惠销售，如节假日的优惠活动、平时对特定的人士或团体实行优惠价等，通常，可以采用折扣优惠、金额优惠、赠送优惠等形式创收。无论采用哪种优惠形式，都应进行经营成本核算。

②按结账时间分类

体育场馆的营业收入结账时间主要是即时结账、预收结账、赊账签单结账三种形式。首先，即时结账是指在顾客消费开始或结束时，体育场馆立即得到的并可即时支配的营业收入，消费者可在消费开始时结账或消费结束后即刻结账；其次，预收结账是指顾客在消费之前预付一定的消费金额，在实际消费时冲减，这种结账形式能为体育场馆争取利用资金的时间，并保证收入的稳定；最后，赊账签单结账是指顾客先欠账进行消费，结束之后根据签单来结账。赊账签单结账多为较大额度的消费，使用时应充分考虑消费者的信用度和支付能力。

③按计价方式分类

体育项目形式众多，如此也形成了多种计价收费的方式，其中较为流行的几种计价方式如下。

计时收费的依据是运动者的运动时间。当运动者开始使用器材或场地后，计时便开始了，直到运动者示意停止运动时结束计时。该费用收取的是场地使用时间，只要计时开始，在该场地内不管有多少人参加运动，费用都以场地的使用时间结算。例如，租乒乓球台、台球桌、网球场地等就是典型的计时收费方式。

计量收费的依据是运动者使用服务设备或器材的数量。例如，射箭馆是以射出的箭的数量作为计价收费的依据，保龄球馆以局数作为计价收费的依据等。

计人次收费的依据是参加运动的运动者人数。计人次收费的方式常用于多人消费同一种项目的情况，如健身房、游泳池等场馆。现如今，这种计人次收费的方式被使用得更加广泛，其也成为一些会员制健身场所的主要收费方式。

（2）体育场馆的收入核算

①单体项目营业收入核算

单体项目是指独立经营的单个项目，如健身房、台球厅、篮球馆等。单体项目营业收入的核算方法要求班组做好每日营业收入、单体项目收入的记录，每天的营业收入由接待员登记，收款员按体育场馆财务部规定收款并登记。每日每班营业结束时，收款员填写营业报表，最终完成当天当班的营业收入核算。

②营业收入结构核算

营业收入结构核算是指在一定时期（月、季、年）的单项收入或分类收入占分类或部门营业收入的比率。在单体项目和分类项目营业收入及部门收入核算的基础上进行分类汇总，最终完成部门营业收入结构核算。

③营业收入季节比率核算

营业收入季节比率核算是指体育经营项目的月季营业收入占全年总收入的比率。该核算方法有利于分析各个体育健身项目业务经营的季节变化，为体育场馆的计划编制、工作安排、客源市场开发和客源组织提供参考依据。

（三）体育活动经费的管理

1. 学生体育社团活动

现如今，大多数学校中都创办有各式各样的体育社团，社团中经常会组织体育活动。这些社团通常为学生自发主办，学校会给予一定支持和指导。学校体育社团是学校体育文化的组成之一，学校应适当给予体育社团以经费支持及相关管理，具体的经费管理情况如下。

（1）学生体育社团的经费收入

学校体育社团是由学生自发创建的，尽管其是一种兴趣先导的公益性校园体育运动组织，但要开展活动还是需要一定的经费。体育社团得到的收入一部分来自学校，另一部分来自加盟社团的学生。当然，基于会员的学生身份，所缴纳的社团费用还是象征意义更多一些，以此能保证基本的活动开展。

（2）学生体育社团的经费支出

①教师指导费

体育社团中的活动需要有体育教师做必要的指导，这是社团活动开展的重要形式之一，如此也能让社团活动的专业性更强。但体育社团的活动时间通常为课余时间或周末时间，此时如果还需要教师的指导，支付一定的费用是合情合理的。通常来说，这一费用由学校方面承担，并以补贴或奖金的形式发放给教师，由此也是对教师积极参与学校体育文化建设的一种鼓励。

②添置器材费

一般来说，学校体育社团所涉及的项目与学校中开展的体育教学大体一致，因此在器材需求上是可以通用的。但如果体育社团的活动项目为非学校体育教学内容之中的，则可能需要另购器材，这部分费用要予以准备。

③内部比赛费用

社团内经常组织一些比赛和训练活动，这类活动会需要一些费用支持。费用支出主要为评奖的奖品、饮用水等。

④外出比赛费用

体育社团中的活动可能会安排有外出比赛的情况，这对于学校与学校之间的体育交流、校园体育文化之间的互动等都能起到积极的促进作用。学生也对校际比赛更感兴趣，有助于培养他们的集体荣誉感和学校归属感。外出参加比赛就需要一定的经费支出，具体支出项目为外出的交通费、伙食费、比赛服装费等。

2. 校内体育竞赛活动

校内体育竞赛活动是课余体育活动的主要形式之一。这类比赛活动的主办方为学校，所举办的比赛项目选择性较多，通常有田径运动会、综合性运动会和单项体育竞赛等形式。学校体育竞赛活动是热爱体育运动的学生展示运动技能和实现自我的绝佳平台，不仅如此，运动会的举办还能为学校积累更多的大型活动举办经验。组织这类规模较大的竞赛活动需要花费较多的资金，为此，应特别在组织过程中做好如下几方面的工作。

（1）设置组织编排费

组织编排费，是指负责编排的教师组织制定竞赛规程、召集有关人员开会布置工作、培训裁判、编排竞赛日程、准备裁判器材、安排裁判和比赛队等各种竞赛事项所得的报酬。校内体育竞赛通常规模较大，相伴随的就是更加复杂的组织工作，这期间相关人员的付出是很多的，给予一定的报酬也是合情合理的。

（2）明确裁判劳务费标准

为了提升校内竞赛活动的标准，比赛中都要安排裁判执法，这也是竞赛活动公平公正开展的保障。为此，不论裁判是选择由体育教师出任，还是外聘裁判执法，都要支付一定的劳务费。如果选择学生担任助理裁判或工作人员，则也需要给予奖励，但应以荣誉性奖励为主，如颁发荣誉证书。

（3）合理添置器材

校内竞赛活动所需的器材通常是现成的，但如果是为了提高竞赛举办水平，也会特意购置一些新的设备来增添"正式感"。例如，为开展足球比赛特意购买几个名牌标准比赛用球，为开展乒乓球比赛购买等级更高的球台和用球等。这部分费用，应该有所规划。

（4）安排竞赛奖励

学校体育竞赛活动的奖励以荣誉性奖励为主，主要是为了鼓励学生精神层面的积极性，辅以较少的物质性奖励。因此，费用主要为制作荣誉证书，以及购买一些运动器材等奖品。不鼓励以现金作为奖品。

二、创新教育理念下体育课程教学场地设施管理

（一）体育教室的管理

不同运动项目开展所需的体育教室各有特点，对体育教室进行恰当的管理有助于教室的正常使用与维护。需要说明的是，这里所说的体育教室，是指用于开展体育活动的小型室内活动场所。下面就对不同类型的体育教室的管理方式进行说明。

1. 多媒体教室的管理

现代体育运动教学离不开多媒体技术的支持，而多媒体也成了体育课程教育所越发重要的手段。在体育理论和实践技能的学习中都会使用到多媒体教室，教室中的幻灯、计算机等多媒体终端设备为知识与技能的学习提供更为直观化的教学。教室中的许多设备较为昂贵，在日常还需要经常性保养，为此，对多媒体教室进行的管理主要如下：①专人负责多媒体教室的管理工作。②非教学时间应处于关闭状态。③多媒体教室的使用需要提前申请，并填报使用情况。④多媒体教室中的设备禁止随意移动。⑤进入多媒体教室要保持清洁，严禁在多媒体教室中进食。⑥多媒体教室中禁止大声喧哗和追跑打闹。⑦爱护多媒体教室内的一切设施，如有损坏照价赔偿。⑧违反以上规定者应予以批评或惩罚。

2. 健美操室的管理

健美操室是组织开展健美操教学活动的场所。健美操教学所使用的场地一般不是专用的，而是与舞蹈、体操、武术等课程共用的多功能场地。这类教室中几乎没有设备摆放，所需设施为四面环镜，地板为木质地板或地毯。对健美操室进行的管理主要如下：①设专人负责健美操室的管理工作。②非教学时间应处于关闭状态。③非经允许，不得

随意改做其他用途。④学生进到场地中应着相应服装和鞋。⑤按规定放置个人用品。⑥场地中禁止大声喧哗和追跑打闹。⑦进入场地内要保持清洁，严禁进食。⑧爱护场地内的一切设施，如有损坏照价赔偿。⑨违反以上规定者应予以批评或惩罚。

3. 乒乓球室的管理

乒乓球室是专门组织乒乓球教学训练的专用场地。根据不同学校的场地条件和实际使用需求，乒乓球室可以设置在一个空旷的室内，也可以设置在体育场馆中的一个区域。乒乓球室中放置的器材为乒乓球台。对乒乓球室进行的管理主要如下：①设专人负责乒乓球室的管理工作。②非教学时间应处于关闭状态。③学生进到场地中应着相应服装和鞋，严禁穿皮鞋或黑底运动鞋在场地中运动。④按规定放置个人用品，禁止将物品放在球台上。⑤禁止坐在球台上。⑥禁止用手和球拍敲打球台。⑦违反以上规定者应予以批评或惩罚。

4. 健身房的管理

健身房是健美课程教学使用的专用教室。教室中摆放有众多健身器材，有些器材体积较大，价格昂贵，再加上一些器材结构中包含大量重量块，因此，对这些器材的保养频率很高，保养的专业化程度也较高。如此一来，对这些设备的保养不只是从器材损耗的角度上来看的，更是从使用安全角度上着眼的。对健身房进行的管理主要如下：①专人负责健身房的管理工作。②非教学时间应处于关闭状态。③练习过程中听从教师指导，不逞强、不蛮干。④进入场地内要保持清洁，严禁进食。⑤严禁在健身房中追跑打闹。⑥规范使用健身器材。⑦器械的负荷配件在使用过后要放回原处并摆放整齐。⑧爱护场地内的一切设施，如有损坏照价赔偿。⑨违反以上规定者应予以批评或惩罚。

（二）体育场地的管理

1. 水泥场地的管理

绝大多数学校中都建设有水泥场地以供多种体育教学和集体活动使用，其有着建造成本较低、易于清洁，以及易于养护等优点，不足之处则在于地址硬度较硬，这对学生长时间参加体育运动是有害的，并且较硬的质地还会加重意外摔倒的学生的伤势。

日常对水泥场地的管理主要在于做好清洁和维护工作，具体工作内容如下：①定期打扫水泥场地上的砂石和泥土，特别是下雨后要及时将场地中可能存在的积水摊开。②冬季下雪过后应及时清除场地中的冰雪。③水泥场地长期使用后场地中难免会出现一些裂缝或不平整的情况。为此，应定期对场地进行找平，对缝隙进行填充。

2. 木质场地的管理

木质场地通常为多功能场地所用，如健美操教室、武术教室、舞蹈教室等。木质场地的造价较高，相应后期的维护费用也较高，维护方式也更加复杂。木质场地的优势在于脚感好，有微小弹性，更容易清洁。不足之处在于长期使用后会出现裂纹或起伏。

日常对木质场地的管理主要应做到如下几点：①应设专人负责场地的维护工作。②非教学时间应处于关闭状态。③场地中的固定器材禁止随意移动。④禁止在木质场地内进食。

⑤在场内禁止以托、拉、拽的方式搬运物品，而应将物品搬起移动。⑥场地中禁止放置过重的物品。⑦定期为木质场地做涂地板蜡、涂地板油、涂防滑油等保养工作。

3. 塑胶场地的管理

塑胶场地在许多学校中都有建设，其通常作为全校集体活动、田径运动等活动的场地。塑胶场地的造价较高，易受到磨损，遇水之后会变滑。其优点在于硬度适中、脚感良好，因此也是正式田径比赛的标准场地。日常对塑胶场地的管理主要应做到如下几点：①场地内只允许开展相关的运动活动。②如在使用前刚刚经历下雨天气，则应尽快采取措施将场地上的水擦干，并做必要的干燥处理。③场地内严禁机动车行驶。④禁止将易燃和带有腐蚀性的物品带入场内。⑤禁止将过重的物品放置在场内。⑥进场参加运动的运动者应着运动鞋。⑦一般对于塑胶跑道来说，最靠近场地内侧的一二道的磨损最大，因此在平日非必须使用的时候应设置保护标识。⑧若场地中的标识线因磨损变得模糊不清，则需及时重新喷涂。⑨定期清洗场地，通常应做到每年3~4次。⑩若场地出现碎裂或脱层等情况，应予以及时修补。

4. 草坪场地的管理

草坪场地是一种造价高昂的体育运动场地，通常有自然草坪场地和人工草坪场地两种。自然草坪场地的价格更加高昂，连同后期的养护费用也是如此，因此只有一些条件较好的学校才能建造，而对一般学校来说，能建造一块人造草坪场地也已经很不错了。不论是天然草坪还是人工草坪，其养护工作流程众多，方式复杂，需要聘用专门的人员负责。

日常对草坪场地的维护和管理主要应做到如下几点：①建立健全草坪场地使用规范和养护制度。②严禁机动车驶入草坪。③田径运动中的掷标枪、推铅球等项目在训练时应适当减少使用草坪的次数。④根据季节情况合理使用草坪场地。这里特指天然草坪场地，北方地区的草坪场地应在冬季减少使用，或不使用；春夏两季可正常使用，秋季则需开始逐渐减少使用次数。南方地区的草坪场地则基本没有使用限制。⑤做好草坪场地的越冬管理。大体步骤包括：越冬前做修剪→早春时期做1次滚压→返青后及时浇水。

5. 游泳场所的管理

游泳场所是学生参加游泳运动学习和活动的专门场所。游泳场所占地面积较大，功能区域也较多，因此其管理内容也较多。从总体上看，可以将对学校游泳场所的管理分为对游泳池水质的管理和对场馆设施的管理两个部分。

（1）游泳池水质管理

游泳池的水质情况如何直接关系到游泳场所的卫生状况，以及学生的身体健康问题，因此在游泳场所管理中最为重要。国家对游泳场所的水质制定了明确的标准，简单来说，泳池中的水的水质应与日常饮用水同级，并且水温应设置在26℃以上。

泳池中的水的水质会随着使用时间的增加而降低。因此，为保证泳池水质达到标准，就需要定期换水，换水的标准和方式国家卫生防疫部门也做出了具体规定，游泳场所管理者参照执行即可。为了稳妥，即便定期按标准进行了换水作业，也需要定期取水样化验，检测水质情况是否达标，然后根据检测结果调整混凝剂、消毒剂、中和剂等化学品的使用量。如果在检测中发现水中含有某些严重致病菌，则必须将池水放干消毒后再行注水。

（2）游泳场馆的维护

游泳场馆内部的设施较多，其大多数设施都是围绕卫生设置的。为了保证水质尽可能地清洁，在人进入泳池前都被要求首先进行淋浴，因此，洗浴设施及其相应的设施维护就必不可少。

游泳场馆开放前，应将溢水槽洗刷一遍，并将堆积物排除，使排水口通畅，同时要捞出池水表面的杂物，将池底污物清除。

游泳场馆停止开放后，可使用晾池方法进行保养。在南方地区可用水温保护池子。此外，还应做好游泳场馆周边环境及设施的维护和管理。具体来说，游泳场馆使用期间，泳池外的地面一定要保持清洁，做到岸边无青苔、无杂物。每天应打扫1~2次，并用水清洗。更衣室、通道和池边走道在开放前后都应用水清扫、擦洗、消毒；在游泳场馆停用后，将淋浴室和厕所等处的喷头和把手及饮水器之类的金属零件拆下来，妥善保存，以免腐蚀，以利再用。

第五章　高校体育自主及合作教学的模式

第一节　高校体育自主教学模式

一、高校体育自主教学概述

（一）自主教学内涵

1. 自主教学概念界定

关于体育自主教学，目前学界并没有统一的定义，许多研究者从不同的角度和层面对体育自主教学的内涵与外延进行了阐述。体育自主教学即将学生作为参与教学的主体，教学目标、教学模式、教学内容和方法都应该紧紧围绕学生展开，并和教师因素共同构成体育自主教学系统。同时，健康、愉悦、放松等积极因素应该成为教学的主要源动力。

2. 自主教学外延含义

体育自主教学具有双面性，对于教师而言，它是一种教学模式与方法；而对于学生而言，则是一种学习的模式与方法。因而，从整体上来看，高校体育自主教学就是为了实现一定的教学目标，将学生作为教学的主体，围绕这一主体开展教学模式、教学内容和教学方法地选择，充分发挥学生的主观能动性，激发学生参与热情的一种全新体育教育模式。从教师的角度进行阐释，自主教学就是为了实现一定的教学目的，根据体育教师的安排和规划，学生根据自身的条件制订学习目标、确定学习内容，最终完成学习目标的体育教学模式。

（二）自主教学模式的特点

关于自主教学，目前学界并没有一个严格的定义，大致上可以理解为"通过多种形式丰富教学手段，引起学生学习的欲望进而对学习内容进行自发性、连续性的发散学习行为"。具体到我国高校的体育教学中，我们可以将其定义为"在教师基本教学的基础上学生针对自身情况制订学习方法，自我监控、自我调整、自我评价，最终实现体育教学目标的教学方法"。根据自主教学的描述，我们不难发现它的主要特点。

1. 主观能动性

主观能动性是素质教育的重要内容，也是高校构建体育自主学习模式的核心性特点，还是自主教学模式的基本特征。在传统教学模式中，体育教学和其他学科一样，教师往往处于教学的中心，学生往往需要"跟着教师的节奏走"，并按照教师设定的内容、方式、进度、目标进行学习。在这一模式下，学生的学习很大程度上是被动的，学生按照既定的模式进行，一方面没有充分结合学生的特点和个体差异，另一方面也使教学墨守成规，学生的主观能动性和积极性受到一定程度上的局限。

在自主教学模式中，首先关注的便是学生的个体特征，并将学生作为整个教学的核心，所有的教学工作必须紧紧围绕学生开展，同时学生在教学中也必须扮演重要的角色，而不再是单纯的按部就班。在这一教学模式中，学生应该根据自身兴趣爱好和个人特质，结合教学实际情况，和教师一起确定教学的主题、方式和内容，并在教师的指导帮助下进行自主学习，自行选择学习目标、内容和方法，并积极主动地推进教学，充分发挥自身的主观能动性，逐步成为体育教学中体育知识、体育技能和方法模式的构建者。因而，自主教学模式是反对强制式、灌输式和被动式教学，而主张主动式和探索式的自主学习模式。

2. 教学有效性

传统教学中被动性教学的比重较大，其教学效果受到诸多因素的影响，由于没有充分结合学生的个体特征，其教学效果往往主要依靠强制性的学习和反复的练习来实现。在教学实践中我们注意到，虽然教师讲的内容都一样，但学生的学习效果却有天壤之别，成绩优异的学生无一例外都进行了相当程度的自我学习，而正是自主教学的深入开展，让他们学会了发现问题、解决问题，并适应了自我分析理解的能力，实现了从"鱼"到"渔"的过渡。由此可见，自主教学模式的学习是有效的，因为在这一模式中，学生成为积极主动的主体，自主教学模式水平越高，则学生的学习效果往往就越好，学校体育教学的质量通常也就越高。

3. 相对独立性

自主教学模式和传统的自学既有联系又有区别，虽然两者都鼓励学生在整个学习过程中充分发挥自身的主观能动性，摆脱对他人的依赖，实现自身学习能力的提升。但是，自主教学模式同时也强调了自主学习过程的系统化，强调教师的引导与帮助和学生之间的分享与交流，因而自主学习系统的独立是相对的，学生不可能脱离教师和学校，完全进行独立的自我学习。相对独立性体现在两个层面：从宏观角度来看，体育自主教学模式中的构成元素，学生不能完全独立，教学目标、教学内容、教学方式、体育训练的内容、阶段、时间等，学生不可能完全脱离教师的指导和帮助；从微观角度来看，每一个元素从开始到设计，再到实施及总结，每一个过程学生也需要来自教师和同学的资源共享及帮助与支持。因而，高校体育教学中自主教学模式的独立性是相对的，需要分清学生的学习在哪些方面和过程是自主的，只有这样才能设计出更加符合教学实际的自主教学模式。

4. 情感丰富性

情感是现代教育中一个重要的概念，21世纪兴起的情感教育便是对这一要素的深入挖掘。情感对于教学具有明显的影响作用，积极乐观的情感会对教学产生积极的推动作用，而压抑消极的情感则无疑会对教学产生负面作用。在自主教学模式中，学生的主观能动性得到积极的调动，其情感得到释放和良性的引导，和传统的教学模式相比，学生在教学中往往可以表现出更加丰富的情感和积极的情绪。自主教学模式带来的轻松活泼的课堂气氛，互助共享的教学资源以及给予学生的展示平台，都将有力地推动学生正面情绪地释放，而这种正面积极情绪地释放，将对教学产生积极的推动作用，同时拉近教学双方的距离。

5. 范围有限性

自主教学模式并不适用于所有的教学，因为对于某些要求极高且教学资源十分集中的高精尖项目，采用自主教学模式未必能适用，或者是教学环境不允许。因而在教学实践中必须注意到，并不是所有的教学内容都可以完全采用自主教学模式，很可能某些学科只能部分采用或借鉴其思维。高校的体育教学和其他学科的教学目标存在巨大差异，通常来说，高校的体育教学在知识模式方面并没有严格的教学目标，而更多是让学生认识体育、热爱体育，并建立起积极乐观的心态和坚持体育锻炼的习惯，从而全面提升全民的综合身体素质。因而，高校体育教学是可以灵活化及自由化的，只要能实现最终教学目的，无须拘泥于采用传统的教学模式。

二、高校体育教学自主教学构建的重要性

（一）自主教学未成系统化

从"学习过程类"的问题分析可以看出，大部分学生对自主教学这一模式表示认同，也愿意尝试进行自主性教学，但由于自身自主学习能力普遍较低，他们又十分重视教师提出的教学计划，规定的教学内容，对自主教学的效果感到不确定。在高校目前的体育教学中，学生希望自身的自主学习能够系统化地进行，能够得到来自教师及同学的帮助和监管，并希望在这一过程中植入一定的教学机制，能够帮助自身的自主教学系统化、

科学化地进行，而不是变为纯粹的自学。

（二）学生渴望得到更大的自由学习空间

高校体育教学中，学生十分渴望能拥有更大的自由学习空间，并期望通过自由宽泛的学习环境，使自己真正在体育领域有所进步或发展。这些需求归结起来有以下几类。

第一，能够自主选择学习的内容，并和教师一起设定针对自身实际情况的教学目标。进行分组练习时，希望能进行自由组合，同样的教学内容，希望教师能够提出不同的学习和练习方法供自己选择。

第二，希望在体育教学中教师能够给予自己一定的自我展示平台，让自己充分展示体育特长，并分享自己的经验，和同学们一起学习进步。尤其是体育基础较好的同学，他们十分渴望在体育教学平台上受到来自各方的关注，将体育教学作为一个学习和自我展示的平台，并由此获得成就感和荣耀感。

第三，优化体育教学课堂的氛围和教学模式。大部分学生希望在体育课堂上教师能安排一些个人练习和同学交流的机会，并希望学校能够让自己拥有自主选择体育学习项目的机会。同时，大部分学生表示，并不喜欢刻板且一成不变的体育课堂，他们更加渴望和谐、融洽，同时充满趣味和互动的体育课堂。

三、高校体育自主教学模式的构建

（一）高校体育自主学习模式的构建策略

1. 强化学生自主学习的理念

在多数学生的观念中，体育课就是打球、跑步，然后获得相应的学分，对体育课本质缺乏理解和认识，体会不到体育锻炼增强身体素质的重要意义。

（1）改变学生的传统观念

使学生认识到体育课对自身身体素质提升的重要性，让学生了解到自主学习体育课程能提升自身的交际能力，同时有效提高自身解决问题的能力，更好地适应未来社会的发展需要。这样能够增强学生自主学习的意识，树立自主学习的理念，积极主动地、发自内心地参与到体育锻炼和体育知识的学习当中，从而有效地提升学生自主学习的能力。

（2）促使学生正确认识自我

高校学生体育课程的选择和体育锻炼计划的制订都要以学生自身条件为依据。所以，学生要对自身的状况有全面的了解和正确的定位。只有这样，才能够制订出适合自己的学习目标，进而制订出相应的学习和锻炼计划。

（3）增强学生自我监控与调节能力

在培养学生自主学习能力的过程中，教师要注意培养学生自我监控和调节的能力，让学生通过自我测试和反省等方式对自己制订学习目标和锻炼计划进行控制和调节，及时改变学习策略和方法，对自己获得的能力、技能和知识进行及时评价，树立自信、扬长避短，不断激发学生学习的创造性和积极性，为自主学习能力的提升创造空间。

2. 打造"自主选择"的体育学习模式

在高校体育学生自主学习过程中，教师应充分尊重学生，根据学生的不同体育运用情况，适时打造"自主选择"式学习模式，这主要包括自主选择学习的时间、内容和方法等方面，使体育真正走向学生自主，努力提高体育学习质量。

（1）"自主选择"体育学习时间

在大学阶段，学校的教学管理形式是学分制，这种制度给予学生在课程选择上较大的自由，学生可以根据自己的具体情况来安排体育课的上课时间，不管是专项体育课，还是普修体育课。除了学分制之外，学校还应该有针对性地创造条件，让学生自由选择上课时间，这样能够有效地激发学生上体育课的积极性，在保证与原有学分制同步管理的同时，有效地提升学生的自主学习能力。

（2）"自主选择"体育学习内容

学校应该不断地丰富体育课可选择的教学内容，给学生更多的、依据自己的兴趣爱好自由选择的机会，但是高校需注意调控学生的学习活动，加强教学管理。

在高校体育自主教学过程中，应注意以下教学侧重点：第一，充分利用高校丰富的体育资源，给学生更大的自主选择空间。在普修体育课上，要尽量根据学生的兴趣爱好来安排教材的内容以供学生选择。在专项体育课上，在完成统一教学内容之后，尽可能留出适当的时间给不同基础的学生进行自主的学习和锻炼。第二，学生自主选择教学内容之后，教师要加强对教学的监督和管理，对学习要求有严格的标准，并安排相应的人员组织学生之间相互交流和学习，在这一过程中教师要适时给予指导，保证学生学习的质量。

（3）"自主选择"体育学习方法

每个人的身体素质都存在着非常大的差异，所以要求教师因材施教，根据学生对教学内容理解和接受能力的不同，引导学生自主选择适合自己的练习方法。此外，在不严格要求技术规范的教学内容时，不要限制学生的练习方法，允许学生用不同的方式完成同一内容的练习。例如，在进行篮球运球训练时，教师应该引导学生以个人独立、小组合作等不同模式学习运球，并且结合运球竞赛、游戏等方式，激发学生自主学习的积极性。

（二）建立并完善科学合理的自主教学教育模式

建立一个科学合理的自主教育模式是发展高校体育自主学习的基础，为此，我们应该彻底改变传统高校体育教育的教师本位思想，将学生完完全全作为教学的核心，所有的教学都应围绕学生展开。建立这样的模式，我们应该考虑到以下一些因素。

1. 组织引导系统

组织引导系统是高校体育自主教学模式的首要环节，也是这一系统的基础和流程导向，具有重要的基础性作用。组织引导系统的主要作用在于宣传自主教学模式的理念和基本模式，并通过宣传让学生逐步认识、感知并接受这一新兴教学模式。此外，组织引导系统的另一重要作用在于激发学生对自主教学模式的参与热情，通过丰富多样的形式将学生引入相关体育教学之中，并让学生对学习产生深入理解和挖掘、自我探索的欲望。可以这样说，组织引导系统是激发学生参与自主学习的首要和关键性环节，这一环节将为高校体育自主教学模式提供强大的源动力。

组织引导系统的核心在于教师的组织和规划，教师应该对教学目标进行宏观设置和整体把控，并进一步将目标细化为整体目标和阶段性目标，根据目标的设置，规划相应的课程与教学手段。在组织引导阶段，课堂教学的内容与形式十分重要，需要快速抓住学生的注意力和兴趣，并给予其宽泛的想象空间，这对于后续自主学习系统的推进十分必要。以课堂教学的引入为例，传统的体育教学往往缺乏课堂教学的引入环节，而在组织引导系统中，高校可以尝试以下热门的话题来展开本堂教学，即设置相应的课堂教学引入机制，如精彩激烈的篮球比赛、奥运比赛、街舞、精彩内容集锦等。这些内容紧扣教学内容，可以在很大程度上激发学生的兴趣和激情，对比传统的集合加解散模式，显然更有利于营造教学氛围，并能够鼓励学生积极参与其中，在课堂的一开始便抓住学生的注意力，从而为后续教学带来方便。

2. 学习系统

这是自主学习模式的核心组成部分，即建立并完善学生的学习模式，学习系统主要包括内容和方式两个层面，这也是学习系统需要明确的两个基本要素。内容，即学生需要明确地选择出学习内容，这一内容可以是多样的，但应该充分结合学生的个人身体特质和兴趣爱好，经过教师的帮扶和建议，最终确定；而方式则是指学生自主学习的方法，学生可以自己进行，也可以分小组进行。分组进行是常用的一种学习系统方式，其学习效果也比较突出，高校可以在学习系统中参考这一模式。首先，教师根据学生的意愿和自身的教学计划综合划分小组，并对各个小组设立考评机制，主要根据小组学习情况和最终教学目标的实现程度进行评价。这样，小组之间便可以形成良性竞争的机制。其次，在小组内部，各个成员之间亦可以进行经验分享与学习上的互助，从而在内外两个层面上提升学习系统的效率和教学效果。

除了内容与方式两个基本层面，学习系统还需要设置一定的后续配合内容，如在学生选择了学习内容之后，则期末的体育检测便可增设考核学生自己选择的项目并保持一定的权重，这样会使学生在选择的时候十分用心，能够充分结合自身的实际情况，而后期学习也会十分努力。同时可以在课堂上组织大家讨论采用什么样的方式来进行教学，讨论之后教师再综合考量大家的意见进行实行。通过反复的练习来不断反思和总结，再向同学和教师寻求帮助。

3. 过程控制系统

过程控制系统属于自主教学模式中的控制性和辅助性环节，也是自主教学模式区别于传统自学的重要因素。一般来说，过程控制模式分为两个部分，即帮助和监管，高校可以基于这两个模块构建过程控制系统。帮助模块主要为解决学生自主学习过程中遇到的各种问题。由于体育运动的内容深入社会生活中的各个层面，在学生自主学习的过程中，不可避免地会遇到各种学习和体育运动实践方面的问题，如锻炼方式、运动技巧、各项体育运动的细节动作、比赛规则等，如果没有科学有效的帮助系统，那么学生的疑问将会越积越多，最终严重影响自主教学模式的推进。在帮助模块中，可以设置师生之间、学生之间和小组之间等多种形式的帮助，学生可以自我解决，也可以讨论解决，当然也可以寻求教师的帮助。通过帮助模块的设置，学生在自主学习过程中的疑问可以得到及时有效的解决。

除了帮助模块，监管模块也是过程控制模式的重要组成部分，自主学习模式在推进的过程中，教师必须对整个过程进行监管，保证教学的正常进行，同时保证教学目标的实现。换言之，教师必须通过一定的手段，及时有效地掌握学生学习情况，当出现偏差或者教学环境发生变化时，教师应当及时调整教学计划和自主教学模式。监管模块的方式十分多样，例如，教师可以定期开展座谈会，开展学生小组内部讨论和小组之间的讨论，在讨论中分享学习经验，共同探讨学习问题，而通过这样的讨论，教师可以及时地掌握学生的学习动向，以便于洞察当中存在的问题，进而进行纠正和调整。从这一层面来看，过程控制系统是自主教学模式按照既定模式发展的有效保证，这一系统的缺乏，将很容易导致自主教学模式变得散乱无序，进而偏离教学目标。

（三）分层教育法的构建

分层教育法是近年来兴起的一种全新教育模式，特别适合大学教育，与高校体育自主教学模式的构建有着良好的切入度。根据目前的教学实践效果来看，分层教育系统是实现和推动自主教育模式发展的强大工具和有效手段。分层教育法的主要特点在于对学生群体的重新划分，它充分结合了自主学习的特征与客观要求，更加重视学生的个体差异与个体特征，从根本上颠覆了传统体育教育的模式和教学目标，在灵活开放的大学教学环境中特别适用。

在目前的高校体育教育中，体育教育类别的划分往往比较粗略，仅仅是将专业与非专业类的学生进行分类，而大量的非体育专业学生将沿用一个教育模式。除了进行专项培训的学生之外，其余学生统一划为非专业类进行体育教学，采用公共教育课程和体育兴趣选修相结合的模式进行教学。这一模式沿用多年，取得了一定的教学效果，但是面对新世纪素质教育的深入拓展和教学环境的变化，逐渐表现出越来越多的问题。一方面，学生的个体意识不断增强，兴趣爱好各不相同，且体育基础和发展锻炼方向各有差异；另一方面，在非体育专业学生群体中，也不乏对体育运动充满激情，渴望得到专业培训的学生，而传统的划分模式，对这些问题的处理显然心有余而力不足。

（四）建立科学人性化的检测模式

在传统教学中，教学检测是体育教学的末端环节，实际上，每一次教学检测都是对整个教学系统和教学效果的总结与评价，经过总结与分析，可以为后续教学的改进与进一步发展提供有效的支撑依据，因而科学人性化的教学检测模式，对于教学模式的实施与发展同样具有重要意义，对于自主学习模式而言，亦是如此。在体育教学的检测模式方面，大体上采用的是"评分制"和"及格线"的模式，即根据学生学习的内容设置相应的考试内容，如立定跳远、跳高、百米跑、一千米长跑等，根据学生的测试成绩打分，再判断是否及格。当然，在素质教育不断深化的今天，测试的手段和内容在不断丰富发展，考试的内容也趋于多样化，结合学生实际开设了乒乓球测试、网球测试等项目，同时引入了许多先进的体能测试设备，在提升检测精度的同时也提高了检测活动的趣味性。可以说，这些措施是行之有效的，相比传统单一生硬的检测模式更加有效生动，但是必须注意到，"评分制"和"及格线"的模式并未得到根本性的转变。在这一传统模式的影响下，体育教学效果检测受到较大不利影响。首先，学生的身体机能和体育综合素养存在必然的差别，划分统一的"及格线"显然不够准确和科学；其次，对学生的测试结果简单地以是否"及格"进行评价，显得太过粗略，对于学生后期学习的改进和教学方法的调整并没有明确的指导作用；最后，这种检测评价模式很容易挫伤部分学生的自尊心，从而进一步削弱其参加体育运动的兴趣与热情，甚至对体育教学产生抵触情绪，这对于高校的体育教学十分不利。因而，为了完善自主教学模式，高校在体育检测环节应该尝试更加人性化和更加科学的模式，只有这样，才能真正有效地检测自主学习效果，同时为后续学习教学工作的调整提供有效的支撑。

"及格线"这一指标化的模式应该逐步被弱化，针对学生的个体特征和综合身体素养，除基本身体机能测试项目之外，应该更多地和学生学习的课程结合起来，如各类体育运动、参加体育比赛的成绩，等等。对于测试结果，必须和学生的身高、体重等基本身体综合素质紧密结合起来，由此判断学生的身体机能是否正常，在哪些方面需要加强，后续学习的重点在哪些方面等。这样的测试方式显然更加人性化，充分考虑了学生个人身体素质的差异，同时也更加全面和科学。在测试过程中，借助于现代化的各种检测手段、仪器，可以进一步提升测试的趣味性，如阶梯测试仪（用以测试综合身体机能）、身高体重测试仪、肺活量测试仪、跳高测试仪等。在测试的过程中，可以尝试将体育检测与学生身体机能的检测结合起来，形成针对学生综合身体素质评判的完善数据，这对于高校体育素质教育的推进具有十分重要的意义。测试完成之后，"评分制"的模式同样也应该逐步淡化，对于学生的测试结果，不再以简单的分数进行表示，而是出具一份详细的检测报告。在报告中，详细列举学生各项检测数据，对比学生的身体要素，指出学生在哪些方面机能正常，值得保持，同时指出学生哪些机能需要加强，并给出改善和运动的建议，列举不良生活习惯，呼吁学生克服或改正。这样的检测模式实际上极大地扩充了目前体育教学的检测环节，人性化的检测模式在发挥科学检测效果的同时也可大大拉近学生和体育运动之间的距离，让学生认识到体育运动和自身身体机能有着紧密的联系。检测报告给出的数据和分析结果无疑可以有效激发学生进一步自主学习的热情，而报告中给出的建议，则可以成为学生进行后续自主学习的范本与引导性文件，具有很强的实践操作意义。对于自主教学系统的完善和形成良性循环，具有不可替代的积极作用。

（五）积极扩展课堂外延

为了发展自主教学，我们必须将体育教学的课堂从单纯的操场分离出来，将普通教室、多媒体教室、网络化教室等元素引入体育教学。例如，跳高的教学，传统教学方式就是教师简单的示范和学生反复的练习，而当中的细节动作和技巧，教师的讲解未必能让学生充分理解，有时教师的示范本身就不甚标准。而我们若扩展课堂的外延，在教师简单讲解之后便可在多媒体教室给学生播放跳远比赛的视频，这样的效果来得更直观，学生也更容易理解。而在教室中我们则可以组织学生讨论，这样可以激发学生的学习热情，从而为自主学习的开展带来便利。不仅如此，开展第二课堂也是发展自主学习的有效方式，我们可以经常开展篮球比赛、乒乓球比赛、羽毛球比赛等活动，这样的活动很容易吸引学生参加，而为了在比赛中有较好的表现，学生对相应的活动进行精心的准备和大量的练习，在这个过程中不可避免地会对相关的体育知识和技巧进行学习和研究，这其实在很大程度上推动了自主学习的发展。

（六）加强现代科技与自主学习的结合

1. 加强 CAI 系统与体育教学的结合

CAI 也就是计算机辅助教学系统，凭借其强大的多媒体功能和良好的互动性在教学中得到了广泛的运用。体育教学强调身体语言，不论是广播体操、篮球、乒乓球还是羽毛球，都是由一整套复杂连续且节奏较快的动作组成的，传统的讲解很难让学生产生直观的印象，也使学生把握不住当中的难点与易错点。而借助 CAI 系统，我们可以给学生播放相关视频，让学生对整套动作和流程有一个非常直观的印象。以广播体操为例，我们可以给学生播放标准动作示范，在此基础之上给学生讲解当中的要点，这样给学生的印象才十分直观。对于体操动作当中的难点，我们可以暂停、慢放、定格、反复重放，让学生看清楚，并及时地组织讨论，保证学生能够真正地理解了当中的要点。

2. 逐步推广新兴课件化教学系统

课件化教学系统主要由播放设备、投影设备和遥控设备组成，用户群日益庞大，网络资源也十分丰富。以篮球教学为例，篮球运动十分激烈，不论是相关动作还是复杂的规则都不易讲解清楚。对此，我们可以制作形象生动的课件，在课件中融入图像、视频等元素，由于课件系统高度的自创性，因此较 CAI 更加人性化。比如，"单手肩上投篮"是一个常用的投篮动作，我们可以在课件中以 flash 的形式对当中的"蹬、伸、屈、拔"等关键性动作进行分解，还可以用 flash 小游戏的形式来让学生进一步加深自己对所学内容的印象。

3. 搭建网络教学平台

网络教学平台并不是新生事物，在我国的高校教育中也得到了较为普遍的推广，利用校园网、学生电脑端口和学校的资源库，学生可以及时地查阅、下载相关信息，并进行教学、考试、报名、缴费等一系列的操作，其便利性和完善性较好，这为体育自主学习模式网络教学平台的搭建提供了良好的基础平台。

网络平台虽然在教学管理和部分学科教学中得到广泛应用，但高校在体育教学领域并没有充分利用网络平台，体育教学很大程度上还是更加重视操场和场地训练的作用。实际上，根据分析可以看出，在自主教学的模式中，教学双方以及学生之间及时有效地沟通交流和资源共享是十分重要的，这贯穿于组织引导、学习、过程控制和总结评价四个子系统，因而高校在这一方面应该充分利用自身已经具备的校园网络软硬件设备，加快构建体育自主学习网络平台。

四、高校体育"三自主"教学模式分析

有一部分高校早已开始了这一教学模式改革的探索与实践，只是还没有"三自主"教学的称谓，有的称之为选项课，有的叫作选修课，有的叫作专项课，虽然叫法不同，但基本形式和改革思路大致相同。这项改革现在回头来看，可以说是体育教育思想的一个大转变，是高校体育教学改革的一次大胆尝试，也是社会发展对体育教育提出的必然要求。

从这些年的实施情况来看，多数学校在总的框架和体系上没有根本性突破，实际效果并不理想，与构思和想象相差甚远，还有很多问题需要解决。从课程设置来看，也是多种多样，有的是一年级开设基础体育课、二年级开设选修课；有的从一年级入学就开始选课；有的第一学期开设体育素质课，从第二学期开始选课；有的学校一年选一次，有的学校一学期选一次；有的学校一选定终身；有的名义是选课，实际上开的是专项课，如此等等。

在项目教学上，改造与拓展相结合。"三自主"体育课程教学模式不仅要使学生愿意去学，更致力于使学生学得开心、学有所获，从运动参与、运动技能、身体健康、心理健康、社会适应方面都能得到提高。因此，专项教学需要使学生与教师、学生与学生、学生与社会有机统一起来，实现教师的教与学生的学的结合、教材教学与身体活动结合、教师主导与学生主体结合，建立课内外、校内外有机联系与协调统一的教学体系。这就要求教师对选项教学内容进行改造与拓展，如对体育锻炼价值较高而受到学生冷落的田径等项目进行改造，这并不是对传统项目教学内容的全盘否定，也不是说田径教学要一味迎合学生的兴趣爱好，而是指对教学内容加以取舍、改造，经过提炼与优化组合后分解到各单元教学中。对项目教学内容进行拓展，是指引学生从单一地学习专项技能向提高综合体育运动能力方面发展与转变的重要举措。

"三自主"体育教学模式更有利于课程目标的实现。高校体育课程改革的终极目标是使学生的身心健康水平、个性发展需求、合作与竞争意识、社会适应能力得到最大化发展。"三自主"体育课程教学模式打破原有院系、班级甚至年级与性别的局限，组建新的体育课堂，而且在每学期或者每年一变的新班级中学习，这就需要学生能不断地适应新的群体，在新的群体中交流与合作，形成正确的合作与竞争意识，社会适应能力不断增强。同时，"三自主"体育教学模式与以往的教学组织形式相比，其最大限度地满足了学生的个性发展意愿，使学生在积极的学习心态中主动构建新知，上课时表现出来

的自信心、求知欲、表现欲和敢于发挥与创新、敢拼敢闯的精神是传统体育教学无法比拟的，更有利于学生身心健康素质、体质健康水平、综合素质与实践能力的提高。

"三自主"体育教学模式更有利于发挥教师的特长，激发教师队伍的竞争性。"三自主"体育教学模式是学生结合自己的运动技术水平与兴趣爱好基础上的选项，教师根据教学需要和自身专长与优势担任教学任务，在这两个前提基础上的教学对教师素质提出了更高的要求。教学班级学生身体素质和技术技能水平较高，一方面学生求知欲与发展欲强，在一定程度上使课堂组织变得轻松，但另一方面在无形中给教师带来了更大的压力和考验。责任心强、教法灵活、战术水平高的教师受到学生的追捧与欢迎；反之，将会逐渐被学生淘汰。教师利用自己优势与专长的项目进行教学，使教师能够体现"人尽其才"的自我价值，使其满怀信心、积极主动地参与到课程教学中，极大地推动了体育教学水平和教学质量的提高。因此，"三自主"体育教学更能不断地推动教师学习和提高，鞭策教师进步，使其建立起一支充满竞争性与发展性的教师队伍。

第二节　高校体育合作教学模式

一、高校体育合作教学概述

（一）体育"合作教学"的含义

合作教学是在20世纪初创立、20世纪中叶发展起来的一种崭新的教学理念。合作教学的研究者从社会学、哲学、教育学和心理学等各个角度研究学习者学习活动中各种因素的作用，从而提出在教学活动中要进行合作教学的理论。在此基础上归纳总结出合作教学的定义：合作教学表述为以合作教学小组为基本形式，系统利用教学动态因素之间的互动，促进学生的学习，以团体成绩为评价标准，共同达成教学目标的教学活动。

具体来讲，合作教学具备三个方面的基本特征：第一，合作教学要以合作教学小组为基本形式，只有通过小组方式才能形成紧密结合的一种学习方式；第二，要利用小组间的互动关于教学内容等因素的讨论，在互动交流中发展学生的推理能力、合作意识及解决问题、人际沟通的各种能力；第三，这种教学模式要以整个小组即团队的成绩为评价的标准，其能够有效地促进团队成员间的相互合作，改变个人独立学习的学习态度。

（二）高校体育教学中合作学习的意义

1. 合作教学能充分体现学生的主体性

传统教学模式下，职业学校的体育教学主要是以教师的"教"为中心，而学生只是一味地去"听"，而合作教学的教学模式改变了这种单一方向的教学形式，将其转变为互动式的教学形式，充分体现出了学生的学习主体性特征。合作教学能够给予学生学习的自由空间，更能够在合理分组的基础上促进学生间的沟通与交流。在体育合作教学的模式中，学生利用团队的合作精神能够很好地建立相互间的信任，充分表达自己的观点，锻炼思维能力，真正实践以学生为主体的教学思想。

2. 合作教学能促进学生身心的全面发展

体育本身就有促进学生身心健康发展的作用，但要想真正发挥出体育的这种作用，还要求学生能够进行合作学习。合作教学的教学模式通过小组的合作，加强了相互间的人际交往，能够促进学生在情感上、认知上及身体上的全面发展，将学生的个体差异融入一个小的集体中，在共同探索和学习讨论中改变着每个人的社会认知。同时，良好的身体素质以及融洽的人际沟通能够使学生减轻体育学习的压力，产生更大的学习兴趣，保持心理健康。

3. 合作教学能够培养学生的团队精神，调动学生学习的主动性

高校体育合作教学模式有助于培养学生的团队精神，充分调动学生学习的主动性。由于合作教学的成绩评估是以小组团队的整体成绩为标准，所以很容易形成小组内的合作意识，淡化个人的竞争性。但是，其也加强了小组间的竞争性，学生通过整体的合作来与其他小组形成竞争，个人都不愿意因为自己而拖整个小组的后腿，这就调动了学生学习的主动性，同时也培养了每个学生的团队精神，体育赛事中往往最需要团队中每位成员的相互合作。

二、合作教学模式在高校体育选修课中的应用

（一）合作教学的基本原则

1. 以问解答

在高校体育教学中，不断提出问题作为提高教学效果的有效手段之一，不仅加强了与学生的交流与沟通，而且能够时刻掌握学生对教学方法、手段、内容的意见及学习效率等情况，有利于对存在的问题及时进行适当的调整和改进。因此，在体育教学中要以提出问题为中心，千方百计为学生设计问题情景，让学生在解答问题的过程中寻求合作教学所带来的效益。此外，坚持以问解答原则突出了体育知识技能学习的普遍性。有些动作技术比较复杂，在讲解示范层面不易掌握，必须深入研究、反复练习，才能掌握技术动作的细节。提出问题不仅激发了高校学生深入探究、认真学习的激情，而且可以培养学生的创造性思维，对于继续学习相关的体育技术动作具有"迁移"作用。

2. 以灵带活

高校体育选修课教学的主要目的，就是改善学生的体质、增进健康，培养终身体育意识，来应对未来的挑战。在这一总体思路下采用合作学习教学模式，要注重教学内容、方法的灵活性，要不拘一格，把所采用的教学策略、教学方法与教学手段放在一个比较轻松的教学环境背景中，开阔学生的思维，使学生敢于交流、勇于沟通。这种沟通不是

简单的集体小组讨论，而是建立在提出问题的基础上，深入研究体育技术动作的结构、要领，方式灵活、集思广益、共同思考，以达到共同进步的学习目标。因此，建立合作教学模式要坚持以灵带活的原则，充分发挥合作教学在高校体育选修课教学中的作用。

3. 体验实践

练习是高校体育课普遍采用的基本学习方法，而且练习在一节课中所占的比重通常比较大。但实际教学中常常会发现，学生对动作技术的掌握参差不齐。其原因就在于练习过程中多数学生只注重个体自我思维地发挥，只强调个体对动作技术的理解，而不善于发挥学习小组的力量，抑制了互助合作意识。虽然在此过程中有教师的指导或者纠正，抑或同伴的提醒，但促进作用不大，自身的思维定式已确立。合作教学模式注重实践性，这种实践性不是简单的练习方式的运用，而是在井然有序的教学秩序下强调"小组"的作用。由于思维方式被无限扩大，理解空间也就被无限放大了，可以创设多个学习环节和情景，因此，掌握技术动作的效率明显提高。

4. 主动配合

构建合作教学模式要强调师生、生生之间的主动合作，这是学习态度和意识的体现。把学习观点和思维方式全盘托出，互相信任，只有这样才能在深层次上理解动作结构。教学方法、学习方法、教学内容、教学组织等方面都可列入讨论的内容，但同样要求主动配合。有时候也存在各种问题，如班级内部的各种矛盾、师生之间的矛盾等。为了不影响合作教学模式的构建，这些问题必须妥善加以解决，以强化主动合作意识，营造一个健康和谐的学习氛围，提高教学效果。

（二）合作教学模式在选修课中的基本功效

近年来，高校学生的体质状况不容乐观，"弱体质"或"运动能力差"的学生逐年增多，给高校体育课教学带来了一定的困难。对此，很多高校主要通过开设体育保健课以供学生选择的方式来加以解决，但是仍然有相当一部分学生由于某种原因没有参加这一课程的学习，而是选择了参加室外实践课的学习。这给整个体育课堂教学带来了诸多困难，因为在安排教学内容或者教学方法时必须考虑这样的学生，以保证整个课堂教学稳步开展。合作教学模式可以使这样的学生在课堂上分组讨论，理解并掌握与体育相关的保健知识，这对他们自身的协调发展有相当大的益处。

1. 关注个体差异，开拓思维

针对这些学生的性格特点，在体育教学中不断关注个体差异，使体育教学面向全体，在进行分小组合作学习时注意各种不平衡现象，使各种差距不断缩小。在研究讨论时尽可能地发展他们的创造性思维，培养其积极主动参与的意识和分析、解决问题的能力，培养成功性思维。

2. 进行案例分析，培养兴趣

为了尽可能地培养班级课堂学习骨干，很多体育教师会在每小组中安排一名各方面素质都很强的学生担当小组长，在他的领导下进行各种案例分析，特别是那些比较复杂、难于理解或者易犯错误的动作技术。对每个学生的典型示范进行案例分析，提高了学生对技术动作的掌握程度，培养了学生的体育兴趣和参与运动的持久性。

3. 人性化管理，获取自信

合作教学模式体现了"人性化"的管理理念。在学习过程中，整个小组既要面向全体，又要关注个体差异，使每个学生都有机会参与。机会均等有利于培养全体学生的自信心，这有别于传统的体育教学，在传统体育教学中，这样的"关注度"比较少。小组教学中对个体讨论意见的尊重及练习时彼此借鉴，均有利于学习效率的提高。

（三）体育合作教学模式应注意的问题

1. 体育教学方法的运用

在任何情况下，采用不同形式的教学方法的主要目的都是使教学进度和教学效果达到最优化，让不同层次的学生在最短的时间内获得最大的学习成果。无论是传统的教学模式，还是新型的教学模式，在很大程度上运用教学方法的主要目的都是一致的。在合作教学过程中，体育教师往往会运用一些比较先进合理的教学方法，如探究式、讨论式、自主式、启发式、案例式等。这些教学方法深受广大学生的欢迎，取得了相当好的教学效果，学生对运动技能理解、掌握的效率也随之提高。

（1）满足学生心理需要

学生在理解世界、感悟社会的过程中对新事物充满了期待和挑战。使用了几十年的传统体育教学方法对他们来说既枯燥又乏味，影响了他们的学习热情。而且实践证明，传统的教学方法在教学效果上不容乐观，学习效率比较低，班级中学生掌握动作技术的速度不尽相同，没有全面开发学生的创造性思维能力。

（2）革新的需要

高校体育教学改革是高等教育教学改革的重要组成部分，而教学方法的改革也是其中非常重要的一部分。改变原有的消极因素，建立新型的积极因素是基本途径。目前，很多高校都在试图建立一套科学合理且行之有效的教学方法，在采用合作学习教学模式的过程中，新型教学方法的运用也体现了该教学模式的时代性和先进性，符合高校体育教学改革的基本需要。

（3）提高教学效率的需要

在合作教学过程中，运用新型教学方法不仅提高了学习伙伴之间的学习热情，而且加强了生与生、师与生之间的沟通能力，培养了他们对特殊问题采取特殊解决方法的能力，开拓了独立解决问题的基本渠道，为今后课内外体育活动的开展奠定了基础。此外，根据教学目标建立的各小组，可以利用新型的教学方法建立一种信任机制，在脱离教师指导的情况下进行自主练习、互相取长补短、相互信任，根据自身对问题的理解程度构建符合自己实际情况的学习策略，有效地提高了学习效率。

2. 考核成绩的评定

构建合作教学模式最重要的就是如何进行评价，它与传统的体育教学评价方式存在很大的不同。传统的体育教学评价多是跟踪式的教学评价，以课堂教学效果为目标，根据学生对动作技术的掌握程度来进行评定，突出学生个体之间的竞争；而合作教学评价则是把个人之间的竞争转化为小组之间的竞争，把计分方式改为小组计分，把小组总体成绩作为奖励或认可的依据，形成了"内部成员合作，外部成员竞争"的新格局，使整个评价由鼓励个人竞争达标转向鼓励大家合作达标。这种评价以小组成绩为依据，学生能否得到好成绩不仅取决于个体成员的成绩，而且取决于其所在小组成员的总体成绩。合作教学的教学评价使小组成员认识到，小组是一个学习的共同体，个人目标的实现依赖于集体目标的实现，小组成员的共同参与才是合作学习所要实现的目标。这种评价可以激发小组成员互相帮助，鼓励合作竞争，以实现人人可以进步的教学评价目标。这不仅有利于培养自主学习的习惯，而且可以培养舒适健康的、高成就动机的教学环境。

3. 体育教学资源的有效开发利用

合作教学模式的最大优势就是能够实现体育教学资源的有效利用。随着城市化进程的推进，城市用地已经受到限制，而高校生源却不断扩大，出现了前所未有的场地资源大面积缩水，学生人均活动空间不断缩小，体育场地资源无法满足需要的状况。合作教学模式可以充分利用现有场地资源进行体育教学，由人人拥有器械场地缩减为组组拥有器械场地，不仅显著提高了分配使用率，而且也使学生学会了如何利用有限的资源进行体育锻炼，节约了场地器械，突出了小组合作的优势。同时，在教学过程中，各小组可以根据分组情况及项目内容对体育场地、器械进行合理分配或再分配，使体育教学资源得到合理、有效利用。

三、高校体育合作教学模式的构建

（一）体育合作教学模式的基本要求

1. 合作教学分组

体育合作学习的教学分组主要以组间同质及组内异质进行。组间同质是指各组组间的学生水平基本一致、保持均衡；组内异质是指各组组内成员之间各方面都有一定的差异，主要包括学生性别差异、学生学习成绩差异、学生特长差异、学生体育技能水平差异等方面。同时，体育合作教学的分组还必须考虑学生的兴趣及意愿。

2. 教学中的教师任务

教师课前在充分了解学生水平的基础上，根据具体教学内容设计相应的教学方法及教学任务，在体育教学过程中进行主导性讲授并对学生进行合作教学指导。

3. 教学中的学生任务

在体育教学过程中，学生应根据教师布置的教学任务及要求，以合作教学小组为基本单位，充分发挥主观能动性，采用多种途径，通过集体合作来完成。

4. 体育课的开始部分

为提高学生的讲解、组织、示范等方面的能力，以体育合作教学小组为单位，让学生轮流带领其他同学做准备活动。

5. 合理安排教学时间

教师根据不同的教学内容合理安排集体讲授和分组合作教学的时间比例，讲解过程要突出重点、简单明了、注重效率。

6. 合作教学小组的课堂活动

教师在学生进行合作教学之前要向学生讲明以下几个方面的问题：只有合作学习小组的学生都完成了教学任务，整个小组的教学任务才算完成；合作教学小组的同学要互相监督，检查同伴完成教学任务的情况，确保都能够完成教学任务；教师在学生进行合作教学时，要进行巡视、观察、记录并适当地进行指导等工作。

7. 测试与反馈

学生在完成教学任务后，要进行独立性测试或者进行合作教学小组间的竞赛。教师根据测试或者竞赛的结果进行评价、总结，使学生认识到自己的不足，以便日后改正提高。

8. 课后任务

根据教学目标、教学要求合理布置课后复习、预习任务及作业。

（二）体育合作教学模式在体育教学中的应用

1. 学生自学

体育合作教学的前提是学生个体学习、练习所学的动作技能。体育教师要根据不同的教学内容、教学任务、学生水平等方面制定相应的教学目标。要突出教学的重点、难点，要求学生根据教师设计的技能学习流程及个人所创造的新颖动作进行自学、自练，并根据个人特点选择场地器材。

2. 小组讨论

学生完成自学后，教师要组织好学生的小组内讨论，让学生体验成功的喜悦。讨论的时间要根据教学内容、教学难度进行确定，时间不要太长，以5~7分钟为宜。在小组合作学习完成后，还可以进行组间交流，教师可以根据学生的交流结果进行总结、补充并适当进行讲评。

3. 学生自主练习

在学生自学、小组讨论、交流及教师讲评后，学生再进一步地练习提高技术技能，以期取得最佳的学习效果。

4. 学生技能展示

学生在完成动作技能的学习、练习后，每一个小组可以选一个代表，在全体成员面前展示学习成果。

(三) 高校体育合作教学模式的构建路径

1. 转变传统体育教学思想，培养学生合作学习意识

高校体育的发展现实要求各高校必须转变传统的体育教学思想，更加重视对学生全面素质的培养，充分认识到提升学生合作学习意识的重要性。教学思想是指导教学实施的一个前提和基础，合作教学的思想是根据小组学习中的团体压力和相互间的沟通交流来提升学生的学习主动性、体现学生学习的主体性。通过小组的合作学习改变传统以教师为主的教学模式，真正让学生成为教学的中心，形成师生间、学生间的动态互动模式，从而能够相互借鉴、共同学习。

2. 创新设计学生合作学习的过程，进行合理分组

高校体育教学模式在真正实施中，首先要创新性地设计学生合作学习的过程，即学生按照怎样的方式进行具体的合作学习。一方面，要根据教材的内容来制订方案，目的是达到教材中某一时期的教学目标，只有拥有正确的目标才能进行追求；另一方面，根据每位学生的不同兴趣爱好及身体状况、体育特长等进行分组，并制定小组的目标，这个目标的制定要符合小组的实际并能使每位同学都起到重要的作用。

3. 完善体育教学的评价标准，激励合作学习的主动性

高校体育合作教学模式的实施是否收到成效，是否符合教学目的，这都需要拥有一个具体的评价标准，合理的教学评价标准有助于激发学生的学习主动性，也能够为教师提供一个明确的教学方向。合作教学的评价主要包括教师的评价、小组自身的自我评价及其他小组的评价等，当然最重要的是要将小组视为一个整体进行评价，这样才能构成一个完整的评价体系。此外，教学评价要科学、全面，不能全部否定也不能完全认同，要本着对每位学生有激励作用的原则进行平等的评价，在强调个人对小组重要作用的基础上，肯定每位成员的进步，并能根据学生的不同基础水平进行不同程度的评价。

(四) 运用体育合作学习教学模式应注意的问题

1. 注意学习中的群体发展

体育合作教学小组的成员是由不同层次体育技能的学生组成的，这样的小组构成可以保证小组的成员对掌握每个体育知识、体育技能、技术都充分掌握。但是，在合作教学小组进行合作学习时，体育技术技能好并担任小组长的学生，对体育教学过程中的技术技能掌握、理解得比较好并通过在小组内对其他掌握较差的同学进行指导，从而对动作技术技能能够进一步的理解提高；而小组技术技能比较差的同学，由于有较大的依赖性，学习的主动性较差，导致学习效果不佳。因此，在体育教学过程中，为使每一个学生对体育技术技能的学习都达到最佳的效果。在体育教学的手段和方法的选择方面，要根据学生个体的特点因人而异，创造适合每个学生学习的条件和环境，以达到最佳的教学效果。

2. 注意培养学生的创造能力

在体育合作教学过程中，教师应该给学生更多的选择空间，为学生提供发挥创造性的机会。例如，在体育教学目标、体育教学内容、体育教学方法、评价及同伴等方面提供更多的选择，并提供学生的判断能力及优选能力等。

3. 注意充分发挥教师的主导作用

由于体育合作教学模式给了学生充分的"自由度"及"自由权"，学生的主动性大大提高，因此要注意"自由"与"随意"之间的区别，避免造成"放羊式"教学的局面。学生在进行合作学习时教师要不断地进行巡视，对学生在学习过程中出现的问题及时予以指导启发、引导学生解决问题，进一步完成体育教学任务，提高运动技术技能。

4. 注意发挥小组长的作用

由于体育合作教学小组组长在合作教学中发挥着十分重要的作用，因此，体育教师在体育教学中要注意培养一批有较强工作能力的小组长。为调动学生的积极性，可以采用竞争上岗的方式，充分发挥他们的助手作用，协助体育教师共同完成体育教学工作。

5. 注意师生互评促进提高

体育合作教学小组活动评价是体育合作教学的主要特点，也是检验合作教学效果的主要手段。因此，在对学生体育学习成绩的评价方面要把重点放在学生不同程度的进步上，根据进步的程度进行成绩评价，使不同水平的学生在个人的努力下都能得到不同程度的肯定。

第六章 高校体育俱乐部及网络教学模式

第一节 高校体育俱乐部教学模式

一、高校体育俱乐部教学概述

（一）体育俱乐部教学模式的概念

体育俱乐部教学是由学生自主选择教师，同时根据教学条件开设相应的项目，系统学习该项目的原理与方法、组织与欣赏等方面的知识与能力培养的方法，从而达到真正掌握一到两项终身从事体育锻炼运动项目的一种教学模式。体育俱乐部教学注重培养学生的体育兴趣，提高学生的体育能力，以教学俱乐部形式进行教学。这种方式的教学注重知识性和趣味性、理论和实际相结合，发挥学生的主观能动性和创造性，让学生积极参与，使学生在体育锻炼中体验到快乐感、成就感，从而培养了学生参加体育锻炼意识、从而提高学生运动能力的目的。学校体育俱乐部式教学模式是以培养学生终身体育意识、习惯和能力为主的教学方式，它能够把学校体育与社会体育实现有效地衔接，并最终使学校体育向终身体育发展。

（二）体育俱乐部教学的特点

1. 课外体育俱乐部教学模式

课外体育俱乐部是高校体育俱乐部教学的最早形式，它作为高校体育课的延伸和补充，用以拓展学校体育功能，培养学生拥有良好的体育习惯和行为为主要目标。课内体育俱乐部模式是近几年我国高校体育教学改革的一个热点课题，它以现代的教育思想和教育理论为依托，充分体现人本主义的教育理念，以构建现代大学体育新的学习方式为目标。课内外结合的体育俱乐部是伴随着高校素质教育的兴起，以培养学生的整体教育观为出发点，提出课内课外一体化的体育管理模式，它以终身教育思想为指导，以培养适应学习型社会的能力为目标。

（1）课外体育俱乐部教学模式的组织形式特点

课外体育教学俱乐部是活跃于高校体育课堂之外的一支重要力量，其组织形式包括：兴趣学生自由组合、学生团体或社团组织、体育部组织、体育教师个人组织、社会单位与个人组织等。其中，学生团体或社团组织和爱好者自由组织是群众团体，按规定需要校团委批准和备案，其他组织形式则归属于体育部管理的范畴。但是，不论是哪种组织形式都有共同的特点：俱乐部大多面向高校一年级至三年级的全体学生，学生根据自身的爱好，自愿参加，活动不分班级和年级。活动内容和过程不受体育教学大纲和学校教学进度的制约，大多围绕展示表演和比赛展开。俱乐部活动时间分为固定或不固定两种类型，由俱乐部单独决定。俱乐部大多采用会员制，参与者需缴纳一定会员费。

（2）课外体育俱乐部教学模式的优点及存在的不足

高校各种类型的体育俱乐部（体育单项协会）和其他校园文化组织一起发挥着丰富高校校园文化的作用，由于它面向开放的是高校全部年级的学生，因此，其可以一定程度上填补已经不上体育课学生的体育锻炼需求。体育俱乐部活动围绕校园文化节、社团活动月等活动展开，高校体育俱乐部项目有的是学生课内学过的，有的则是在练习过程中习得，有的是聘请教师指导所得，有的则是学生中的一些特长生自行指导，体育锻炼效果参差不齐。在体育俱乐部活动场地使用方面，由于所属部门的原因需与体育部相互协调，在协调过程中有时会出现权责不清的问题。以上各种不利因素，导致俱乐部的体育活动受到极大限制，不能全面展开。

体育俱乐部开设的体育项目大多是体育课堂教学中的运动项目，其可以作为体育课的延伸和补充。对于此种类型的体育俱乐部，在划分其所属俱乐部的形式时，应该将这部分划归到课内外一体化体育教学俱乐部的范畴，但需对体育俱乐部的管理做出进一步的规划，实现真正的课内外一体化。

2. 课内体育俱乐部教学模式

课内体育教学俱乐部是建立在体育教学模式基础上的体育教学形式，其将现代高校体育教学理论融入高校体育课堂，从思想、组织、形式、方法、评价等五个方面进行全面、系统的更新，改变高校体育教学传统的班级授课制，在课堂内提倡开放性、自主性、自由性、随机性，学生的课堂学习完全是一种主动积极的行为，体育教师只需承担设计、辅导、检查、指导四个方面的教学任务，此种模式彻底改变了传统的体育教学模式，学生与教师的角色亦发生了根本性的变化。

课内体育俱乐部是伴随着高校体育教学的改革而适时出现的具有尝试性的研究课题。虽然部分高校已经建立了课内体育俱乐部教学模式，但由于学生和教师认识上的偏差，以及高校体育课程环境的差异，课内体育俱乐部教学模式相关实施方法仍然得不到推广和应用，因此还没有完全普及。

（1）课内体育俱乐部教学模式的组织形式特点

课内体育俱乐部教学模式打破了原有班级的限制，由学生根据自身特点选择体育运动项目与运动时间，并与体育教师合作完成体育教学。按照教育部高等教育司的相关规定，体育课是高校一、二年级大学生的必修课之一，因此，高校开展体育俱乐部教学的对象大多数是大学一、二年级的学生。此外，课内体育俱乐部教学模式在具体实施过程中，通常会出现两种情况：第一，部分高校采用一年级以上统一的基础体育课，如田径、武术等体育课程，在大学二年级才开始上俱乐部课。第二，部分高校从大一新生入学便开始上俱乐部体育课，但大多数在二年级时又重新选择运动项目，并上俱乐部体育课。对于上述问题，相关学者进行了研究，并指出我国中学和高校体育存在脱节的现象，所以有必要在大学一年级对学生进行基础体育教学，以便提高学生的体育综合素质，为学生进入高层次的俱乐部学习奠定基础。但是，在具体教学过程中，采用哪种形式比较有效尚没有定论，有待进行更为深入的研究。

（2）课内体育俱乐部教学模式的教学内容特点

高校课内体育俱乐部开设的项目包括乒乓球、羽毛球、篮球、网球、足球、武术、跆拳道、台球、垒球、太极拳、女子防身术、健美操、体育舞蹈等体育类别。通常情况下，各高校需要根据本校的软硬件设施，合理选取部分项目开设课内体育俱乐部，这也决定了各高校在俱乐部体育项目的设置方面存在着较大的差异。

（3）课内体育俱乐部教学模式的上课时间特点

参加课内体育俱乐部的学生不分班级，按照同一年级内班组的共同形式上体育课。学生上课时间相对固定，每周安排两个课时，排入课表，相关学生必须参加。此种形式的俱乐部完全由学生根据自身条件选择上课内容，对部分学校而言，在专业教师、硬件设施方面难以完全满足全体俱乐部成员的要求，因此在实际操作过程中难度较大，很难实现。

3. 课内外一体化体育俱乐部教学模式

高校课内外一体化体育俱乐部教学模式是高校体育教学中的一种体育文化现象，是具有相同体育兴趣爱好的大学生，基于自我发展与完善的需要，自由选择体育活动项目，并且结成具有社团性质的体育团体。通过体育教师的指导，学生根据自身特点自主选择体育课程内容，自主选择体育教师及上课时间，再结合成有组织的课外体育活动团体，营造生动、活泼、主动的校园体育文化氛围，使高校体育教学与课余体育活动保持连续性和统一性。课内外一体化体育俱乐部教学模式的特点是学生拥有"三自主"，即自主选择学习项目、自主选择任课教师、自主选择上课时间。学生自己确立目标，自己评价，使自己由被动学习者变为主动参与者，形成良好的体育素养和健身意识，建立终身体育的观念。

课内外一体化体育俱乐部教学模式是以学校体育场馆为依托，在"健康第一"和"终身体育"理念的指导下，为达到学生生理、心理和社会三个不同层面的目标而设计的体育教学模式。其也是以学生自主选择俱乐部为基础，综合运用各种教学策略与方法，将课内体育教学与课外体育活动融会贯通的一种体育教学模式，它既承担课内体育课堂教学任务，又兼顾课外余暇体育锻炼、群体竞赛和业余训练功能。

二、高校体育俱乐部教学模式的管理与应用

（一）高校体育俱乐部的管理原则

1. 以生为本

第一，高校体育俱乐部的运作目标就是为学生提供职业化的服务，因此，在组织各种体育锻炼和各种竞赛互动时，要倾听学生的心声，把握学生的心理，明确学生的体育运动需求，以唤起他们的体育运动热情。这样学生才会积极地参与到体育俱乐部的各项活动中，才能让高校体育俱乐部的发展有扎实的基础。

第二，高校体育俱乐部的发展和管理要以学生的健康运动为设计原则，在组织各项体育锻炼和活动时要充分考虑其是否有利于学生身心健康的全面发展，要考查学生的身体素质，并针对不同身体素质的学生设定科学合理的运动量，避免损害部分学生的身体健康。

第三，高校体育俱乐部管理中要充分保证学生的人身安全，对部分有安全隐患的体育项目要进行严格审查，还要检查体育器材，要让教练指导学生的动作要领。同时，还应采取一定的保护措施，避免对学生的人身造成伤害。

2. 一体化原则

无论是课内体育俱乐部、课外体育俱乐部还是课内外一体化体育俱乐部，或是竞技体育俱乐部，都必须遵循统一规划的原则，建立健全逐级监督制度。由主管体育工作的学校领导负责各种体育俱乐部总体规划的制定，同时负责督促检查体育俱乐部的工作安排。体育俱乐部主任主要负责俱乐部工作计划进度的安排，检查每位教师工作的执行情况。各位教师要完成本人的工作计划，建立每一名同学的详细档案，以备查询。俱乐部里的学生体育骨干则主要负责召集体育俱乐部成员参加体育活动,完成具体的管理工作，例如，组织各种教学比赛、裁判员工作及监督学生的体育活动完成情况等，从而在俱乐部里起到模范带头作用。

3. 层次化原则

因为受先天条件的制约，学生个体的身体素质存在较大差异。教师应该针对不同学生的身体状况而采用一种科学的、定量化的体育锻炼方法，这就是运动式教学法。无论

是课内体育俱乐部、课外体育俱乐部或者课内外结合体育俱乐部,其在具体课程的设置上必须遵循循序渐进的原则。通过采用分层教学,帮助学生由浅入深、循序渐进地掌握该体育项目的知识和技能。每一级的教学层次都应有与之相对应的教学大纲、教学要求和切实可行的教学模式,从而根据不同层次学生的运动水平,指导学生达到该体育运动项目的等级,目的是引导学生在学习中有一种"爬楼梯"的感觉,激励学生"更上一层楼",完成预定的体育教学目标。

(二)高校体育俱乐部的管理途径

1. 高校体育俱乐部管理的"三步走"措施

(1)第一步

高校体育俱乐部既要走出资金困难的境况,又要拓展经费来源渠道。资金问题是制约高校体育俱乐部发展的首要问题,学校要拓宽资金筹集渠道,改变过去单一的依靠学校财政支持和学生交纳会费筹集经费的形式,积极寻找更多的资金来源渠道。首先,各高校要重视体育俱乐部建设,把体育俱乐部作为高校体育事业的重要组成部分,成立专项资金应用于体育俱乐部的运营管理,做到专款专用,保证体育俱乐部的日常正常开支。学校要成立体育俱乐部管理运营领导小组,以保证对体育俱乐部日常活动的指导监督。其次,高校体育俱乐部要利用自己作为一个组织的优势,到社会上多方筹措资金,如寻找企业提供赞助。当前,很多企业都十分重视开发高校市场,例如,中国移动、中国联通这些企业,特别需要加强和学校之间的关系。高校体育俱乐部要以这些企业为突破口,和他们寻求合作,让企业在体育俱乐部举行大型体育竞赛时提供必要的资金赞助,或者器材、设备赞助等,甚至可以经过洽谈建立长期的合作关系,这样也可缓解体育俱乐部运营的资金压力。

(2)第二步

高校体育俱乐部在发展过程中面临诸多问题,尤其在资金不充裕、设备不完善的情况下,提高高校体育俱乐部的管理水平就显得尤为重要。不合理的管理可能造成高校体育俱乐部的运营处于无序状态,并会导致各项体育活动的开展受阻。因此,必须建立科学的体育俱乐部管理制度,首先,要建立一个领导小组,这个领导小组由体育主管及主要体育老师和俱乐部的管理人员、俱乐部的教练人员共同组成,这样不仅可以及时了解体育俱乐部的运营情况,还可以及时做出判断,亦可弥补只依靠体育俱乐部成员管理的漏洞。其次,高校体育俱乐部既然是为学生服务的,那么就可以在体育俱乐部内部设置专门的"学生岗位",让学生参与到体育俱乐部的日常管理中来,由于学生有独特的视角,他们会为俱乐部的发展"建言献策"。同时,也可以从学生的角度出发对俱乐部的发展提出建议,这样既能锻炼学生,又能了解学生的实际需求,从而保证高校体育俱乐部的健康发展。最后,高校体育俱乐部在运营过程中可以适当引进商业化的运作模式,既可以把提供有形服务作为俱乐部管理的一部分,又保证管理模式的与时俱进。

(3)第三步

部分学校因为资金短缺和其他方面的问题,体育基础设施尚不够完善,现有体育场地仍然难以满足所有学生的运动需求，在这种形势下，高校体育俱乐部要发挥自己作为俱乐部管理者的作用，加强对现有体育基础设施的管理和调配。首先，高校体育俱乐部在日常运营和各项体育竞赛进行前，既要进行统筹安排，又要提高体育基础设备的利用率。可以在一个体育场地内进行区域划分，开展多种类型的体育活动，以解决高校体育场地不足的问题，要提前对学生体育运动所用到的场地进行安排，避免在实际体育项目的开展中出现冲突现象。其次，高校体育俱乐部要研究学校现有体育设施和运动场地存在的问题，并将其写成报告呈交给学校，从而呼吁学校有关部门着手解决设施问题。俱乐部可以制定一份长远发展规划，让学校有步骤、有计划地扩大体育基础设施建设，努力做到循序渐进。

在高校体育俱乐部教学模式下，学校更要关注学生的发展，更应注重发挥学生的主体性地位，它倡导学生自由选择体育教学项目及体育锻炼方式，并进行自主锻炼。在体育俱乐部教学模式下，学生的思维能够被彻底解放，会激发他们体育锻炼的兴趣，让他们乐于参加体育健身运动。

2. 加强高校体育俱乐部的内部系统管理

高校体育部在建立、健全俱乐部内容的各种规章制度后加强内部管理是非常重要的。高校体育俱乐部在各种规章制度下施行各种管理手段，使其处在有效的管理过程之中，即在规章制度规定的范围内开展各种文体活动，使高校俱乐部的管理中形成良性循环的监督机制、约束机制、激励机制。要加强高校体育俱乐部的内部系统管理，首先，要制定体育俱乐部的管理目标。这一目标应由所有的管理者和会员共同参与制定，制定好目标后并在俱乐部实施的过程中努力完成。俱乐部制定的管理目标要与大学生会员的实际情况相符，所以制定的管理目标应该具有适合性、具体性、可操作性和超前性。其次，加强体育俱乐部学生的人力资源的管理。体育俱乐部应充分调动学生参加大学生体育俱乐部的主动性和积极性，发挥学生的各种专长，特别是要发挥具有体育特长的大学生的骨干作用，这样更有利于协助俱乐部的管理。再次，高校体育俱乐部应实行有效的激励和约束机制。对大学生参与体育俱乐部管理有贡献的应该进行激励，从而促进大学生的积极性。最后，从中增长学生管理才能。对于不按照规章制度办事的学生应该进行批评与教育，使高校体育俱乐部能按照既定目标良性运行。

3. 以体育设施为依托，积极拓展经费来源渠道

高校体育俱乐部教学模式的开展必须有完善的体育基础设施和充足的运作资金作保证。因此，各高校在体育俱乐部建设过程中应利用有限的资金建设学校最紧缺、最急需的体育设施，并对一些年久失修的体育场馆设施进行维修。科学有效地进行管理，合理利用体育场馆，确保学校体育俱乐部教学的顺利开展。同时，学校应该加大在体育教育方面的拨款，以学校体育设施为依托，尝试吸收周边外来群众定期、定点、定时地以俱乐部会员的身份来校进行体育锻炼，收取一定活动费用，或者与校外企业建立合作关系，招商引资，积极举办一些赛事，通过各种途径解决体育俱乐部教学经费短缺的问题。

4. 高校体育俱乐部管理的制度保证

高校体育俱乐部的管理应树立"健康第一"的管理目标，遵循"以学生为本"的管理原则，认真贯彻"促进学生身心健康"的俱乐部管理行为。为此，学校应制定各种有效的体育俱乐部管理规章制度，但需正确处理俱乐部管理规章制度与国家法律、法规的关系，在法律制度的基础上制定契合实际的各种制度细则。高校体育俱乐部的管理制度应当根据大学生和体育俱乐部的特点，同时也必须与国家的相关法律、法规相匹配，并与之相协调，切忌不能同国家的法律、法规相抵触。学校制定的管理规章制度，应当具有良好的可操作性。此外，要正确处理好高校体育俱乐部的健康发展与加强监督管理的关系，从而促进高校体育俱乐部的良性、高速发展。

（三）俱乐部式的体育活动运作方式与管理

1. 体育俱乐部运作方式的理论定位

长期以来，人们习惯把体育俱乐部活动看成课堂体育课的延伸和补充，认为其属于体育课，为体育课教学服务。在这种思想观念的影响下，安排课外体育活动只考虑它的延伸性，体育课练习什么，课外体育活动就练习什么，以致忽视学生对体育运动的兴趣和现实需要，从而忽视学生的个性发展。传统体育课程教学的运作方式过于注重统一时间、统一内容、统一要求，过分强调集体化、统一化、规范化，很少考虑到学生个性的差异。而体育俱乐部教学模式将使学生个性得到充分发展，学生在自选活动中能够充分发挥自己的兴趣爱好及运动的潜力。

目前，在世界许多国家的高校体育教学中，一定程度上都使用了体育俱乐部教学模式，体育教学既有选修课程，也包括必修课程。既有以竞技运动为主的体育运动俱乐部，也有以娱乐为主的体育娱乐俱乐部及以健身为主的体育健身俱乐部。我国高校要想把俱乐部教学体制发展为教学、娱乐、训练竞赛为一体的教学模式，仍然存在诸多困难。当前，我国高校体育在教师素质、场地、器材、人力、物力等方面均未达到较为完善的程度，加之我国各地区贫富分化问题严重，要想全部达到自由选修的单一体育俱乐部模式，仍旧面临诸多问题，以致高校体育俱乐部无论在经济效益或者社会效益方面，都无法充分发挥它的效能。因为体育俱乐部教学模式的实质是面向全体学生，通过学生自主选择学习内容来满足自身的发展要求。发展自身的能力，在一种和谐、民主、融洽、轻松的教育活动环境中使身体得到全面、均衡的发展。这种新型的体育教学活动模式具有丰富的内涵，首先，它表现在教育目标的导向上，面向全体学生，根据每一个学生的身心特点，用符合教育规律和学生身心发展规律的办法，对学生进行正确的引导，促使每一个学生通过体育活动使个性获得成功的发展；其次，体育俱乐部教学模式形成了真正以学生为主体，以教师为辅导的体育教学气氛；最后，体育俱乐部教学模式实现了教学内容的多样性，学生可以自主选择自己喜爱的活动内容，这样将充分调动学生的主观能动性，树立终身体育意识，活跃校园气氛，使学生身心健康、体育素养、整体素质得到全面、均衡的发展。

2. 高校体育俱乐部管理理论依据及方案

为了达到切实可行地帮助学生选择终身受益的几项对发展效果好并乐意接受的体育锻炼项目，达到长期锻炼身体、增强体质的目的，使学生将来走向工作岗位后不至于丢失参加体育锻炼的习惯。有条件的学校在实施体育俱乐部教学时，促进课外体育俱乐部的发展也是十分关键的一步，条件欠完善的学校也应逐步走向课外体育俱乐部的方向上来，这样学生才能真正根据自己的兴趣爱好、身体状况、体育与专项特长等因素自由选择各项体育俱乐部。根据体育课堂内外的实际需要及学校自身的人力、物力、财力等的情况来开设下属体育俱乐部实体，同时，对各下属体育俱乐部所开设的体育课程进行调节管理。

无论采取哪种形式的体育俱乐部，都必须遵循实事求是的原则进行管理，根据各高校的需要及特点制订出一套切实可行的管理方案。经过专家的研究及实践，高校体育俱乐部运作管理包括以下几个方面的内容。

第一，无论课外体育俱乐部，还是课外教学俱乐部都离不开"中心"。体育俱乐部应设立"中心"，以对体育俱乐部的运作进行实时监控，"中心"不但对全体俱乐部成员实行聘任制，并进行考核，而且根据需要与可能，对各俱乐部成员进行宏观调控。然后，根据"中心"的具体规定，对体育俱乐部的活动经费、教学酬金、奖金和创收经费进行合理分配，场馆使用权归俱乐部，大型活动由"中心"协调安排，尊重和维护各俱乐部的自主选择和运行权限。

第二，给予学生自主选择权，为学生营造宽松、愉快的运动气氛。体育俱乐部实行会员制，面向全体学生，实行全天开放。学生既是课堂的主要受众又是俱乐部的重要会员，而且都由学生自己自主选择体育课程、上课类型、上课教师、上课时间，除主修一个俱乐部的课程外，还可以辅修其他体育课程。

第三，完善体育俱乐部授课机制，改变学生年级选项授课制度，实行跨年级授课方式，按课程分初、中、高班，按照学生的不同层次组织教学，使学生在不同的起点上，最终达到共同提高的目的。

第四，运用"大学生体育考核手册"管理办法，实行教学"出满勤"授课制。学生上课和参加考试、测试等活动，必须持相关手册由体育教师填写登记，要求学生必须完成计划学时数后方可参加考试。考试采取开放式，实行考教分离。

三、高校体育俱乐部课内外一体化教学模式

（一）高校体育俱乐部课内外一体化教学模式的作用

1. 有利于体育俱乐部教学课程的改革

高校选择的体育课程应具有实用性并便于教学，还应尽可能地开设时尚体育项目，有利于学生毕业后进行自我锻炼及学生的职业发展。在教学目标的定位上，应明确定位运动参与目标、运动技能目标、身体健康目标、心理健康目标及社会适应目标等五个方

面的目标体系。

在教学用书的选择上，在重视传统体育项目的同时，适当选择新兴、热门的体育运动项目。同时，还需注重学生自主学习、自我监测及自我锻炼等方面的能力，着重培养学生的终身体育意识和体育运动参与习惯。针对体育基础好、运动能力较强、学习求知欲较强的学生，可以开设课外体育辅导课和运动训练课，开展校内外体育文化交流，培养学生对于体育运动的兴趣，提高学生自主学习能力，促进专项技能得到质的提高，满足学生个性化的体育运动需求。对于高年级学生，可以开设健身类、健康类和休闲类体育运动课程，使学生认识到增强自身体质的长期效应，树立正确的体育生活方式，养成健康的体育行为习惯，以保证体育教学长期不间断。

2. 可以激发学生参加体育健身的兴趣

体育俱乐部制教学改革的重要环节就是打破传统的"三段式"体育教学模式，促使体育教学模式更加灵活。根据学生体育锻炼的兴趣、爱好和实际需要，并结合本校的体育基础设施及体育教师的教学水平等主客观条件，停止向学生讲授一些枯燥乏味且学生选课较少的课程，同时增设符合大学生实际需求的体育运动项目，如足球、跆拳道、篮球等体育项目。学生可以根据自身的实际情况和喜好选择相应的体育课进行学习，使学生从内心深处自发地对体育课、体育锻炼产生浓厚的兴趣，而不是被动地接受教师的灌输。只有学生有了浓厚的学习兴趣，体育课堂的气氛才会变得更加轻松、愉快与和谐。学校各体育俱乐部每学期还应定期举行各种形式的课内外比赛活动，以期达到既丰富学生的业余文化生活，也提高学生体育锻炼兴趣的目的。

3. 有利于教师对课外体育活动的合理指导

体育俱乐部课内外一体化教学模式的积极作用主要在于其能够将体育课堂内的体育知识延伸至体育课堂以外的部分，实现高校体育教学影响的范围的最大化。教师通过这种模式可以间接地影响体育课堂外的活动，甚至可以直接指导学生进行体育课外活动。体育教师参与课外体育活动指导的频率意味着学校对课外体育活动的关注度和支持度，教师参与学生课外体育活动的主要形式是指导学生的体育俱乐部或者是体育社团，还有的是指导为参加体育竞赛而组成的学生体育训练队，而多数学生则希望教师参与课外体育活动的指导之中。体育教学俱乐部中的学生认为教师参与活动的时间足够用，能给予学生全方位、科学的辅导，从而提升了其对于课外体育活动的兴趣。此外，由于体育教师总是及时的到场并对学生的相关问题进行合理解决，这也可以激发学生参与课外体育活动的兴趣。

4. 充分贯彻终身体育的教育思想

在高校体育教学过程中，引入课内外一体化体育俱乐部教学模式符合终身体育的要求，有利于现代高校体育的持续、协调发展，课内外一体化体育俱乐部模式的教学是通过教师集中指导、学生分散练习的方式实现的，其作为高校体育课堂教学的外延和补充，能够极大地提高学生的积极性和主动性，调动学生参与体育学习和课外体育运动的兴趣和能力。在具体教学内容选择上，其也能体现学生的需求和兴趣，调动学生的运动热情。

体育运动健身不可能"毕其功于一役",需要在长期的生活、学习过程中持久坚持,课内外一体化的体育俱乐部教学模式以学生为中心,实现学习内容和训练任务与体育课堂教学的融合,极大推动了学生在掌握体育知识、运动技能的过程中,逐渐养成终身体育的意识,并培养起终身坚持体育健身的习惯。

(二)高校体育俱乐部课内外一体化教学模式的构建

1. 体育教学指导思想

高校体育教学指导思想是指对体育教学的意义、内容及方法的认识和理解,其对体育教学起统领引导的作用。体育俱乐部课内外一体化教学模式的指导思想在于注重学生个体的差异,注重培养学生的体育兴趣与爱好、养成体育锻炼的习惯、增强体质,以及提高体育技能。

2. 体育教学目标

体育教学目标是指在一定时间和空间内,体育教师和学生经过努力后所要达到的教学结果的层次、规格或状态,其是高校体育教学的出发点和最终归宿,并决定着体育教学的发展变革方向。体育教学目标制定得是否合理清晰,将会对整个高校体育教学过程产生直接、深远的影响,也对整个体育教学的发展方向起着指引性的作用。体育俱乐部课内外一体化教学模式主要包括课内和课外两大部分,但这两部分的总体教学目标是统一的,具体而言,此两部分的具体目标如下。

第一,帮助学生形成正确的体育价值观,树立终身体育观念,养成长期的体育锻炼习惯。

第二,帮助学生掌握一定的体育专项理论知识和运动技能,增强学生的身体素质。

第三,帮助发展学生的个性,提高学生的创新能力和体育实践能力,全面提高学生的整体素质。

3. 体育教学的组织与管理

科学合理的管理机制是体育俱乐部课内外一体化教学模式保持规范运作的重要保障,学校各部门应加强分工协作,以保证体育俱乐部课内外一体化教学模式的顺利、规范实施。学校教务处主要负责组建多个单项体育俱乐部,各单项协会负责俱乐部的日常管理,学生处则主要负责课外体育俱乐部的监管、教学管理、技术指导及体育基础设施的管理等工作。

4. 体育教学的组织方法

高校体育的教学组织方法是指学校组织体育教师进行体育教学及学生进行体育学习与锻炼的具体方法,该教学模式的教学组织方法如下:学生在第一学期上体育普修课,第二学期以后再实行体育俱乐部课内外一体化教学。其中,学生在第二学期至第四学期需要至少选择1个体育教学俱乐部(要求至少有1个体能项目)。第五学期以后学生可自由选择,学生选择后通过注册成为该体育俱乐部的会员。各体育俱乐部必须根据学生的体质健康水平、运动技能高低,把学生分为初级、中级和高级3个层次进行分班教学,对于3个层次学生的教学内容可大体相同,但教学进度和要求应根据各个层次学生的水平而有所差异。体育指导教师按计划每周组织一个轮回的体育教学,并将其视为课内体育教学俱乐部,其余时间由大学体育管理部门、学生会组织及学生组建的协会共同管理,由学生自主组织健身锻炼和体育比赛,并将其视为课外体育俱乐部。一、二年级的会员每周必须参加2个学时以上的体育课,方能获得相应的必修学分;三、四年级会员可自由选择是否参加,如能按时参加每周的体育课,也可获得相应的选修学分。

5. 体育教学内容

在体育教师师资、体育基础设施及周边环境条件许可的情况下,学校可以建立多个单项体育俱乐部,从而为学生提供较大的选择空间。教学内容的设置还要考虑课内外相互衔接的问题,使课内外实现高度的一体化。为防止部分锻炼价值较高、但较枯燥的体育运动项目(如田径)出现没有学生选择的情况,学校可以把体育运动项目分成两大类,如必修类和任意选修类。学生必须选择一项以上必修类的运动项目(如中长跑)进行体育锻炼。同时,教师采用多种方式向学生讲授运动损伤防护、营养、健康生活方式等方面的理论知识也十分重要。

6. 体育教学方法

体育俱乐部的指导教师要根据学生的现实身体条件,确立科学合理的体育教学方法。初级班和中级班学生技术水平相对较低,应以传授为主,高级班则应以辅导为主。在教学过程中要充分体现与发挥学生的主体作用,倡导师生之间和学生之间的团结互助,努力提高学生参与教学活动的积极性,最大限度地发挥学生的创造性,以便于学生终身体育意识的培养和长期体育锻炼习惯的养成。

7. 体育教学评价

教学评价体系在高校体育教学中的作用十分突出,其对实现体育教学目标具有较为重要的意义。评价学生的体育学习效果,需要从学习效果和学习过程两个方面分别进行,主要的评价方式包括学生自评、学生间互评、教师点评等。体育教师要将学生的进步和潜能纳入教学评价体系之中,还需注重建立完善的"课内外一体化"体育教学评价体系。此外,学校及体育教师还要全面落实相关的政策规定,要对学生的体育能力进行全面评价,并将学生的学习过程与最终效果评价紧密衔接起来。唯有这样,才能既考评学生的实际体育技能,又考评学生身体锻炼的实际效果,其对促进学生的全面发展具有良好的效果。

四、高校体育俱乐部教学模式的构建

(一)健全体育俱乐部的管理体系,明确发展方向

第一,学校要健全大学生体育俱乐部的管理机构,完善机构设置;第二,学校要明确各部门的岗位职责、制定各项管理制度及中长期发展规划,虽然高校不同领域与社会相关领域之间的交流与合作日益频繁,但是高校体育与社会体育之间的交流却越来越少,

二者在运作过程中基本处于孤立的状态，这种局面不仅不利于二者的发展，而且对我国整个体育事业的发展也有一定的阻碍作用。如今，高校体育社会化已是社会体育和高校体育发展的必然趋势，所以，大学生体育俱乐部作为高校体育中的重要组织，更要充分发挥它的作用，真正将高校体育与社会体育结合在一起，努力做到资源共享，共同促进二者的协调发展。

（二）加强高校体育俱乐部与社会组织的交流

当前，我国高校校际之间的体育交流较少，交流方式仅局限于体育比赛，此种情况十分不利于各高校实现优势体育资源的互补，也不利于交流体育教学经验。因此，学校应加强大学生体育俱乐部与社会体育组织的交流与合作，二者都有各自的资源需求，社会组织走入高校，大学生体育俱乐部进入社会，只有这样才能使两者的体育场地、人力、资金等资源得到合理的配置和高效率的利用。大学生体育俱乐部与社会组织共同参加体育活动，两者可以相互促进，也可以根据各自的实际需求，由企事业单位与高校共同组建双方都需要的体育俱乐部，实现原有模式上的创新，做到与时俱进、共同发展。

（三）体育俱乐部教学模式要努力与现代高校教育的发展趋势相适应

1. 以学生的发展为中心，重视学生的主体地位

如果学校和体育教师在教材和教法上处理不当，将直接导致学生丧失对体育运动的兴趣，也就不能转化为学习体育的积极性和主动性，甚至会出现体育课上无精打采，课外活动兴高采烈的现象。因此，从体育课程的设计到评价，各个环节都应始终将学生主动、全面地发展放在中心地位。在教学活动中，在注意发挥教师主导作用的同时，需要着重强调学生学习的主体地位，充分发挥学生学习的积极性和潜能，提高学生的体育学习能力。

2. 积极利用和开发课程资源

我国高校体育课程资源主要包括以下几项：项目内容的拓展、自然资源的开发、师资队伍的培养、场地器材的创新等。其利用和开发是顺利实施学校体育的重要组成部分，有利于充分发挥各地课程资源的教育潜力，体现课程的弹性和地方特色。《普通高校体育课程教学指导纲要》赋予了高校更多的自主权，深入挖掘体育课程资源，必将深化体育课程改革，提高教学质量，形成具有特色的、健康活泼的校园体育文化氛围。

3. 加强体育课程的个性化和多样化

我国高校体育课长期受到标准化、规范化课程体系的影响和制约，过分要求所有学生达到同等标准，从而导致过高的统一要求，以致忽视了学生的个体差异。而现代体育俱乐部教学模式则比较注重体育课程的个性化和多样化，使学生有很大的自主选择权，可根据自身的能力和爱好，灵活地选择所学内容和发展方向，强调尊重学生发展的多样性。

高校体育课必须具有鲜明的时代性与社会性，务必拓宽体育教育的空间和视野，拓

展现代教育信息交流的渠道，打破狭隘的教学课本限制，全方位、多角度地进行体育教育信息交流，促进学生知识与能力的扩展和深化，以学生为中心，最终实现多样化的体育课教学课程。

4. 课程与现代化信息技术相结合

现代高校教育应综合运用多媒体技术与信息技术，从社会的发展必然趋势看，现代教育技术的发展总趋势是信息化。学校和体育教师应重视把现代多媒体技术与信息技术引入体育教学领域，赋予体育教学课程以新的内涵和时代特征。体育教师要着重培养学生的学习兴趣、学习能力和创造精神，为此，教师需要充分利用现代教育技术与手段，建立开放式的体育教育网络，要让学生全方位领略最新的科技成果和现代化手段给体育教学带来的形象性、直观性、趣味性和欣赏性，促进高校校园体育文化的发展。

（四）体育俱乐部教学模式要与现代高校体育的发展趋势相适应

1. 现代高校体育要与社会群众体育相协调

学校应将学校体育与体育教学同社会体育有机衔接起来，投身到社会体育的热潮之中。高校在培养学生的过程中，应努力使学生在校学习与未来发展同社会需要实现接轨。针对时下全民健身运动蓬勃发展的大好形势，学校应为学生提供机会，保证学生参与社会体育活动。坚持"请进来"和"走出去"的路径，将社会体育各项目优秀分子请进校园。同时，帮助具有一定基础的大学生参与社会体育工作实践活动和竞赛，这样既能激发学生进行体育健身的积极性，又能取得一定的经济效益。

2. 现代高校体育要适应社会发展的需要

现代高校体育不仅要实现跨越式发展，而且要实现协调发展，因为协调发展是体育事业发展壮大的重要条件。没有发展，高校体育就会失去前进的动力。不进行体育教学改革，协调发展就是一句空话。因此应在改革中实现高校体育内部结构的协调配合，以及体育与外部经济、社会的协调运转。随着我国社会经济文化的迅速发展，我国民众对于体育的需求和对高校体育的要求也发生了深刻的变化。体育的终身化、休闲化、生活化、娱乐化和产业化，都要求学校体育进行必要的改革。

3. 现代高校体育要符合"健康第一"的教育理念

"健康第一"主要是基于对学校体育本质功能的深刻认识。在意识形态层面上，"健康第一"的理念是马克思主义人权思想在教育领域的鲜明体现，它是人权思想、人道主义精神和未成年人保护原则的具体体现；在具体操作层面上，它也是学校体育对"素质教育"的最重要的应对措施。当学生的学业、社会工作与他们的健康发生冲突时，就需要服从健康；当学校体育内部各种关系发生矛盾时，也要以健康为第一。

高校新体育教学大纲也可称作"体育与健康"。学校教育要贯彻健康第一的理念，全面加强学生的体育工作。这一理念为高校体育教学改革指明了方向，因此，高校体育教学改革不能将体育与有关健康的知识互相割裂开来，要以体育为手段、以健康为目标，同时将健康的观念、健康的理论渗透到高校体育教学之中。

（五）充分发挥体育教师的潜能，提高教师的专业水平和能力，完善师资结构

长期以来，我国体育专业人才教育多以竞技体育项目为主，以致我国高校在职体育教师的专长多集中在田径、足球、篮球、排球、体操、武术等项目上，而对于乒乓球、羽毛球、网球、健美操、体育舞蹈项目的特长教师则比较少，体育师资队伍不能完全满足高校体育俱乐部发展的现实需要。为此，高校和体育教师需采取以下措施予以解决：第一，大胆引进体育专业人才，在选聘教师时，应优先考虑具备紧缺专长的候选教师，充实、改善教师的年龄、知识、专业和职称结构，以适应我国高等教育和体育教学的发展需要。第二，对现有体育教师进行在职培训，具体而言，学校可以通过进修学习和培训提高业务水平，解决专长教师紧缺的问题。第三，鼓励体育教师考取硕士或博士研究生，并给予一定的物质和经济奖励。

（六）注意体育俱乐部教学内容设置的合理性

体育俱乐部的教学内容首先要与学校的体育课程保持一致性，俱乐部可以根据单项的体育运动来进行设置，比如足球俱乐部、篮球俱乐部等，还可以将俱乐部实现分级，以区分身体素质和运动能力不同的学生。而在设置教学课程内容的时候，需要保证学生也能学习到其他的体育知识。例如，教师可以讲解足球的技能技巧，欣赏经典比赛，对学生进行运动生理学和心理学的教育，努力扩大学生的视野，同时保证学生能够学到足够多的体育运动知识，在设置一定的课程之后，还应对学生的成绩进行考核，以达到素质教育的目的。但是，教师应该切记，对学生的成绩考核不能片面地从分数来进行考评，还应该综合学生的各方面表现，如运动积极性、领悟能力、提升的速度等方面来综合考量，既能让学生体会到体育带来的激情与快乐，同时又在一定程度上监督学生能够进行持久的锻炼。

（七）构筑"五种关系"发展俱乐部教学

"五种关系"指的是师生之间相互信任、合作的关系，体育教师要认真履行职责，学生积极配合，实现共同的教学目标；平等民主的关系，师生之间保持一种平衡关系，教师负责传道、授业、解惑，学生要主动学习、探索。在体育教学活动体系中，要注意保持师生关系的平等，实现教学相长。师生之间要保持相互尊重，相互尊重是维持高校体育教学效率及和谐师生关系的重点。学生要尊重老师的劳动成果，教师要热爱学生，尊重学生的自尊和人格。健康交往，师生之间良好的关系是促进教学质量提升的重要纽带，也是顺利开展高校体育教学的基础；亲师信道，俱乐部模式要"以人为本"。教师要有良好的专业知识，通过科学的方法教授给学生，同时还要注重对学生的能力和价值观的培养。亲师信道是形成学生良好品格和优秀体育道德的基石。

（八）学校及体育教师要转变体育教学观念

首先，高校要转变教学观念与思想，尽可能地完善体育教学的制度。合理购置体育

器材，要培养学生主动积极参加体育锻炼的观念。总之，要最大限度地为学生进行体育锻炼创造良好的环境。现代高校体育教学更加注重体育自由和体育精神，所以，要想让俱乐部模式在高校中得到广泛的开展，就必须领会现代体育精神，接受更为先进的体育教学理念，将俱乐部的优势充分发挥出来。学校在引进俱乐部教学模式时，要始终坚持多样性和自主性的原则，发展课堂教学与课外教学相互协调的关系。只有坚持正确的体育教学方针，才能保证高效体育教学的有效性。

其次，高校的体育教学部门要对俱乐部进行科学的管理和监督，在实际操作的过程中，要根据学生的具体情况对俱乐部进行合理的规划和调整。同时，还要做好体育老师的奖惩、任免工作，增加同校外体育组织的学术交流活动。总之，高校体育教师要详细了解体育俱乐部的实际情况，对体育俱乐部进行有效管理，避免出现其他问题导致正常体育教学工作无法展开。

第二节 高校体育网络教学模式

一、高校体育网络教学模式概述

（一）相关概念

1. 网络教学

网络教学是利用计算机设备和互联网技术，在此基础上实行信息化教育的教学模式。借助互联网平台实现异地、实时的教学和学习，平台将多媒体视频、音频、图像、动画等资源融合在一起。网络教学的主体是教师和学生，教师制作多媒体课件或开发网络课程时参考教学大纲、学生学习特征和学生认知水平，有针对性地调整课程、课件内容，将制作好的多媒体课件或网络课程与相关资源、扩展信息发布到网络教学平台。学生则通过网络设备接入网络学习平台，可按教学要求选择课程或针对自身特点进行学习，同时师生双方还可通过平台的交流模块针对学习问题及时进行交流。

2. 教学管理

教学管理是学校正常教学秩序的保障，教学管理者通过一定的管理手段，使学生按照学校既定的培养方案进行学习，包括教学大纲、教学计划、教学运行、教学质量评估、学籍的异动审批及学科、专业、教室、考场等管理。在确保正常教学秩序的前提下，同时进行对教师及学生在校期间开展的各类活动的辅助与监管。

3. 网络教学管理平台

网络教学平台是建立在以互联网为基础的现代远程教育的支撑平台，以及为在网络上进行学习的学习者和教育者提供交流的平台，可以方便教育者进行授课、答疑、谈论及作业的批注。它是支持共享和交互的平台,为学生学习质量提供了一定的保障,且符合统一的标准,它同时也是现代网络教学必备的教学支撑平台。

网络教学管理平台建立在网络教学平台的基础上,教师可以在这个教学平台上开设教学课程,方便学习者自主选择要学习的课程并进行自主学习内容的挑选。不同学习者之间根据教学内容来进行交流互动,教学活动围绕着教师的教和学生的学来开展,方便教师和学生进行讨论和交流。它是支撑教学活动最重要的应用管理系统,为教师和学生提供了强大的施教和网上学习的环境。同时,它还将学校教务管理平台的内容进行融合,教师既可以在平台上对学生的作业进行批注,也可以编辑教学课件,还可以在线对学生进行考试等。平台可根据教学的课程需要,定制个性化的学习工具。同时,学生也可以在这个平台上选修课程,安排学习计划,查看选修课程的内容,向教师提交作业,汇报协作学习的情况等。

(二)理论基础

1. 教育传播理论

教育传播理论是教学技术的重要理论基础,现代远程教育的教与学活动,是一种以教与学的异地分离为特征,以媒体传播信息为特点,以学习者的自主学习为主的获取知识量的新的学习形式。它是由教育者按照一定的教育目的和要求,选定教育内容,并借助媒体通道,将知识、技能及思想等传输到特定的教育对象的过程。一次典型的传播包含了五个方面的内容:分别为发送者、信息、渠道、接收站和效果。而我国教育技术学者也对教学过程中信息的传播进行了深入的研究,他们把教学传播过程分为六个阶段:确定信息、选择媒体、通道传送、接收解释、评价反馈和调整再传送。

教育传播理论六阶段的动态传播过程也为网络教学提供了有力的理论支撑,网络教学平台在教学信息传播过程中也需遵守以上六个阶段。尤其是评价反馈阶段,网络教学平台的互动性、便利性更加有利于师生相互交流,有利于教师及时反馈评价意见。

2. 混合学习理论

混合学习理论的主要特点是将现代教学与传统教学融合在一起,通过综合运用不同的教学手段来满足不同的教学需求。在传统的教学中,只要存在不同教学手段的结合,就可以称为混合式。例如,在课堂中播放录音、录像等。只有教师对"混合"的内涵有充分认识,才能将教学活动有效地体现出混合式学习,并将混合式学习的思想融入教学活动之中。

在网络教学平台的教学活动中,教师将传统学习与网络学习结合起来。根据学习者自身的特点和教学内容要求,针对实际的教学环境和教学条件来选择多种传递通道进行知识传输,不局限于任何一种教学方法、教学手段和教学设施,同时通过教师有效的引导和规划,学习者根据自己的能力去进行自定步调的学习,以取得更好、更有效益的学习效果。

3. 绩效评价理论

绩效评价理论是组织依照预先确定的量化指标及评价标准，运用科学的评价方法，对评价对象的工作能力、工作业绩进行定期和不定期的考核与评价。而在网络教学管理平台中，师生双方均可互相评价、互相监管。同时，引入第三方监管机制即教务部门对师生同时监管，既可以考核评价教师日常教学活动的开展、课件资源的上传、师生日常的交流情况，又能够对学生完成课程进度、日常考试、教师评议、学业完成情况进行考核评价，在一定程度上督促师生双方有序地进行教学活动，保证教学顺利开展。

二、网络环境下高校体育教学的改革

（一）网络信息技术在体育

1. 资源丰富，方式、手段更具吸引力

学生在较短时间内对相关信息资源进行收集、加工、处理，一方面为其搭建展示自我处理信息能力的平台，另一方面为其在有限的课时内保证重、难点的突破打下基础。此外，多角度、多方位的比赛场面及先进的运动技术方法通过交互式的个体化教学资料，会吸引学生投入地观看、模仿与学习，并可以把自我技术及特点进行电脑分析、比较，查找症结，有针对性地进行改进。

2. 有助于改变体育教师的劳动结构

体育教师劳动的特殊性随着一些民间体育项目、休闲运动及新兴运动项目逐步进入高校课堂而日益凸显，每位教师能够准确、优美地示范难度比较大，尤其对于年长者难度更大的动作，因为一些动作存在危险性，特别是对一些整体动作分解教学、集体配合项目的战术教学以及部分在空中完成动作的示范，学生在观察学习过程中缺乏感性、直观的感受与认识。而通过由教师整理汇编放置在网络上的资料及其他相关的网络资料作为支撑的教学辅助手段，不仅弥补了缺点或解决了限制，而且可以增加教学容量和练习强度，提高课堂教学效率。同时，也能够督促体育教师无论在理论课还是在实践课教学中，合理有效地开发、编制程序（课件），实现信息的共享，从而节约时间和精力，以更好的状态投入教学改革与科研工作之中。

3. 促进学生学习方式的变革

目前，国内高校的校园网建设已经趋于完善，它既为学生提供了网络接入支撑服务，也为网络体育教学提供了可能性和可靠保障。网络学习强调感知、操作、交流，是直接经验和间接经验的融合统一，通过信息技术与学科知识的整合，在学习过程中与他人合作、讨论，在学中做，在做中学，将探究活动贯穿始终，有利于将信息活动转移到其他学习之中，培养和发展学生的信息素养。多向的沟通，使学生更善于发现问题、提出问题，培养人际交往和解决问题的能力。

（二）"互动式"体育课堂教学实施

1. 在运动技能教学中的运用

对于传统的教学来说，学生在课前对所要学习的内容了解甚少，缺少明确目标。预先的网络学习，使学生对知识技能目标、方法策略目标、态度体验目标都有了较好的理解。尤其是形、声、图结合紧密的视频使学生预先建立了运动技术的表象，对于球类的战术项目中需要同伴协调、默契配合的教学内容的作用更为明显。传统教学中，学生通过教师的讲解示范，进而模仿性地同步练习，层次性、自主性、针对性均较差。而根据预先建立的动作影像，学生可以有选择地模仿，教师根据不同水准的学生，区别对待，进行异步教学，既增加了有效练习时间，又满足了学生个体发展的需要。

2. 在体育理论教学中的运用

体育理论课对于提高学生的积极性、针对性十分必要，然而有研究表明，无论是在教学时间的安排、教学内容的选择、教学方法和手段的运用，还是学生的体育态度等方面都存在着严重的问题。这可能与教学设施及环境条件恶劣有关，也可能与部分任课教师的理论水平有关。采用课内理论课与课外健康网络课堂教学为延伸和补充的模式，学生可以自主选择学习时间和空间、学习内容，有助于培养终身体育意识，提高生活情趣和娱乐品位。通过电子邮件、即时通信软件、微博等，使理论课内容更加丰富，时间更加灵活，促进锻炼的热情和科学性，并针对学生提出的学习问题，以及锻炼过程中的问题进行个别咨询。

3. 把握课堂教学、网络教学的互补与互动性

互联网为体育教学提供了崭新的空间，它的优越性确实能够给课堂教学带来质的飞跃。但作为虚拟空间，它不能替代教师的主导作用。教什么、怎么教、学什么、怎么学均取决于教师。而且因为它缺乏亲切感，在教育效果方面和课堂教学相比存在较大差距，网络教学作为一种先进的辅助手段，与课堂教学是相互促进、相互补充、相互完善的关系。两者的结合，不仅仅是技术问题，更是观念问题。课件的制作除力求内容清晰、形象生动外，还要针对学生的接受程度及学习过程中可能出现的问题，发挥教师的能动性。通过全面的交流互动，开阔视野，促进逻辑性、创造性思维的发展，与课件的表现力完善结合在一起，并使教师充分认识引入网络教学的风险，加强监督与引导。

4. 精心组织，系统规划

网络课堂教学如果设计不当，那么将导致学习活动的低效和无序。因此，在学习目标的设计上应结合具体教学内容，使其表述明确，符合实际。对学生知识技能、学习态度、协作能力的分析是教学设计的基础环节，要使问题的设计具有趣味性、实用性、迁徙性，注重情境的工具支撑作用。推荐小组讨论、搜索分析、师生互动等研究方法，使教、学、做融为一体，使得学习过程的相关设计和指导必要而不过分，具有较好的适应性和选择性，实现资源有效共享，促进"自主、合作、探究"学习。评价设计应在课前提出期望，更多地基于过程中的实际表现并贯穿始终，实现评价方式的多元化。

三、网络教学模式在高校体育教学中的应用

（一）网络技术在高校体育教学中的应用发展的特点

网络技术应用于高校教学的快速发展和变化，是以网络技术为核心，通过运用网络平台实现高校师生之间教学辅助功能的过程。与传统模式下的高校体育教学相比，高校体育教学的信息化、智能化是计算机网络技术、信息技术高速发展的必然结果。学校开展体育网络化教学，需要建立一个完善的体育教学管理系统，包含体育教学管理系统和体育教学资源管理系统以及体育课堂教学的网络管理系统，从而营造一种基于互联网的信息化、智能化的体育教学环境。丰富的体育教学信息资源提高了网络技术的应用效率，能够有效地整合各方面的体育教学资源，实现高校体育教学信息资源的及时整合与分享。通过网络技术不仅可以及时对高校体育教学资源进行更新，还可以及时满足体育教学知识更新的需求。为高校体育教师和学生提供丰富的体育教学资源，提高学生自主学习的积极性。在高校体育教学中，使学生突破传统体育教学模式下被动的教育方式，学生可以根据自身需求设定符合自己特点的学习目标，从而极大地提高体育教学过程中学生自身的积极性。在这种新的体育教学环境中，体育教师不再仅仅是传统体育教学中知识的教授者，更是学生自主学习过程中学习的引导者，既丰富了师生之间的交流渠道，又方便了学生学习过程中教师的指导。因此，这种模式极大地丰富了传统模式下的体育教学形式，拓展了学生在体育课堂之外的学习环境，营造了不受时空限制的体育教学环境。总之，对传统模式下的高校体育教学模式进行改进，有利于高校体育教学质量和效益的提高，而传统模式下的体育教学也能够得到开放性的发展。网络技术在体育教学中的应用使体育教学形势日趋多元化，高校体育教学过程中环境更加自由，为学生提供了更加方便接受体育教育的教学形式。

网络技术应用于高校体育教学，使高校体育教学更加适应时代发展的需求，这也是现代信息化社会发展对于高校教学发展的现实需求。网络技术应用于高校体育教学提高了高校体育教学的学习效率，这也是网络时代背景下学生学习知识的接受方式之一。体育知识的更新频率高、时效性快等特点，使传统模式下的体育教学方式很难适应网络时代发展的要求，而通过将网络技术运用到高校体育教学之中，可以及时地让学生接收到最新的体育科学知识信息。

网络时代的到来使网络技术得以飞速的发展，各大高校越来越多地采用网络技术进行网上选课及教学管理。高校体育教学管理工作的智能化发展同样离不开网络技术的支持，运用网络技术开发的教学网络管理系统为高校体育教学繁重的管理工作带来了巨大帮助和改善。通过体育教学网络管理系统的运用、建设，及时掌握学生体育课程的选课情况信息，方便高校教师结合所教授的体育专业课程及时地进行教学计划的调整，更加有效地应对高校体育教学的需要，全面详细地掌握本校体育类学科教学过程中教学资源的分配情况，并对本校体育教学的相关数据信息做出更加准确的统计。体育教学网络系统可以根据管理员以及教师和学生操作人员的身份及功能需求的不同，来进行不同功能

使用权限的分配，保障体育教学网络管理系统的正常运行。管理员掌握整个系统数据库的安全操作权限，其中学生拥有查询自己考试成绩以及管理选课等权限，体育教师则可以通过使用网络教学管理系统，及时了解体育教学所需的有关信息，并对所教授学生的学习进度与成果进行了解，从而方便教学计划的顺利实施。

当前，高校体育教师传统的体育教学理念急需转变，而高校体育教师对体育教学未来信息化发展的认识也亟待提高。特别是面对未来网络时代知识信息化的开放性和跨时空性的突出特点，这对高校体育教学的发展是一个全新的挑战，高校体育教师只有不断学习新的知识，充实自己的知识储备，才能站在网络时代发展的前沿，把握网络时代高校体育教学的发展方向，迎接网络时代现代化体育教学改革的挑战。高校体育教师教学理念的转变对体育教学中学生体育运动兴趣的培养、高校体育教学的发展起着至关重要的作用。高校体育教师通过正确、合理、高效地利用网络技术和互联网资源，不仅可以提高自身获取体育知识与更新体育教学的能力，而且可以通过网络技术的强大功能探索出未来新的体育教学模式，培养出适应当前网络时代下信息化社会所需要的新型人才。网络技术在体育教学的应用传统模式下弥补体育教学的不足，优化了传统模式下体育教学的效率。结合互联网的特性和优点，使高校传统体育教学的价值更加倾向于当前现代化教学的趋势。只有提高高校体育的教学质量与教学效率，才能适应未来知识信息化的迅速更新和发展趋势。新的网络时代背景下的体育教学环境更加致力于学生个性、培养学生终身体育学习能力、促进学生综合素质的发展，从而最大限度地发挥网络技术对体育教学资源的作用，构建良好的体育教学环境，对实现全面育人和终身体育的目标有着重要意义。

（二）网络时代在高校体育教学中的应用策略

1. 体育信息化背景下高校体育教学改革的需要

高校体育教育是高等教育的重要组成部分，而高校现代化体育教学又是高等教育现代化发展重要组成中的关键环节。同时，高校体育教学在大学生接受高等教育的过程中肩负着全面提高高校学生身体素质的重要使命，为现代化素质教育发挥着重要作用。网络技术在高校体育教学中的应用为改变传统模式下高校体育教学提供了技术上的支持和保障，同时也为高校体育教育工作者未来信息化教学的发展带来了难得的机遇。网络技术应用在体育教学中，并与其他学科进行多学科教学辅助使整合后的教学方式得到了迅速发展，并且受到了学术界许多专家学者以及高校体育教师和学生的认同，在网络技术运用于高校体育教学的过程中展现出其特有优势。与此同时，高校体育教学工作者在体育教学过程中，通过将网络技术融入传统体育教学过程中来设计新的教学模式，使网络技术更好地服务于高校体育教学的需求，为高校体育教学的现代化发展起到良好的辅助作用。在高校体育教学管理的工作中，可以有效地促进高校体育教学管理效率的提升，为高校体育教师与学生间提供了良好的教学科研环境以及更加便捷的交流途径。未来一段时期，网络将从根本上改变原有的高校体育教学模式，并更加有效地整合高校体育教学资源，极大地推动高校体育教学的现代化发展。

建立和完善高校体育教学网络技术应用平台的环境，需要加大高校计算机硬件设施的投入，加强高校校园网中体育网的建设。良好的高校体育教学网络技术平台环境是建设现代化高校体育教学的基础，其中包含了标准化的网络技术设施和系统化的教学软件。随着网络时代背景下网络技术的快速发展以及高校已经基本普及的网络多媒体教室和大量的体育教学网络应用软件，高校体育教学网络技术平台的应用环境得到较好的硬件保障，具备良好的教学环境可以促使高校体育教师在体育教学中更好地应用网络技术来完善高校体育教学。但是根据相关调查，国内大多数高校目前仍面临网络设备及多媒体网络教学硬件数量不足、高校校园网中体育网建设的功能不够齐全、相关体育教学软件开发较少等诸多问题。高校所面临的上述问题如果得不到及时解决，必将严重阻碍高校体育教学现代化教学模式的发展。因此，为保障未来高校体育教学水平的持续提升，必须采取必要的执行措施。

随着当前网络时代背景下网络技术的发展与广泛应用，网络技术给高校体育教学带来的影响越来越深刻，应用网络技术的体育教学网络平台受到了广泛关注。在高校体育教学中应用网络技术，营造对软件和硬件建设的良性教学环境也有要求，如果不具备良好的体育教学软件和网络硬件教学环境的支持，那么在体育教学的过程中就发挥不出应有的教学效果。此外，目前我国高校体育教学的教学网络资源及体育教学所需的教学软件严重不足，这些都严重影响了高校体育教学现代化发展的进度。为此，高校应加大对高校体育教学软件开发的力度，使之可以更好地为高校体育教学提供优质的服务。高校体育教学中运用多媒体网络教学离不开体育教学网络资源的支持，丰富的体育教学课件和教学素材是未来高校体育教学的保障，高校应及时对体育教学所需的网络教学资源库进行更新，增加体育教学所需的相关课件，对体育教学所需数据信息资料进行教学共享。高校体育教学网络资源库的建立为高校体育课程提供了充足的体育教学课件，也为体育教学课件的自主设计提供了丰富的体育教学素材，而且体育教学网络资源库的建立也拓展了学生的学习途径。高校体育多媒体教学网络资源库的建立和完善离不开高校体育教师对体育教学资源的制作和搜集，需要多方面的支持，及时建立有效的激励机制以提高其积极性，使广大师生积极地加入体育多媒体教学网络资源库的建设中来。高校之间应加强相互合作，实现体育教学资源库的共享，及时对优秀的体育教学资源进行收录，并建立长期稳定的教学合作和共享关系，进而加强高校体育教学网络资源库的建设。

2. 改进传统体育教育模式提高教学管理的质量和效率

在高校体育传统的教学模式中，多数是体育教师课堂讲述的形式，其中大多依赖于体育教师的板书及静态投影图等单项式教学。这种传统的教学模式形式和方法都比较单一，教学过程中运用的教学技术相对落后，使高校体育课程的教学效果受到了局限，没有得到充分的发挥。网络多媒体技术是集各种网络信息载体平台于一体的技术，通过网络技术把图文及视频动画等影像进行体育教学信息的整合，是网络技术应用于高校体育教学的重要表现方式之一。网络多媒体技术在体育教学中应用，从而辅助高校体育教学，已经得到了高校体育教师的广泛认可。在高校体育教学中应用网络多媒体技术，可以针对高校体育教学的特点发挥其特有的优势，结合不同体育教学中实际教学网络软硬件设施的具体情况，应采用相对多样的体育教学课件制作软件进行网络多媒体课件的制作。这些方法的运用有利于节约教学成本，提高高校体育教师工作效率，改进高校体育教学的质量。其中，在高校体育教学中，体育理论课程教授的各项运动技术的理论与方法及动作理论分析，还包括运动技能的教学步骤与方法和影响成绩因素的分析都需要有与之相应的图像解析及相应的视频教学，这样不仅能极大地提高学生课堂学习的积极性，还能提高课堂上体育教学的效果。网络技术的运用可以使教师在体育教学中，及时选取最新的优秀赛事中运动员的数据材料和视频做教学示范，这将能够较好地调动学生学习过程中的积极性。在体育教学过程中运用情境式的教学使体育教学的效果成倍增加，利用网络多媒体技术对体育教学进行科学处理是高校体育教学现代化发展的重要表现。体育教学智能化的管理涉及高校体育教学的方方面面，体育教学网络信息化管理可以加快体育教学工作的进度，提高高校体育教学工作效率。高校体育教学管理还包括高校体育教学资料和文档的智能化管理，当前高校体育工作中存在着一些单调、烦琐、重复的细碎工作，如高校举行校园运动会，从校园运动会的报名准备、赛程编排，到各项赛事的成绩记录及对应的统计分析。随着现代网络信息技术的快速发展，基于高校体育教学的实际需要，对高校体育教学管理所需要的软件加强开发和运用，从而推动高校体育教学智能化管理的发展。现代化的高校体育教学不应仅局限于传统模式的体育教学方式，尤其在这个网络技术飞速发展的时代，网络技术应用于高校体育教学已经成为未来高等体育教育发展的必然趋势。网络技术在体育教学中的运用有效地突破了时间与空间的限制，弥补了传统体育教学中所使用的纸质教材的不足，极大地拓宽了学生体育学习的知识面，拓展了新的体育学习方式，丰富了高校体育教学内容，强化了高校体育教学效果，增强了学生在体育教学中自主学习的积极性，提高了高校体育教学的教学效率。

  高校体育教学有其独有的特性，由于体育教学中体育运动项目的种类比较多，不同的运动项目其运动技术相应也有所不同，在不同运动项目和运动技术的教学中都需要体育教师进行相应动作的示范。高校体育教师由于随着年龄增长等自身原因，对于体育教学中一些体育运动技能的动作示范能力有所减退，不能保证每个动作都能做得符合标准。网络技术在体育教学中的运用，有利于克服体育教师自身因素的限制，引用与相关体育课程所需的体育运动项目的标准进行示范，并整合运用到教学之中。这样不但不会因为体育教师自身年龄增长、身体技能的退化而受到影响，反而可以更好地利用体育教师本人对该运动项目多年的体育教学实践经验，以达到更高标准的体育教学水平。网络多媒体技术能够将不同运动项目的技术动作全方位地展现在体育教学课堂之上，同时还可以对相应的体育运动项目中的细节动作进行细致的分解教学。通过视频动画的视角转移、每个时间点的定格等，给学生在运动项目每个时间段多个视角的视觉呈现，保障学生对所学的体育运动项目中每个细节的学习都有科学直观的认识，激发学生进行体育学习的兴趣，提高高校体育教学的效率。网络信息技术作为体育教学技术的一种，其被广泛地应用到高校体育教学的课程之中，以促进高校学生对体育知识的学习。在当前高校体育教学过程中，不能一味地只对单一体育学科的相关的体育知识、运动技能进行教学。在如今知识信息迅速更新的时代背景下，为了更好地提高高校的体育教学的效率，应该考虑将体育教学的课程与其他学科的课程进行整合。

由于计算机网络技术与网络多媒体技术的迅速发展，新的网络信息技术不断被运用到高校体育教学的课堂之中，与体育教学的课程相结合，出现了许多新的现代化的体育教学模式和学习方式。多学科间的课程整合就是把与课程相关的交集部分进行教学内容的辅助融合，在体育教学过程中运用教学技术融为一体的体育教学理念。这些对高校体育教学有很大的帮助，在体育理论课程的教学中，通过集合网络多媒体技术进行课程的设计，能使体育理论的教学过程变得形象生动，同时能够提高学生在体育课堂上的学习积极性和课堂学习效率。网络技术的运用可以使体育教学中各项体育运动技术的分析更加细致准确，在高校体育教学运动训练过程中对学生的体能监测十分重要，网络技术的运用促进了高校学生体能监测的科学化，通过网络技术及时反馈出每个学生在运动训练中的负荷等相关数据并加以合理系统的分析，从而达到体育教学过程中科学化的训练效果。体能监测借助于先进的网络信息技术可以使体能监测标准化，对于体育教学过程中的运动训练及时进行科学数据分析，并对相关的数据进行准确的保存，有助于历史数据的统计和分析研究。使高校体育教学中运动训练计划更加合理化，从而对体育教学中运动训练的全过程进行跟踪，包括对训练的目标和制订的训练计划以及实施训练的目标实现等。使高校体育教学在保障学生掌握一定的运动技能的基础上，发挥学生自主练习的积极性，使训练的过程更加科学有效。

3. 加强网络技术在体育教学中的普及与相关师资队伍建设

高校体育教师是高校体育教学过程中的指引者和实践者，高校体育教师是否具备现代化的教学技术运用理念，直接影响到高校体育教师自身的教学行为。高校体育教学中网络技术的应用使传统模式下的体育教学在理念和方式上都发生了转变，有效地促进了未来高校体育教学的改革和推动高校体育教学现代化的发展。高校体育教师在高校体育教学中运用网络技术辅助教学，需要突破传统体育教学理念的束缚，不断促进高校体育教师体育教学理念的提升，这有利于高校体育教师在网络教学技术等专业技能方面的提高，有效地建立现代化的体育教学教育理念，使高校体育教师将网络技术应用于体育教学过程中，对体育教学的效果及教学模式和方法的提高有准确、积极的思想指导。因此，高校体育教学中体育教师对网络技术在高校体育教学中所发挥的具体作用，要用准确的高校体育教学理念进行指导，才能在高校体育教学中提高高校体育教学效率，有效保障高校体育教学质量和高校体育实现现代化教学。网络技术全面应用于对高校体育教学中对体育教学智能化的发展，在高校体育教师工作效率的提高和学生学习效率的提高方面产生了极大的推动作用。网络技术在高校体育教学中的应用，可以有效地发挥其特性来提升高校体育教学的效果，使高校体育教学发展符合当前信息化社会现代化发展的需要，为高校的体育教学效率提高提供保障。目前，多数高校体育教师对网络技术应用于体育教学实践中的作用没有全面、深刻的认识，在体育教学实践中还局限于传统的教学形式。由于部分高校体育教师对网络技术应用于高校体育教学中的教学理念陈旧，使高校体育教师依然采用传统的体育教学模式。对网络技术在体育教学中的应用价值认识不够，从而导致许多已经具备很好运用网络技术条件的高校在体育教学中却得不到好的运用，严重浪费了教学资源和限制了高校现代化体育教学的发展。学生通过网络技术的运用可以及时获取学习所需的信息，同时提高自身的学习能力，学会借助网络环境进行主动学习对学生创新能力的提高有非常大的帮助，对养成良好的学习自主性也起到重要作用。在传统模式下的体育教学中，通过课堂传递体育知识信息的教学方式过于单一，而运用网络技术的体育教学环境更加形象、直观、多样，有效地提高了学生体育学习的积极性。整合网络技术与体育学科课程融合的教学过程，突出了学生自主学习方式的加强，真正把信息技术和信息资源作为学生学习的认知工具，促进了学生体育学习能力的发展。

　　目前，大多数的高校体育教师需要加强现代化网络教学技术知识的培训和学习，从而使网络技术可以在未来高校体育教学中得到广泛的应用和发展。未来高校应增加开设有关网络教学技术类的培训课程，增强学生在体育学习过程中对网络技术运用的意识。加强网络教学技术相关理论知识的学习和实际运用，从而提高学生网络技术相关知识的基础和运用能力，使学生在体育学习过程中具备积极应用网络技术的态度，为在高校体育教学中广泛应用网络技术提供良好的学习环境，最终促进高校现代化体育教学的实现。

　　网络技术应用于高校体育教学，使高校体育教师的教育职责不仅仅停留在体育课堂教学之上，网络技术的运用拓宽了体育教师在课堂之外与学生交流的渠道，使高校体育教师在课堂之外的时间可以方便快捷地解答学生在体育课程学习中遇到的问题。高校体育教师应及时对高校体育教学的网络素材库进行完善建设，为高校体育教学提供一个良好的网络支持平台和体育教学环境，这些都需要体育教师彻底转变传统模式下的体育教学理念，从而促使高校体育教师熟练掌握运用网络技术于体育教学之中的特性。现代化的体育教学技术对高校体育教学中学生的学习有积极的促进作用，能够更好地提高未来高校体育教学效果。实现这些，需要高校体育教师把现代化的体育教学技术合理地应用到体育教学实践中，为网络时代下高校体育教学建立一个多媒体网络平台，为高校大学生自主学习和合作交流提供良好的学习环境，从而更好地培养高校大学生的创新能力和合作精神。

　　高校应及时建立完善的体育教学网络技术管理激励制度，为高校体育教学更好地应用网络技术提高完善的保障体系。高校体育教学管理制度应跟随网络教学技术的不断发展进步，及时更新有关新网络技术应用的管理规定，从而不断完善高校体育教学管理体系。高校为保障现代化体育教学技术的运用，需要重视高校的教学网络管理系统，及时采取应对措施，完善体育教学网络管理系统。要及时建立高校体育教学现代化教学技术运用的有效激励制度，如设立行之有效的奖励措施，并纳入高校评定考核体系之中，积极利用借助网络多媒体技术制作的体育教学课件开展教研活动。对优秀的体育教学课件及时给予相应的奖励，充分调动高校体育教师在体育教学中运用网络技术的积极性，使高校体育教师及时掌握最新的现代网络教学技术，从而积极促进高校体育教学现代化的发展。

第七章 高校体育教学的其他模式

第一节 体育教学模式与其他教育融合的教学模式构建

一、体育教学模式与科学、人文、健康教育的融合

（一）体育教学模式与科学教育相融合

现代科学技术的发展日新月异。科技是第一生产力，也是现代人生活的重要主导力量。在现代科学迅猛发展和应用日益扩大的今天，越来越多的人逐渐形成一种科学的思维和观念，体现在体育上就是保持科学精神，对体育、体育教学的发展与改革进行科学的认识，用科学的思维和态度对待体育、体育教学的变化。实事求是也是体育教学改革的基本原则，所以在构建体育教学模式时也需要一切从实际出发，遵循客观规律。

在体育教学中，教师能够根据学生的生理、心理活动规律，运用运动解剖学、运动心理学、运动生理学、运动医学等相关学科的科学知识，根据学生的社会适应能力来选择适合发展学生各方面能力的体育教学模式。在使用该教学模式时能够根据实际的教学条件，针对不同的教学对象，因人而异、因地而异、因时而异地选择教学方法体系，也

充分体现了体育教学模式与科学教育达到了融合。

（二）体育教学模式与人文教育相融合

所谓人文精神，应当是整个人类文化所体现的最根本的精神，或者说是整个人类文化生活的内在灵魂。它以追求真、善、美等崇高的价值理想为核心，以人的自由和全面发展为终极目的。现代人文精神以人为终极关怀的对象，其实质就是意味着以人为本，强调要尊重人，充分肯定人的价值，重视文化教育，优化人性，提高人的素质和精神境界，树立高尚的人格理想和道德追求，使人得到自由的全面的发展。它强调用文化的力量教化人。

中国的人文精神，一开始就孕育在礼乐教化之中。"人文"一词最早出现于《周易·贲卦·彖辞》："刚柔交错，天文也；文明以止，人文也。观乎天文，以察时变，观乎人文，以化成天下。"其中的"人文"，喻指人事条理，而"化"则有教化、风化之含义，显露出人伦至上的端倪。而孔子将道德教化进一步提升，强调社会要有秩序，强调人群之间要和谐，强调个人要有道德修养。这便是中国的人文精神之源。张岂之先生在《中华人文精神》一书中，把中华人文精神概括为人文化成（文明之初的创造精神）刚柔相济（穷本探源的辩证精神）、究天人之际（天人关系的艰苦探索精神）、厚德载物（人格养成的道德人文精神）、和而不同（博采众家之长的文化会通精神）、经世致用（以天下为己任的责任精神）、生生不息（中华人文精神）。正是这些中华民族传统文化中的精髓哺育了一代代中华儿女延续着华夏的文明之光，播撒着世界上唯一不曾中断的古老文明的火种。

（三）体育教学模式与健康教育相融合

健康教育是目前被国内外广泛引用的名词，作为一种有组织、有目的、有评价的教育活动，主要通过传授与日常生活有关的健康知识，树立正确的健康观念和培养规范化的健康行为，使人们能自觉参与改善环境卫生条件，帮助开展社区健康活动，从而达到建立健康生活方式的目的。健康不仅仅是没有疾病和衰弱状态，还是一种在身体上、精神上和社会上的完好状态。这就突出了将人的生理、心理和社会三个侧面有机融合起来，形成了健康的三维立体概念，即三维健康观。世界卫生组织提出健康的四个标准，即"身体健康、心理健康、道德健康、社会适应良好"。这就更加明确了健康的内涵，也从根本上否定了那种认为"无病、无伤、不虚弱就是健康"的原始健康观。

因此说，科学教育、人文教育、健康教育是不可分割的一个整体的三个方面，我们不能重视一个方面而忽视或抛弃其他两个方面，或只重视其中的两个方面而忽视另一个方面。历史的教训告诫我们，单纯地强调某一个方面而忽视其他方面都是一种极端，或人文极端或科学极端或健康极端。

二、构建与科学、人文、健康教育相融合的体育教学模式

(一)确立"与科学、人文、健康教育相融合的高校体育教学模式"的教育理念

从体育教学改革的不断深入,到现今高校体育教学的日益成熟,体育教学模式通过不断的创新与提出,一直关注着体育教学的改革与发展,并以其特殊的教育手段与教育方式,达到特殊的教育目的,在不断的发展、变化和改革进程中,体育教学模式在承载了传统的科学、技术、技能教育的基础上,正吸纳着现代体育教学的人文思想和教育理念。而置身于普通高等院校的体育教学模式更应确立有其自身特色的继承传统、顺应时代发展潮流的现代学科教育理念。

1. 现代体育教学模式的发展应体现科学、人文、健康教育思想的内涵

随着体育教学改革的深入,体育教学模式的创新还将继续,从体育教学模式的概念来看,体育教学模式的创新与构建应遵循以下几个原则。①必须具备体育教学模式的四个基本条件:明确的教学指导思想、单元教学计划、操作程序、与之配套的体育教学方法。②在理念体系上要相当成熟。③应遵循体育教学模式的分类规律。④在体育教学中应有相当的实践基础,并收到了较明显的效果。但并不是说体育教学模式的发展就受到了限制,反而从近年的体育教学改革情况来看,体育教学模式的创新呈良好的态势发展。

在体育教学模式中体现人文教育的方面主要体现在重视开发学生的认知能力,如"探索式教学模式""发现式学习模式""启发式教学模式",在这些模式中,设置了挑战性的问题情境,使教学内容富有新奇、趣味等特征,以激发学生求知的内驱力。教师也往往不将现成的答案直接传授给学生,而是让学生通过向科学家一样的发现新知,深入知识、技术、技能的形成过程中,从而培养和发展学生在体育活动中特有的智能,并提高学生在学习中的兴趣和效率。重视学生情感的投入,比如"快乐式体育教学模式"就注意到学生在体育活动中的情绪体验,并激发学生学习积极性、主动性,以保证学生以最佳的情感投入学习和活动状态中;再如"成功体育教学模式",重视了教学过程的过程评价与单元教学结束时的单元评价相结合,要求人人在"相对的标准"中掌握各自的教学目标,把学习的成功带给全体学生,通过这些种种的教师绝对权威形象的改变,进而注重学生的学习主体性、主动性、积极性、体验性。重视体育文化的传承,即在进行体育教学的同时,配以某一项目的历史起源、发展变化、其中的著名体育人物及该项目的体育规则。重视对学生进行体育道德的培养,通过现代的多媒体体育教学模式,向学生展示国内、外重大的比赛,在比赛中了解运动员拼搏进取的体育精神,裁判无私的公平态度,了解比赛项目的规则、裁判方法及场地的布置等方面。这些变化说明了学生的人文情怀得到了进一步关怀,情感因素已不断融进教学过程之中,为培养全面发展的人提供了精神上的准备。

科学与技术、技能教育在体育教学模式发展中得到体现。教育是为培养人而服务的,但是教育的对象或被培养的人并不是一开始就具备某种技术、技能,为使受教育者在未

来社会占有一席之地，在未来社会激烈的竞争中保持健康强壮的身体和一技之长。体育教学模式从一开始就体现了对学生进行科学、技术、技能的教育。在体育教学中传授科学的锻炼方法，正确的动作技术，用各种教学方法使学生掌握一定项目的技能。如"传统运动技能教学模式"就是要通过运动技术的学习，达到掌握运动技能的目的。在这种教学模式过程中，教师通过向学生传授动作技术的特征及其规律，充分发挥学生机能的能力，合理有效地完成动作，并通过分段学习和细化学习，使学生初步学习运动技能，并使运动技能的掌握达到自动化的程度。再如"领会式体育教学模式"，是指在尝试中了解与明白学习运动技术的重要性，在完整示范后再分解教学，在掌握各分解动作的基础上再进行完整，或以开展竞赛的形式进行教学，目的就是使学生能够掌握技术、技能。

2. 确立高校体育教学新模式的教育理念

从早期的体育教学改革到 21 世纪体育教学模式不断创新的今天，不难看出，体育教学模式在不同时期都以其不同的模式出现，并以其特殊的表现形式来表达体育教学的教育理念与思想，都是被作为一种教育程序或是一种教育方法体系运用到培养全面发展的人的过程当中。那么作为体育教学中一个重要组成部分的体育教学模式必然要分担体育教学的传统教育理念，并与我国人文文化相融合，为培养全面发展的人服务，同时要突出体育教学的功能——教育性，而不能单纯地侧重以培养"生物人"为目标去培养竞技夺标的所谓的运动精英。

与科学、人文、健康教育相融合的体育教学新模式要本着科学、技术、技能的专项教育与人文教育、健康教育相结合的原则，有针对性地开展体育教学活动，培养"具有体育道德精神、掌握专项技术与技能、掌握科学的锻炼方法和竞赛规则、掌握体育保健与卫生知识，具有创新精神、实践能力和较强的社会适应能力，能形成终身体育意识"的综合型人才，并相应地融合"运动参与、运动技能、身体健康、心理健康、社会适应"等培养目标，充分体现出"培养全面发展的人"的教育理念。

从目前我国普通高校体育教学改革来看，由"项目教学"向"项目教育"转变、由"技能传习"向"文化传承"转变，并突出人文教育与科学教育的融合确实符合我国高等教育发展的趋势。随着"健康第一"指导思想在学校体育教育实践中的逐步深入，与科学、人文、健康教育相融合的体育教学发展方向已成为现代普通高等院校体育教学改革的总体方向和趋势。

作为体育教学中的重要组成部分，体育教学模式其教育理念也自然要顺应体育教学的发展方向，确立其有自身特色的教育理念：通过对高校体育教学的认识与实践，培养出具有科学精神、人文精神、健康意识、国际视野的、综合性的、全面的、和谐的复合型人才。

（二）"与科学、人文、健康教育相融合的高校体育教学新模式"的理论基础

1. 以人为本的理论基础

以人为本的人本主义思想，亦称人文精神是当今世界主流思想之一，人本主义思想

体系的核心是重视人的主体性，在当今的教育界，人的主体性也得到了广泛的关注。在教育中人文精神追求教学理论与实践的人文化，以情感、个性、主体性和艺术性为特征。把教学作为一门艺术去研究，把教学实践作为一种情意的、人性化的活动去进行，是人文主义精神的主要内容。所谓人文精神，应当是整个人类文化所体现的最根本的精神，或者说是整个人类文化生活的内在灵魂。它以追求真、善、美等崇高的价值理想为核心，以人的自由和全面发展为终极目的。"现代人文精神以人为终极关怀的对象"，其实质就是"意味着以人为本，强调要尊重人，充分肯定人的价值，重视文化教育，优化人性，提高人的素质和精神境界，树立高尚的人格理想和道德追求，使人得到自由的全面的发展"。它强调"用文化的力量教化人"。其核心就是要主动表现体育对人类生存意义及价值的终极关切。

人文精神进入学校体育，将促进学校体育的课程改革。学校是培养人才的重要基地，进入21世纪，单调而枯燥的传统体育教学训练虽然暂时起到了增强学生体质的效果，但学生毕业后很难再有学校上体育课时的条件和环境，体育意识将在快节奏的现实生活中消失。要在学校中体现人文精神，必须顺应人类可持续发展的现代趋势，抓好学校体育改革，与国际接轨。

科学精神和人文精神相结合，成为教学研究的主题。在体育教学过程中本着以人为本的理论基础，有利于提高学生的体育热情和兴趣，有利于注重学生的学习情绪，尊重学生的主体地位，有利于发挥学生体育学习的主动性和积极性，有利于学生完美个性的形成，为培养全面发展的人提供了可靠依据。

2. 科学技术、技能学习的传统理论基础

现代科学技术的发展日新月异。科技是第一生产力，也是现代人生活的重要主导力量。随着时间的推移，这种趋势日益明显。在现代科学迅猛发展和应用领域日益扩大的今天，越来越多的人逐渐形成一种科学的思维和观念，即用科学的眼光来审视、用科学的态度对待世间形形色色的事物，也包括学校体育。

科学精神，是立世之基，科学求"真"，解决的是"是什么？"的问题，一切违背客观事实及其规律的认识与活动，必将导致失败。要在体育中保持科学精神、科学认识、科学思维和科学态度。它是体育运动实践在人们头脑中的正确反映，也是现代体育观念的重要组成部分。

科学在现代体育的发展中并不是唯一的理性力量。科学（指自然科学）好似一柄双刃剑，它只有在与人文科学的结合中，在推进社会发展、人类进步的实践中才能发挥有益于人类的伟大的力量。当代科学与人文的融通与整合的趋势，为我们提供了有益的启示：科学精神与人文精神在体育教学中的结合在过去是必要的，在现在和今后更有必要。这种融通和整合则在人的更加自觉的基础上成为一种新的体育理念和引人注目的趋势。在学校体育教学中要使学生积极参与各种体育活动并基本形成自觉锻炼的习惯，基本形成终身体育的意识，能独立制定适用于自身需要的健身运动方法，能够编制可行的个人锻炼计划，具有一定的体育文化欣赏能力和较高的体育文化素养。能够熟练掌握两项以

上健身运动的基本方法和技能，积极提高运动技术水平，发展和提高自己的运动才能；能科学地进行体育锻炼，掌握常见运动创伤的处置方法。在某个运动项目上达到或相当于国家等级运动员水平；能参加有挑战性的野外活动和运动竞赛。

（三）明确"与科学、人文、健康教育相融合的高校体育教学新模式"的教学目标

1. 体育教学目标及其与体育教学模式的关系模式

人的任何活动都是有目的、有目标的行为，体育教学自然也是如此。由于体育起源于多个文化的母体，又受到各个时代和国家不同的教育方针、教育思想的影响，体育教学目标的制定多年来一直是个不太明确且争论很多的问题，体育教学目标来自体育的功能，体育教学目标是人们对体育教学的期待（价值取向），但功能和期待又不能单独成为目标，目标只能是功能和期待的结合。体育教学目标是依据体育教学目的而提出的预期成果。这个预期成果可分为阶段性成果和最终成果，阶段性成果是体育教学的阶段目标；阶段性成果的总和就是最终成果，即体育教学总目标。体育教学总目标是体育教学目的得以实现的标志。体育教学目标与体育教学指导思想一样，都是体育教学模式制定与选择的依据。当然体育教学模式中也必然隐含着体育教学某个方面的目标，但体育教学模式中的"模式目标"与体育教学目标是不同的。体育教学目标具有全面性、整体性，而体育教学模式的"模式目标"具有侧重性。举个例子来说明一下：启发式教学模式的目标侧重于"通过开发学生的智力来参与运动技术的学习"，而它在发展学生的社会适应能力，促进学生心理健康方面的功能并不突出。也就是说，与体育教学模式相关的有两个目标，一个是体育教学目标，即体育教学总目标，是由课时目标到超学段目标一级级组成的。另一个目标是教学模式的"模式目标"，它是体育教学模式在单元教学时应该达到的目标。各层体育教学目标有着各自要解决的问题，学段体育教学目标就是围绕着"本学段学生的身、心、群的发展特点"来制定的；单元体育教学目标的着眼点是在进行某个项目的学习过程中所达到的对学生运动技术、技能和某种人文素养的培养，在单元体育教学目标中，考虑的是利用这个项目应该发展学生什么，能发展学生什么。单元体育教学目标是体育教学总目标的下位目标，因为单元教学是制定体育教学模式的基础，体育教学模式由单元教学目标开始，单元教学的结束也标志着体育教学模式的消亡。

2. 明确体育教学新模式的教学目标

新体育教学模式的教学目标应该是体现现代健康教育的目标，体现传统运动技术、技能形成的目标，体现身体锻炼、有良好体质的目标，体现掌握体育文化知识、具有良好的体育道德的目标。即体育教学新模式的教学目标：应该以培养学生具有良好的体育人文精神，具有运用科学的锻炼方法和掌握运动能力，具有健康意识和卫生知识为目标，以培养全面发展的人。如果在单元教学中体现的话，应该是具体问题具体分析。举个例子：在单杠项目的教学中，体育教学新模式的模式目标将是发展学生的身体素质，使学生掌握运动技术、技能，克服对单杠的恐惧心理，培养学生吃苦耐劳的意志品质和勇敢精神。

（四）"与科学、人文、健康教育相融合的高校体育教学新模式"的教学体系

1. 体育教学新模式的人文手段

人文教育是"运动参与"和"社会适应"目标实现的主导手段，人文教育旨在提高人的素质和精神境界，也就是本文前面提及的"用文化的力量教化人"。当学生通过人文教育的实施具有运动参与的意识和兴趣并真正想参与其中的时候，就会主动去诉求运动技能的相关知识以达到运动参与的相对完美，这是人们诉求心理使然；而当学生主动想参与运动，并主动学习运动技能的时候，其身体健康的目标也就正在实现了；当学生懂得主动参与、学习运动技能、逐渐接近身体健康的目标时，其成就感就会日趋增强，心理健康的程度也就会日渐上升，与心理健康目标的差距亦会逐渐缩小；同时，人文教育手段可以实现对学生进行和谐人际关系的教育，在运动参与时同学之间互帮互助、团结协作，也会直接促进运动技能、身体健康和心理健康的发展。

2. 体育教学新模式的科学与技术、技能手段

"科学与技术、技能教育"是"运动技能"和"身体健康"目标的主导实现手段，当"科学教育与技术、技能教育"发挥其应有的作用，使学生掌握了相应的专项知识和技能时，学生就自然会以所学专长作为运动参与的内容；当学生具有运动专长，并能积极主动参与其中，运用所掌握的科学教育与技术、技能教育知识和技术、技能进行监测体质的健康状况、合理选取有效的体育健康手段时，也自然会促进其身体健康和心理健康的发展；当学生能够达到运动参与、运动技能、身体健康和心理健康时，同学向其讨教练习技能时他（她）就会言之有物，将自己的学习心得和体会拿出来与同学交流，这也自然就在增进人际交往的同时向社会适应的目标迈进了。

3. 体育教学新模式的健康手段

健康教育是"身体健康""心理健康"和"社会适应"三个领域目标的主导实现手段，通过在教学过程中向学生明确健康的真正内涵和标准（身体健康、心理健康、道德健康和社会适应良好），就会使学生了解什么是真正的健康，使学生能够积极、主动地去参与运动、去学习运动技能，从而促进身体健康。而有关"社会适应"目标中体育道德的问题，正是道德健康的范畴，同时也需要人文教育作为主导手段来实施。

由此，也再一次证明了人文教育、科学教育与技术、技能教育和健康教育是相融相合的共生体，只有三者共同发挥作用，才能达到"通过体育文化的传承，培养全面发展的完整的人——具有人文精神、科学精神、健康意识的复合型体育教育人才"的体育教育理念，这也正符合身、心、群协调发展的教育观。

第二节 "双向主体能动式"教学模式的构建

一、"双向主体能动式"教学模式的理论基础

（一）主体性教育理论

20世纪80年代，大家开始关注主体性研究，而后将其带入教学领域，形成了相应的主体性教育理论。基本思想是在教学的过程中，为了提高学生的主体功能，以激发学生的学习兴趣，提高学生的学习能力和创造能力为目标，使学生具有自主、管理能力的教育。在教育的过程中，学生既是认知的客体，又是认知的主体。学生作为教学过程中的重要元素，需要教师在教学过程中，根据时代的要求，对学生的教学内容不断地更新，教师要有计划和目的进行指导，将社会需求转化为学生需求，提高学生的自身素质。但是，学生在接受教育的同时受到了外界环境的影响，所以，教师要注重学生的特征，协调学生既是主体又是客体的关系。

在教学实践中教师不单单是一个传播者，而是在教学中激发和调动学生积极性的引导者，引导学生自觉的启动创造思维能力。教师和学生一个是教学实行者、一个是学习的接受者，两个教学主体共同成为教学活动的两端，教师与学生两个主体在教学活动中共同创建了相互交流的主体关系。

在主体教育理论的基础上，"双向主体能动式"教学模式把教学实践中的教与学的两个方向辩证地统一，两个不同的主体相互转换发挥各自不同的特点。教学中每个学生的主体性地位体现在人格的尊重上；观察每个学生个体的真实想法和内心活动，从学生身心发展和个性发展出发促进其全面发展；注重培养教师与学生的交往、尊重、平等。在教学方式上，注重学生感知能力的培养，建立一个有利于学生发挥的空间，正确引导学生对知识的转化；在教学评价效果上，充分发挥学生主导性评价，以学生主体性的发展为评价标准进行评价，"双向主体能动式"的教学模式在教学活动中的各个方面都体现了主体性的教育理论的观念。

（二）"行为交往"理论与教学特殊交往说

"行为交往"在理论上对人的行为可以分为：具有目的性的行为、规范性的调节行为、戏剧性的行为和交往型的行为，前三类的行为属于单项性的行为，而"交往型的行为"是需要通过语言沟通进行的活动，通过彼此间的对话达到人与人之间的沟通、交流和互动。

在教学特殊交往中普遍认为教学交往是人类生活中基本的活动，教育作为社会中重

要的活动之一，存在着人类之间的交往，主要是指学生与教师之间的双向交往。它以学校教材为介质，由教师进行知识和技能的传授，促进学生身心全面发展的特殊交往。教育学家贝马斯认为：在教育的活动过程中人与人之间是主体间相互交往的关系，它不同于主客体间的改造关系，教育行为是主体间的交往行为。"双向主体能动式"的教学模式强调了在教学过程中教师与学生的双主体的地位，以学生和教师之间的一种能动交流和信息的转换，行为交往理论为"双向主体能动式"教学模式奠定了理论支撑。

二、"双向主体能动式"教学模式的结构模式

（一）指导思想

在主体教育理论的指导下，通过教师的科学引导启发学生的主动探索，学生能动学习自主发挥积极性和创造性，以相互交流、自我体验尝试培养体育能力，教师发挥引导、辅助、激发、鼓励的指导思想。

（二）教学目的

以培养学生能动思维能力，掌握运动规律的发展为目的，发挥学生的主观能动性并积极体验尝试，增强参与体育运动的自信心，克服心理因素影响，在相互学习中提高集体意识，建立和培养社会交往能力。

（三）教学方式

教学过程中"双向主体能动式"的主要因素是：教师、课程和学生，三个因素各有作用，教师作为教学的主体，学生和课程就是在主体教师进行的教学活动中的客体内容；而学生作为主体，教师和课程就是学生学习活动的统一客体；课程作为教学活动的主体，教师和学生为主体的教学活动中，课程作为其中的衔接客体，起着重要的作用。教学中学生和教师的主体地位的变化，学生之间的个体、群体相互交流指导，使教学活动处于一个活动的状态中的发展。这种教学模式的主要特点是"双向性、参与性、能动性"，以教学活动中的学生与教师的双向能动交流，充分调动教学与学习双方的积极性和能动性，良好的教学环境能使课堂氛围变得活跃，从而激发学生潜意识的能量发挥、能动创意，实现教学过程中的双赢。教师作为教学活动中的组织者和设计者，应该选择适合的时机和学生进行沟通和互动，从而形成良好的师生关系。在一定的情况下，学生与教师两个主体之间应该形成一种互相交往的关系，教师不仅要从学生的角度上看待问题，并且感受学生的心理活动，站在等同的位置和角度与学生一同设计问题、寻找解答，进而分析讨论，产生不同的观点，对学生进行引导启发。在这样的教学环境中，学生充分感受到自己的主体地位和被集体的认同感，教师对学生成绩的正确评测及中肯的评价，鼓励学生积极地学习，加深学生与教师之间的关系，让学生更加愿意展现自己的真实想法，积极主动地参与集体教学活动中来。

在实践教学中，传统教学模式下的体育课，全程都由教师作为主体，从准备活动到

课堂练习直到结束，教师一直独自示范带领，学生只是被动接受，两个主体完全没有互动，因此，教学效果往往不理想。但是在采用"双主体能动式"教学模式体育课的某些环节，例如，让学生扮演教师的角色，带领同学进行课程教学。教师可以提出各种设想，学习的主体不再仅仅是学生，同时教学的主体也不单单只是教师，两者互为主体。学生在被引领的过程中增进了沟通、教学和组织创新的多种技能，而被带领的学生和教师不仅可以学习到基础的体育知识，还可以指引学生吸取经验、弥补不足。让学生进行角色转换，从而让每个学生在这样的教学活动中正确规划自己，尽情地展示自我，充分认识教学过程，理解教师的工作，在学习中提升自己各方面的素质，体验自我实现的价值。同时，教师通过学生的表现，更加深入地了解学生的学习和各方面的能力，准确地对教学进行反馈，为提高教学效果奠定基础。因此，运用角色互换的教学方式，可以在教学过程中充分体现出学生与教师双主体的作用。

小组合作学习：分组练习是以小组和班级相结合的教学方式。在班级授课的基础上，以分组练习运动技能的形式，充分体现整体性与个体性的辩证统一。在分组合作练习中，教师的主导性地位降低，学生的主体作用提升，分组练习为学生创造了一个自由学习的环境，同时有利于学生与教师之间沟通，同学与同学之间相互合作交流，形成了一种交往模式，同时学生在集体中感受到了与人合作的成就感，建立起相互的信任，也培养了学生的社会交往能力，在教师的引导下小组成员相互帮助，更好地完成教师布置的课上教学任务。

能动式教学：在教学中的问题不是以直接的方式回答，而是以引导启发的形式，让学生能动地思考问题，不是马上通过教师获得答案，同时教师可以对学生进行启发式的提问，学生也可以提问教师，通过主体双方共同思考探索问题的本质，学生不是一个学习的客体被动地接受知识，通过讨论学生积极主动地去理解，潜在的思维能力被开发，不是被动地接受知识的传授，这样有助于学生的实践能力提升，培养了创新思维，在这样的教学环境中教师与学生的交流加强了，教学效果远远胜于被动接受的教学效果。

能动交流："双向主体能动式"的教学模式就是在整个教学过程中教师和学生以启发式的教学方式进行沟通，教师在教学过程中以设疑、提问学生的方式，与学生探讨、交流问题，不以教师的主观性来评定答案，而是以引导的形式进行，在交流中以平等的方式进行，强调在启发的过程中使学生认识事物的本质，对于学生的回答适时地给予鼓励，以提升学生理解思维能力和自我判断能力。

多媒体教学：在双向主体能动教学过程中，教师可根据课的情况适时地安排在理论课上播放一些相关的专业体育运动视频资料，同时加以引导性的讲解，使学生感知体育运动的真实性，能在练习中加以模仿。这种观摩欣赏，在一定程度上对体育教学也是一种调剂，学生的热情和积极很容易被调动起来，从而使学生更好地完成教学任务，在视频教学课中并非单纯地播放运动视频，而是需要教师的引导和组织，这也要求教师在备课时积极准备，首先教师查阅收集相关的资料和视频，同时课上还需要教师准确地讲解，让学生在看的同时能理解运动的本质，使自己掌握正确的动作要领，这样能使学生掌握更多的知识量,为发展学生思维以及提高学习动机提供帮助。

(四)实践教学过程

以激发教学主题→教师情景设计→激发→引导能动→主体辩证转换→教师启发诱导→能动地交流评价→分组练习的测评→交流引导并掌握技能→测评的反馈。

(五)教学效果的评价

在传统的体育教学模式中对学生的评价基本上是以教师的考核为主,在评价过程中是以学生掌握运动技能情况来评定优良,不以学生的主观意志为准,往往学习认真但因本身的运动能力差的学生始终考不好,为了能正确的评价教学的效果,体现教学实践的真实性,"双向主体能动式"的教学模式运用不同的方式对学生进行客观的评价。教学效果评价在平时成绩的比重加大,增加了学生之间的互评、自我评价、集体评价,而传统的运动技能评价和身体素质评价则降低。

这样一来学生的积极性充分被调动起来,因为课堂表现高于技能的评分,以学习过程与期终考核相结合的方式进行,使学生的整体成绩建立在学习过程的基础之上。

三、"双向主体能动式"教学模式对教学效率的比较分析

(一)"双向主体能动式"教学模式对学生动作技能掌握的影响

"双向主体能动式"教学模式与传统教学模式相比,在运动技能提高方面效果较明显。分析其原因可从运动动作技能掌握规律分析:动作技能的学习与掌握,是一个从低到高的一种感知与生理系统相互协调的发展关系,要达到最终协调与熟练的过程,需要一个反复练习、动作定型的运动过程。在学习动作技能的开始阶段,教师的动作分析、讲解和示范,对于学生来说掌握的只是动作初级的感知过程,表现出来的是动作的不规范、身体的不协调、生理的反应慢、多余的动作增加,对于完成动作情况的认知还是很模糊的。而"双向主体能动式"教学模式的体育教学是以双向主体的形式,学生自己本身就是教学的主体,既是教又是学。每个人的位置在变化,是教学的讲解示范者、评价者或被评价者,是教学的学习者,在学习过程中体会实践,在评价与被评价中发现问题,纠正错误动作。在实践中积累经验,不断地熟练完善从模糊到清晰,这需要一个评价信息反馈的过程,有时学生在学习动作时往往感受不到问题存在,分组练习时同伴之间的交流和互动,方能使之感知到问题的存在。

从运动学规律来说:体育运动中的迁移是在教学中普遍存在的现象,受各种各样的外在和内在的生理和心理的影响。在传统的教学模式中学生感知的是技术动作的表面现象,教师怎么教就怎么学而并没有理解动作的原理,而在"双向主体能动式"教学中教师与学生之间、学生与学生之间的交流和互评产生了信息的反馈,使学生能够去思考,加上教师的启发,学生能够正确地理解动作要领,从而达到一个完善的过程。另外,在分组教学中学生在集体中感受到一种团队的荣誉,从而更加积极地参与其中,这就会产

生一种效应提高了学习新内容的能力，好的效果自然出现了。

（二）"双向互动式"教学模式对学生学习动机的影响

"双向主体能动式"教学模式比传统教学模式更有利于激发学生的学习动机。

首先，在教育理念上教学是一个育人的过程，要达到教与学相并重的关系，就不是单纯的教学关系，而是与学生在平等的基础上相互交流，以学生为主体建立双向关系，教师是学生的引导者、教学主题的激发者、能源的开发者、创造思维的启动者，这些在"双向主体能动式"教学模式的双向、主体、能动中体现，双向指教师与学生的相互交流，位置的变化使学生心理产生了一种反应，被动变为了主动，交流也打开了学生的内心世界，教师能够很好地掌握学生的学习动机，主体使学生成为教学的引领、组织、评价者，学生的动因被启动，因为是参与者就会主动学和思考问题，兴趣自然高了。能动是学生在主动、积极参与下、教师的启发下积极发挥自身的创造思维能力，去理解技术动作的原理，通过感知主动的实践过程，学生在实践经验的积累下不断地完善技术动作，从而获得成功的成就感和心理的满足感。

其次，"双向主体能动式"教学模式在评价方面：不是以最终教学考核和教师的主观来评价结果，而是以多个方面评价学生学习的效果，学生个体自主完成学习情况的评价、集体学习评价情况、自我评价情况、教师评价情况相结合的形式，因不是一方面的主观评价，学生的畏惧心理降低，对于那些运动能力差的同学来说，通过自身的努力和教师、同学的激励，也可以得到好的评价，并非以运动成绩来考核，心理的承受能力得到加强，这种客观的评价将学生各方面的积极性调动起来，在这种情况下创造了一个轻松活跃的教学环境和氛围，提高了学生的学习热情，在轻松活跃的环境中学生的理解思维加强了，对于每次学生自己的引领示范都会有不同的效果，同时也提升了学生的热情与兴趣。

（三）"双向主体能动式"教学模式对学生主观锻炼体验的影响

"双向主体能动式"教学模式对学生锻炼的影响，体现在教师与学生之间运动技能成绩不是主要的，重要的是积极的学习态度，在双向主体的作用下，学生在学生之间的交流，学生与教师的交流、讨论、互助的过程中，克服心理上弱势障碍，在鼓励和互动的形势下提升了自信心，敢于去体验尝试，在尝试体验中激发学生的探索精神，正因为有了实践的体验才会去感知体会动作的要领，这也是在教师的引导下，学生自我探索、自控和互助练习中培养的主观锻炼体验。

（四）"双向主体能动式"教学模式对学生群体凝聚力的影响

集体分组中成员的吸引聚合与组成成员对集体的忠诚关注度以及组成成员之间密切程度，形成了集体凝聚力。这种集体凝聚力使集体中每一个组成成员产生聚合在集体内部的力量。多项研究实践证明：集体内部关系越是和谐融洽，凝聚力则越强；反之，集体内部关系越是混乱排斥，凝聚力则越是薄弱。

"双向主体能动式"教学模式较传统教学模式更有利于体现学生的集体凝聚力，表现在教学模式改变了原有的集中班级授课的形式，而是在传统的班级集中授课的基础上，先是在教师的集中下精讲缩短集中讲解示范的时间，再到学生分组练习，改变过去单一不变的授课方式，分组练习时在集体中的学生个体明显可以感受到集体的凝聚力，学生之间在集体中的相互评价提升了信任感，由于在大家的努力下，整体的提高带动了学生个体能力的提升，大家在小组中互相交流，从而产生一种强烈的归属感，因而形成了一种凝聚力。传统的体育教学模式在班级教学中，是对集体中的组成成员进行单个测评，这种测评大多只能表示成员个人的体育成绩高低，在这样的测评环境下学生更多的是关心自己的表现，对其他同伴的表现则漠不关心，集体的荣誉感不强，因而学生之间的内部凝聚力不强。

"双向主体能动式"教学模式中，学生在分组的集体里感受到自己的重要性，同时也增加了一份集体责任感，各组在运动技能学习时掌握的水平有高有低，通过在相互分析讨论中不断提高，从而满足一部分学生的成就感，解决少部分学生的心理障碍，加深学生之间的感情。

第三节　快乐体育教学模式的构建

一、快乐体育教学模式的解构

（一）快乐体育的定义

快乐体育教学是以运动为基本手段并采用适宜的教法，在发展学生身体的前提下，使学生得到理性的快乐体验，即以快乐心理体验为直接显性目标的体育教学。快乐体育教学思想的基本宗旨是把运动作为体育追求的目标而不仅仅是手段，把运动作为学生将来生活的内容来教给他们，让他们能够理解、享受掌握和创造运动，使运动文化成为自己生活内容中不可缺少的一部分，直至终生。也有学者认为，快乐体育既是一种以人本主义教育观为理论基础的体育教学指导思想，又是一个较为完整的教学方法论与教材理论的体育教学实践体系。快乐体育是一种先进的教育思想，既寓素质教育于其中，又保存了传统体育教育的精华。它的特殊性使其成为体育教育的指导思想，因此要让学生在体育运动中体验到参与、理解、掌握及创新运动的乐趣，从而激发学生参加运动的自觉性和主动性。

简言之，快乐体育就是寓教于乐，是指从情感教学入手，倡导以学生为主体，教师为主导，对学生进行以健全的身体教育和人格教育为目标的体育教育思想。其核心思想是如何采用各种有效措施使体育教学达到教师兴教，学生乐学的良好效果，最终使学生深刻体验到运动的意义和乐趣，为其形成终身体育思想埋下种子。

（二）快乐体育教学模式的定义及分类

1. 快乐体育教学模式的定义

20世纪90年代出现多种教学模式，但较少有人涉及体育教学模式概念，体现某种教学思想或规律的体育活动的策略和方式，它包括相对稳定的教学群体和教材、相对独特的教学过程和相应的教学方法体系。按照一定的体育教学理论或教学思想设计，具有相应结构和功能的体育教学理论或教学活动模型。它包括教学理论或教学指导思想、教学目标、教学条件、操作程序和师生组合五大要素。

2. 快乐体育情感教学模式

快乐体育应从情感教学入手，对学生进行以健全的身体教育和人格教育，要重视爱的教育、美的教育与各项运动所独具的乐趣，强调学习兴趣与创造学习。情感教学是学生身心培养的一种，这样从内心角度出发的方式，对教学具有一定的影响作用。情感教学模式不仅把运动和情感作为实现教学目标的手段，而且视为直接目的。在教学中，应注意体现以下几个特点。

（1）乐学性

在体育教学中渗透德育是体育教学的基本要求。快乐体育以"乐学"为支撑点，培养学生良好心理素质。心理素质包括目的、兴趣、情感、意志等全部非智力因素。

（2）趣味性

"授之以趣"，教师乐教，学生乐学。

（3）情境性

将体育教学活动置于一定的情境之中让体育学习变得亲切、自由和愉快。

（4）激励性

教学中一方面要"激情、激趣、激志"，激发学生主动学习精神，另一方面要"激疑、激思、激智"激发学生的心智活动以达成在快乐中求发展，在发展中求快乐的目标。

（5）实效性

近期目标是培养学生良好的学习习惯和乐学精神，提高教学质量的远期目标是面向终身体育，发展体育素质。

3. 快乐体育"三部分"的教学模式

快乐体育"三部分"是指准备部分、基本部分和结束部分。

（1）准备部分

不仅是帮助学生在生理上做好上体育课的准备，而是将主动权交给学生，让学生自由想象、敢于发挥、勇于创新。这样既给了学生一个表现自我的舞台，锻炼了学生的组织能力，同时又向学生提出了更高的要求，促使学生继续努力，养成良好的体育习惯。

（2）基本部分

由学生自由选择项目、自由编组、自主学习与锻炼，教师所要做的就是协助学生解决在练习过程中遇到的困难和问题。在教学中，教师根据学生选取的项目以及他们的认知水平、运动能力制定出各堂课的教学目标。学生围绕教学目标可以采用多形式的学练方法，同时通过集体智慧来解决学习过程中出现的各种问题。

（3）结束部分

不要让学生拘泥于传统的形式，只要是有益于身心放松的活动都可以采用，如游戏、欢快的集体舞、调整呼吸、意念放松或听上一段优美的音乐等，还可以想象把自己置身于优美的自然环境中。

（三）快乐体育教学模式的特点

1. 整体教学目标突出发展性

"以人为本"，即人的发展是快乐体育教学追求的终极目标与核心，致力于人的发展的体育教育才是真正的教育所需要的。发展就是要提升人的地位，显示人的价值，开发人的潜能，昭示人的个性。快乐体育的核心是在教师的引导下，通过有效的教学方法和手段，激发学生的学习兴趣和自觉性，充分调动学生学习的积极性，变"厌学"为"乐学"，"苦练"为"乐练"，"乐"于进取、向上，更有效地发展学生个性和培养体育能力，从而把体育的作用理解为要体现以学生为主体的教学发展观，致力于体育教学目标上的发展性教育。

快乐体育教学模式不仅推崇融知识、技能和观念态度于一体的完整的发展性教育，体现了体育教学的教育性原则，而且在教学过程中注重生存与发展的终身学习能力的教育，有利于形成个性化学习模式，避开了传统体育教学模式的不足，即与外部世界缺乏联系性，从"以人为本"的角度出发，将学生的发展置于社会文化教育的背景之中。

2. 强调学生为主体，教师为主导的教与学关系

在强调教与学的关系上，传统体育教育几乎完全忽视了学生的主体地位，只是过分强调教师的主体地位、主导作用，认为学生只是一个被动的接受教育的客体，一切只需要教师来安排，学生本身只需要完成教师布置的教学任务即可，忽视了学生的能动性，而快乐体育教学模式则把教学的中心从以教师为主转向以学生为主，实行以教师为主导与以学生为主体相结合的教学，即在发挥教师主导作用的同时，特别强调学生主体地位的体现，这样才能激发和维持学生的学习兴趣与动机，以充分发挥学生的学习积极性和潜能作为提高教学效果的重要手段。它强调通过体验个性化的教学，对学生进行因材施教，满足每一个学生的需要和能力，并帮助学生建立和完成切实可行的努力目标。

3. 强调教法的多样性和学法的实效性相结合的启发式教学方法

在教学方法上，要从以注入式的传统型教学为主转向启发式的创造性教学，实现教学方法的多样化和科学化，逐步做到从情感入手，以发展个性为重点，分层次递进，讲究授之有趣，注重引导发现，培养学生发现问题，解决问题的能力。启发式教学没有固定模式，主要是在教学过程中要调动学生学习的主体性，培养学生思维方法的能力，使学生通过再发现来进行教学。具体做法可以从实际出发灵活运用，不必限制于一些规章制度，只要学生身心能得到有效的锻炼，可根据学校现有的资源，比如体育器材和场地的状况，合理安排课程，最大限度地发挥学生自主学习、自主思考，这样才能更好地挖

掘他们思维的潜力。

4. 严密的课堂纪律与生动活泼的教学氛围相结合的教学组织

体育教学是一种涉及认识、情感等方面的人际交往过程，其教学过程有一个或几个体验运动乐趣的环节，这些环节相互连接，层层递进，使学生能体验到运动、学习、挑战、交流和创造的多种乐趣，建立一种协调、互信、融洽的师生关系和生生关系。在教学组织上，我们应该努力形成严肃而不沉闷，活跃而不杂乱的理想环境。因此，课堂教学应该强调多向联系，加强师生之间、同学之间的纵横向交流，强调非模式化生动活泼而又轻松的课堂氛围，明确教师的主导作用，指导学生参加课堂的组织和管理，给予学生充分的自由空间，充分发挥其主体作用，使课堂在教学目标的要求下，使学生愉快轻松地度过。

二、体育游戏

(一) 体育游戏理论概念的界定

要更加准确地对游戏理论概念进行界定，首先应该了解"理论"是什么，有资料认为理论是概念、原理的体系，所以"理论"可以界定为一种能解释某种现象的具有逻辑关系的肯定陈述，它是一定的科学概念、概念间的关系及其论证所组成的知识体系。科学理论是对客观事物的本质和规律的概括性说明，是经过某些实践检验而被验证的假说，所以它是相对真理。科学研究的目的在于探索科学的理论，以认识事物的本质、规律，并用科学理论解释、预测和控制事物现象的变化和发展。所以"体育游戏理论"是关于体育游戏现象的本质和规律的概括性说明，是体育游戏的科学概念、概念间的关系及其论证所组成的体育游戏知识体系。

(二) 体育游戏的内涵

体育游戏作为一种社会现象，是随着人类社会的产生和发展而出现和演进的。在人类社会漫长的历史中，体育游戏经历了一个由萌生、发展到不断完善的过程。何谓体育游戏？有学者提出它是游戏的一种，是以身体练习为基本手段，以增强体质、娱乐身心、陶冶性情为目的的一种现代游戏方法，它是按一定目的和规则进行的一种有组织的体育活动，也是一种有意识的、有创造性和主动性的活动，其基本特征是大众性、普及性和娱乐性。也有资料指明体育游戏是以游戏为活动形式，以身体练习为基本内容，以促进德、智、体全面发展为目的，按照一定规则进行，具有浓厚娱乐气息的身体练习和思维练习方法的一种特殊的体育运动。它对人体基本动作的形成、增强人体能力和智力、陶冶情操、培养锻炼兴趣都起着积极作用。

综合以上对"游戏"和"体育"含义的理解，可以明确体育游戏的定义，即体育游戏是按一定目的和规则进行的一种有组织的，以身体练习为基本手段，促进人身心的全面发展为目的的，是体力活动和智力活动相结合、富有浓厚娱乐气息和鲜明教育意义的自主活动。由于体育游戏理论是游戏理论的一个分支理论，所以其具有完整的、有逻辑的游戏知识体系。

(三) 体育游戏的特征

体育游戏是在体育运动的基础上，综合人体的跑、跳、投等基本生活与劳动技能及各种体育基本形式，创编出多种形体动作，是按一定目的和规则进行的一种有组织的体育活动，也是一种有意识的创造性的和主动性的活动。任何一种体育游戏总是具有一定的目的，或是为了传授生活和劳动的技能，或是为了发展游戏者的体力和智力，或是为了娱乐。由于体育游戏是人类有意识的活动，因而在游戏活动的过程中，人们可以创造性地发展游戏的内容，制定游戏的规则，传授游戏的经验，以及不断地创造出新的游戏。第二信号系统在这个过程中起着重要的作用。从这个意义上来讲，只有人类才有游戏。动物虽也有一些类似游戏的嬉戏，但那只是无意识的本能活动，与人的游戏有着本质的区别。

体育游戏的另一特点是有虚构和假想成分及非生产性。在游戏活动中，人们可以扮演各种不同的社会角色，这些角色可以与个人在现实生活的角色毫无联系，人们在游戏中能摆脱现实生活中的忧愁和烦恼，在带有一定情节性的身体活动中使身心得到发展。体育游戏具有竞赛的因素和一定的情节，这就增加了它的趣味性和吸引力。同时，游戏总是受一定规则和要求的制约，规则本身有一定的教育意义，可以调节游戏者之间的关系，是游戏得到公正、安全、顺利进行的保证，有助于游戏的发展。它具有趣味性、教育性、竞争性等特点。

1. 趣味性

辞源中说游戏乃"玩物适情之事也"，即游戏是有趣的玩类的事情，它能使人在精神上得到某种欢娱，能满足人们对娱乐的需求。尽管它不能直接创造物质财富，但还是能吸引各种不同的对象主动参加。不管何种类型的游戏，组织参与游戏活动首先是有趣好玩，从中得到欢乐。体育游戏也是如此，所以趣味性是体育游戏的第一大特征。如果没有趣味性，则不能称之为体育游戏，而只能称之为体育练习或身体练习。

2. 竞争性

体育游戏大多都具有以个人或集体取胜为目的的竞争性特征。通常以游戏完成的数量、质量、速度为判别胜负的依据。因此，它充分体现游戏参与者体力、智力上的竞争特点，通过游戏活动可提高参加游戏者的身体活动能力、思维能力、应变能力、创造能力，并在游戏中培养学生团结互助的集体主义精神，使参与者在竞争中达到精神上的满足。

(四) 体育游戏的功能

1. 体育游戏可以增强教学过程的娱乐性，提高学生学习的积极性

所谓"寓教于乐"，是学习动机建立在以需要和兴趣的基础上的，对有兴趣、娱乐性的教学内容，参与者会主动去追寻和掌握，学生也一样。体育游戏活动拥有游戏的基本属性——趣味性，这一特征能使他们产生积极的情感体验，这种情感体验可以影响

他们对渗透在游戏中的学习内容产生兴趣，从而引导学生向认识兴趣态度转化，认识兴趣又可引起学习兴趣和需要，两者在游戏活动中互相促进、相互发展，最终提高学生学习的积极性。

体育游戏可以增强学生体质，提高健康水平。体育游戏是游戏的一部分，同时也归属于体育运动，主要包括促进身体一般发展的活动性游戏和与各种专项运动密切相关的专门性游戏两种，各种运动项目都以肢体活动为手段，活动的内容与形式又是预先设计的，根据运动生理学原理，科学合理地安排体育游戏活动量和强度，对提高身体素质，提高健康水平有积极作用。

2. 体育游戏可以促进学生认知水平的发展

体育游戏是在轻松愉快、生动活泼的情境中进行一种复杂的条件反射过程，它取决于大脑皮层对内、外感受器所产生的各种信号的分析能力。在游戏中，不仅需要学生具有较强的观察力、记忆力和判断力，而且要求学生的视、听、触、平衡、时间、空间等感觉灵敏，还需要一定的认识问题、分析问题的能力，从而为学生的智力发展提供途径。

3. 体育游戏可以促进学生个性社会化的形成

体育教学中的个性，是指学生在体育活动中经常表现出来的比较稳定的带有一定倾向性的个体心理特征。在体育教学中发展学生的个性，一般是指发展学生的个体心理特征。而体育游戏的优势主要体现在以下两点：一是在游戏中，学生不受任何压抑，完全沉浸在欢乐中，在情趣盎然中性格变得开朗、活泼、大方，个性发展得到充分体现；二是体育游戏大多是集体活动，学生在游戏活动中都要扮演一定角色，承担一定的责任与义务，这与人际交往中应遵循的道德规范，对学生的行为品德是一种制约，又是一种引导，它是一种加速青少年社会化发展的有效途径。传统的学校体育理论认为，体育教学的主要目标是追求运动技能的规范，提高和增强体力，这样教育出来的儿童、少年都是成人化动作、成人化理论、成人化思想。而促进学生个性的和谐发展是快乐体育思想的根本精神所在。快乐体育与学生的个性发展存在着辩证关系：一方面是学生的个性倾向性和个性发展水平可以在运动项目的选择及参与运动项目的积极性和主动性上充分表现出来；另一方面快乐体育过程又能促进学生个性的和谐发展，帮助学生更深地挖掘从事运动项目的潜力和参与运动的乐趣。这两方面相辅相成，在增强学生体质的基础上，促进所有学生在智力、心理素质、美育和能力诸方面都得到发展。在快乐体育的思想指导下，培养学生的独立性、自主性、创造性，以及热爱美、鉴赏美、表现美的情感和能力，丰富精神生活，促进学生个性的全面发展。

（五）体育游戏在体育教学中的价值

1. 促进学生身心的全面发展

游戏是自由的，在游戏中学生可以达到忘我的程度，全部身心融入其中，体验着自由、挑战、胜任带来的愉快，展示着生命的活力与价值，完全没必要考虑练习失败被人耻笑的滋味和被老师训斥。在游戏中学生与客体、他人、环境相互作用，借助于不断发展的、语言的中介，自由地进行各种模仿、操作与探索，满足着他们探求外部世界的好奇心与求知欲。因此可以说，游戏也是学生发展的动力，是学生获取社会经验的一种独特方式。在游戏中，学生要与同伴交流、协作，共同完成游戏，并严格遵守游戏规则，不断解除活动的自我中心，学会公正的评价伙伴和自己的行为举止，逐步形成对于周围环境的态度，逐渐建立了友谊、公正、负责的观念。

2. 促进学生创新精神和能力的萌发

游戏是一种自主、自由、能动、充满想象的主题性活动，游戏的这些品性正是创新意识、潜能得以滋生的土壤。如古代的"蹴鞠"就成为当今风靡世界的足球运动。在游戏特别是假象游戏之中，学生的想象可以上天入地、无所不至，在这一游戏氛围中，易于在一些客体与观念之间形成一些独特的关系和联想，一旦遇到日后现实可能性的催生，就会有所创新。诸多体育项目如篮球、跨栏、武术等都来源于生活中的游戏，同样体育教学也可以恢复它的本来面目。

归纳和概括以上游戏方面的内容，体育游戏是按一定目的和规则进行的一种有组织的、以身体练习为基本手段，促进人身心的全面发展为目的，是体力活动和智力活动相结合、富有浓厚娱乐气息和鲜明教育意义的自主活动。体育游戏的特征和功能体现了其在体育教学中的价值，符合"快乐体育教学模式"的要求，这为从体育游戏的角度去研究"快乐体育教学模式"提供了可能，也为重建"快乐体育教学模式"提供了一个新的思路。

第八章 高校体育教学的改革

第一节 高校体育教学中多媒体技术的应用

一、多媒体教学技术的特征

（一）多媒体教学技术的多维性特征

所谓的多媒体技术的多维性特征，主要指的是多媒体教学技术所拥有的对信息范围进行处理的扩展与扩大空间的能力，而此种多维性职能能够变换、加工、创作输入的信息，使其输出信息的表现能力得到增强；其显示效果得到丰富。例如，在高校体育教学开展的过程中，利用多媒体系统进行辅助，不仅能够保证学生对文本知识的学习，使其对静止图片进行观察，而且在多媒体技术的支持下，学生能够清楚地观察、了解体育教师的动作演示，使高校体育教学的效果得到加强。

（二）多媒体教学技术的集成性特征

所谓的多媒体技术的集成性特征，主要指的是多媒体技术能够将不同类别的多种媒体信息有机地进行同步组合，例如，声音、文字、图像，等等，进而促进多媒体完整信息的相册。此外，集成性还存在另外一层含义，指的是对这些多媒体信息进行处理的工具或者设备的集成，包含视频设备、储存系统、音响设备、计算机系统等的继承，总之，指的是在提供的各种设备上将各种媒体紧密地进行关联,使文字、声音、图片与音像的处理实现一体化。

(三) 多媒体教学技术的交互性特征

所谓的多媒体教学技术的交互性特征,主要指的是人和人之间、人和机器之间、机器和机器之间的交互活动,也就是人和机器进行对话的能力、使用者同机器之间进行沟通的能力。这也是多媒体计算机系统不同于传统音响、电视机等家电设备的地方。根据实际需要,人们能够选择、控制、检索多媒体系统,同时,还能够参与到播放多媒体信息与组织多媒体节目的行列中。传统的只能对编排好的节目被动接收的电视机形式已经被打破。

(四) 多媒体教学技术的数字化特征

所谓的多媒体教学技术的数字化特征,主要是指在多媒体计算机系统中,各种各样的媒体信息都是以数字的形式在计算机中存放,并得到处理。多媒体技术是在数字化处理的前提下被建立的,例如,以矢量方式储存与处理的图形、以点阵方式储存与处理的图像、以数字编码方式储存与处理的音频和视频。在数字化技术发展的背景下,多媒体教学技术得到了广泛的传播与发展。

除上述的四种主要特征,多媒体教学技术还有其他的一些特征存在,通常来讲,还拥有分布性、综合性与实时性等特征。所谓的实时性特征,主要指的是对于同时间相关的心理,如声音与视频信号等的处理,还有人机的交互显示、操作与检索等都存在实施完成的要求。所谓的分布性特征,主要指的是基于多媒体数据多样性的存在,在不同的时间与空间都会存在它的素材,并且在不同的领域中,它也得到了广泛应用。所以,对于多媒体产品的开发,在离不开计算机专业人才参与的同时,更加需要的是听、视专业的人才。而多媒体计算机系统的存在具有比较明显的综合性,它不仅能够综合集成各种媒体设备,同时还能够综合提成各种信息,使他们成为整体,促进综合效应的产生,不再是单兵作战,而是文字、图片、声音与音像的有机组合。

二、多媒体在高校体育教学中的应用优势

(一) 多媒体技术使高校体育教学观念得到了更新

高校体育教学的传统教学模式是以教师的教作为重心,在体育教学应用多媒体技术,能够使此种传统高校体育教学模式发生改变。体育教师在进行授课的过程中,对现代化的多媒体教学手段进行了应用,同时还需要人机交互活动与学生间交流活动的开展,使学生的体育参与意识得到激发,将体育多媒体教学的教学思想进行了展现,即以学生的"学"作为重心。这些都能够极大地促进高校体育教学方法的实践性与多样性变革,改变学生体育知识与体育技能的学习思路与方式。

（二）多媒体教室使高校体育教学的质量得到提高

在体育课程的传统教学活动中，教师主要应用的教学方式是讲授为主、挂图等展示方式为辅。在实践课中则需要体育教师进行讲解与示范，在主观条件与客观条件的约束下，很难做到完全规范、标准的技术动作示范，在较短的时间内，学生们正确的动作概念也很难形成，只有体育教师才能够反馈出学生的体育学习状况，而这样的高校体育教学效果也是可想而知的。

多媒体高校体育教学的实施使上述的状况得到改变，在文字与图片的辅助下，体育课程的抽象概念得以具体化、形象化，而通过计算机，就能够对难度较高的体育技术动作进行模拟演示。而在对速度较快、结构复杂的技术动作进行讲解与示范的过程中，取得的效果则将会更加的明显。在多媒体技术的支持下，通过慢动作使学生对这一系列动作进行清晰的感知，从而促进相关体育概念的形成与动作要领的掌握，方便进行模仿与掌握，使高校体育教学的效率与效果得到极大的提高。

（三）多媒体技术使学生的体育学习效果得到提高

多媒体技术能够使人的视觉、听觉等多种感官系统得到刺激，促进大脑不同功能区域交替活动的开展，促进体育学习内容生动化、形象化的发展，增强高校体育教学活动的趣味性与直观性，方便学生对体育技术动作的理解。多媒体技术对字体、色彩、图表、音乐、动画和闪烁等多种表现手段进行了综合利用，保证"声图并茂""有声有色"，使高校体育教学内容的艺术表现力与强烈的感染力得到增强，高校体育教学的课堂氛围得到活跃，特别是多媒体高校体育教学资料中对肢体和谐美、力量美与技艺美的体现，使高校学生对体育的功效与个性的社会价值获得真正的认识，促使他们的求知欲与体育学习的热情得到激发，进而使学生的体育学习兴趣与体育课堂教学的质量得到有效提高。

三、多媒体 CAI 在高校体育教学中的应用

（一）目前我国 CAI 的发展现状

目前，CAI 正迎来了一个多媒体大面积教学的时代，CAI 即使用先进的计算机技术、多媒体技术、网络技术、通信技术和设备来辅助教学，"让最好的教师面向最广大的学生"。所以，保证 CAI 课件大数量、高质量的发展具有十分深远的意义。

（二）多媒体 CAI 的发展趋势

对于近年来，在 CAI 中多媒体技术的应用情况进行综合分析，可以得知多媒体 CAI 的应用存在三个方面的发展趋势，具体内容如下。

1. 呈现网络化的发展方向

计算机技术的不断发展，尤其是网络技术的迅猛发展，使人们的生活方式与工作方式得到很大的改变。网络技术的发展需要多媒体技术的支持，而多媒体技术需要在网络

中得到应用，进而使网络的表现力得到了增强。在网络中应用 CAI 课件，能够保证"最好的教师面向最广大的学生"，进而使多媒体 CAI 的群体教学模式得以实现。

2. 呈现智能化的发展方向

从功能上来讲，多媒体教学软件与只能教学辅助系统之间存在着互补的关系，如果能够将二者进行结合，那么就能够在规避短处的同时而发扬长处，进而使性能较高的新一代多媒体 CAI 系统得以顺势而生。如果想要使多媒体 CAI 具备一定智能性的问题得以实现，那么就不仅需要同人工智能领域的知识表达与知识推理紧密联系在一起，同时还需要对学生模型的建构问题进行考虑。在人工智能领域的知识表达与知识推理问题上，需要探求出一种能够与多媒体环境相适应新型的知识表达方式及与之相对应的推理机制。

除此以外，还能够尽可能地应用方法保证多媒体知识库中导航功能的智能化发展。智能化导航在具备一般导航功能的同时，还能够按照当前学生的知识水平，对学生最合适的下一步路径进行及时的建议，如果学生碰到了困难，就要对学生进行帮助，等等。

3. 呈现虚拟现实的发展方向

虚拟现实的英文全称是"Virtual Reality"，简称 VR，属于交互的一种人工世界，需要多媒体技术同仿真技术的有机结合，在此种人工交互的情境中对一种身临其境的感觉进行创造。通常来讲，如果想要融入虚拟现实的环境中，那么就需要佩戴一个特殊的头盔与一副特定手套。

在高校体育教学中应用 VR 技术，具有十分令人鼓舞的前景，例如，我们可以对一个"虚拟物理实验室"的系统进行建造，这种系统能够帮助学生开展各种各样的虚拟实验，如万有引力定量实验等，进而深入地了解物理的概念与规律。

（三）同传统的高校体育教学方法相比，多媒体 CAI 具有的优势分析

在高校体育教学课堂教学活动开展的过程中，由于高校体育教学内容与高校体育教学任务方面存在着一定的需求，因此，多媒体 CAI 能够科学地、合理地对现代化教学媒体进行选择，并进行应用。而信息的全方位传递需要人体的多种感官，同时对于媒体组合开展的系统教学能够进行反馈与调控，在高校体育教学课堂教学开展的过程中，保证它的存在是始终有效的，从而实现高校体育教学过程的优化。

多媒体 CAI 高校体育教学同传统的高校体育教学活动相比，存在的优点有以下几种。

1. 体育教师在指导学生体育学习活动的过程中对其系统进行利用

在现代化高校体育教学中，计算机能够对大量的教学相关信息进行承载，能够按照高校体育教学的实际需要，开展人机对话，并且能够对各种各样的高校体育教学活动随意地调用、开展。

2. 可帮助学生对动作概念尽快地建立

如果能够将多媒体 CAI 应用在体育课堂教学过程中，就能够促进力量教学效果的获得。例如，体育教师在对足球理论课进行教授的时候，提到"越位"这一概念的时候，

大部分学生对此概念均能够很好地理解，然而，在具体的实践中却不能较好掌握。在进行表达的过程中，体育教师可以对画图的形式进行利用，同时，还能够对声像资料进行应用，对于足球比赛活动中一些典型的与不典型的"越位"镜头编辑在一起，从各个角度出发，向学生及时展示什么是"越位"，同时还要将经过反复多次推敲的解说词列入其中，使学生的各个感官得到调动，从理性上与感性上使学生对这一概念进行理解。

3. 学生可用其对自我学习、自我测验与自我评价直接地开展

对于多媒体高校体育教学的使用方法，由体育教师向学生传授，保证学生的体育学习活动，不仅能够在课堂上进行，还能够在课堂教学结束后开展，即复习或自学。

4. 向学生及时、准确地反馈其学习进程，使体育学习效率得到提高

在传统的高校体育教学过程中，教师在对跳远动作进行教学的时候，会对学生做出的不规范腾空动作或者是没有达到规定标准的动作进行指出，但是有时候学生可能并没有意识到错误的动作，因此导致教师和学生之间出现了沟通障碍，需要注意的是，如果想要消除掉此种掌握，就需要在体育教师的悉心指导下，学生对某一种动作一遍一遍地不断重复，并且在不断地重复练习中，对动作的要领不断体会。如果是在学生需要改进某一个成型动作或者使自身运动成绩得到提高的时候，就可能会导致学生具有较低的训练水平与较慢的成绩提高。如果体育教师对每一次学生做的跳跃动作进行录制，先进行慢动作处理，再组织学生进行观看，使学生对于存在的问题能够及时地发现，并予以纠正。还可以利用计算机的处理作用，将一些优秀学生所做的这一动作进行事先的录制，再将两者开展对比，就能够很明显地得出两者之间存在的区别。此外，这套编制的多媒体 CAI 在专业运动员的训练中也同样适用。

5. 使学生的体育学习兴趣提高

在传统高校体育教学活动开展的过程中，鉴于单调高校体育教学形式与落后高校体育教学手段的存在，使学生由于学习过程反复、辛苦、无聊而产生的不能积极应对学习的心理状态，但想要调整过来是不容易的，此外，多媒体 CAI 具有的形式是新颖的、变化多样的，能够对学生良好的心理状态进行调节，同时还能够有效刺激学生自身的求知欲，从而使学生的体育学习效率得到一定的提升。

综上所述，多媒体 CAI 能够刺激学生的各种感官，对知识或信息进行最大限度地吸收。多媒体 CAI 在高校体育教学中的应用，促进了高校体育教学软件多媒体化的发展，能够使学生心理上的不同要求得到更好的满足。它能够将信息编码成图像，经过同步识别以后，保证高校体育教学文件的声图并茂，绘声绘色，且清晰、便于理解，使学生更加容易接受。

（四）体育多媒体 CAI 课件设计

体育课件的结构主要包含两个主要部分，即原理教学模式与训练教学模式。而对于体育多媒体 CAI 课件而言，总体的结构组成是高校体育教学内容与高校体育教学目标，其主要目标是使学生对体育基础知识和基本技术、技能进行掌握，使学生的身体素质得

到增强，使学生的良好思想品德得到培养，促进学生观察能力与模仿能力的提高。

1. 体育多媒体 CAI 课件设计步骤

体育多媒体 CAI 在设计的过程中，主要包含四个主要步骤，具体内容如下。

（1）体育多媒体 CAI 课件设计的第一阶段

在体育多媒体 CAI 课件进行设计的第一阶段，首先要对题目进行确定，之所以对题目进行确定，其目的在于对课件设计所依据的规范进行了解。

（2）体育多媒体 CAI 课件设计的第二阶段

在体育多媒体 CAI 课件设计的第二阶段，要对脚本进行撰写。撰写脚本的目的是对高校体育教学的内容进行安排。主要是由具有丰富教学经验的高校体育教学或者作者来负责撰写。

（3）体育多媒体 CAI 课件设计的第三阶段

在体育多媒体 CAI 课件设计的第三阶段，需要编制软件，在前两个阶段中还只是纸上谈兵，但是在这个阶段，不再是字面上的，而是课件的实际材料。在这一过程中需要做的工作有三项，即①通过对多媒体编辑工具的利用，对多媒体数据进行准确分析；②通过多媒体的著作工具对多媒体课件进行制作；③对相关的程序进行编制。

（4）体育多媒体 CAI 课件设计的第四阶段

在体育多媒体 CAI 课件设计的第四阶段，需要测试、检验。当完成了体育多媒体 CAI 课件的开发、设计工作以后，就需要进行测试、检验。其主要目的在于对体育多媒体 CAI 课件的运行情况进行测试，从而对课件能否达到规定的目标进行测验。

2. 体育多媒体 CAI 课件的选题原则

我们都需要承认的是体育多媒体 CAI 课件具有的特点与优势是非常强大的，然而，有时候也会有相对的不足与局限存在，因此，在完成全部教学任务进行的过程中，不能对体育多媒体 CAI 课件过分依赖，还应该对高校体育教学目标、高校体育教学条件、高校体育教学资源与高校体育教学内容进行考虑，保证选择的最优化，并精心设计。更是要同其他教学媒体紧密联系在一起，组合应用，才能扬长避短，使更加高效的教学系统得以构成。

我们首先要对体育多媒体 CAI 课件设计的价值进行考虑，即这堂课是否必须使用课件。如果传统的教学方式就能够使良好的教学效果得以达成，就没有必要花费大量的精力去对体育多媒体 CAI 课件进行制作。所以，在对体育多媒体 CAI 课件的内容进行确定的时候，通常会很难使用语言对高校体育教学过程中的难点与重点进行清晰的表达，在这样的情况下，对于体育多媒体课件的形式进行使用是比较合适的。之所以这样，主要原因是对于体育多媒体课件而言，自身具备较为丰富的功能，能够将声音、视频、动画、效果汇集在一起，能够更贴切地模拟自然、表现自然，或者是在实验条件的支持下，通过局部放大、旋转与重复等多种方式进行展现，从而有效地突破高校体育教学的重点与难点。基于模拟训练的目标而言，特别是初级训练更是比较适宜对多媒体形式进行应用。体育多媒体具有比较强大的模拟功能，能够有效地实施高校体育教学中的各种模拟技能训练。例如，对于一些进展比较困难的危险实验进行替代，高校体育教学过程中学生的实际操作，周期较长或者代价较高的实验，但是，需要注意的是，在选择高校体育教学内容的时候，应该选择那些不存在演示实验或者是演示实验不容易做的教学内容，并且进行使用。

3. 体育多媒体 CAI 课件的设计原则

（1）体育多媒体 CAI 课件设计的结构化分析原则

在体育多媒体 CAI 课件进行设计的过程中，应该对结构化分析原则进行遵循，而我们这里所说的结构化分析原则，主要是指设计体育多媒体课件的时候应用系统分析的方法，按照结构要素组成对事物进行依次的分解，等到对于所有的要素都能够清楚地进行理解与表现的时候，就能够停止事物的分解了。基于结构化分析原则下的体育多媒体 CAI 课件，能够将高校体育教学的内容进行层次清楚地表达，纲举目张，不管是从系统宏观来讲，还是对于局部细节而言，所做的认识都是非常详尽的，因此，对于体育多媒体 CAI 课件中框架的展开与学科内容的设计都能够起到一定的促进作用。

（2）体育多媒体 CAI 课件设计的模块化设计原则

所谓的体育多媒体 CAI 课件设计的模块化分析原则，主要只是按照结构化分析的框架图指示，将相同或相近的部分设计成模块，使其相对独立，用模块图表示出单一功能模块的组成的结构，由此对课件系统及与之相应的功能结构进行确定，进而为结构化编程创造良好条件。

诸多实践证明，体育多媒体 CAI 课件的模块化设计不仅减轻了繁杂的内容编程的负担，还可保证课件的风格统一、制作程序化。

（3）体育多媒体 CAI 课件设计的个别化教学原则

在对高校体育教学内容进行选择与组织的时候，应该具有广泛的适应性，应该保证某一层次的所有学生都能够适用。同时，根据学生不同能力的差异，对相应的高校体育教学程序和对策进行设计。例如，学生能够对自己学习内容的深度和广度进行控制，并对自己的学习进度进行确定。

（4）体育多媒体 CAI 课件设计的反馈和激励原则

体育多媒体 CAI 课件应该对于每一个学生做出的反应都能够将与之相对应的信息不论时间、地方地进行反馈。在体育多媒体 CAI 课件中，要保证友好的交互界面，充分调动学生体育学习的积极性，使学生始终处在良好的学习状态中，同时，还要及时地、有效地强化高校体育教学的效果，使及时正向激励的作用得到有效的发挥。

（5）体育多媒体 CAI 课件设计的贯彻教学设计原则

对于体育多媒体 CAI 课件的设计而言，其理论与方法在将体育课堂教学呈现包含在内的同时，也存在体育多媒体 CAI 课件进行设计的方法与原则。在对高校体育教学的结构与内容进行设计的过程中，体育教师不能单纯地依靠传统的方法与经验对高校体育教学结构与内容进行设计，同时，还要适当地使用系统的技术和方法，进而对高校体育教学目标的设计与分析，以及高校体育教学的诊断工作进行实施。

4. 设计体育多媒体 CAI 课件的具体方法

体育教师在开始制作体育多媒体 CAI 课件之前，应该对课件设计工作的重要性进行明确。现阶段，有一些体育教师不能够把握住体育多媒体课件的精髓所在，只是一味地去追求最新的科学技术，一不小心就将体育多媒体课件的性质进行了改变，使之成为了多媒体成果展示，这样是不正确的。之所以出现这样的结果，主要是因为，没有对高校体育教学中体育多媒体课件起到的作用进行明确，需要注意的是，在高校体育教学过程中，体育多媒体课件发挥的作用不是主要的，而只是辅助性的。在体育课堂教学开展的过程中，教师仍然发挥着主导作用。只有将体育多媒体 CAI 课件的设计工作做好，才能够制作出更多优秀的课件。所以，在设计体育多媒体 CAI 课件的过程中，可以考虑从以下三个方面进行考虑。

（1）从体育多媒体 CAI 课件的可教性考虑

对体育多媒体 CAI 课件进行制作的主要目的是使体育课堂教学的结构得到优化、体育课堂教学的效率得到提升，在保证促进体育教师教的同时，还要促进学生的学。所以，在设计体育多媒体 CAI 课件之前，我们应当对其存在的教学价值进行优先考虑，也就是说，对于这堂课是不是有必要对体育多媒体 CAI 课件进行使用进行考虑。通常来讲，如果仅仅使用传统的高校体育教学方式就能够使良好的高校体育教学效果得以实现，那么花费大量的精力对体育多媒体 CAI 课件进行设计就没有必要。所以，在对体育多媒体 CAI 课件的内容进行制作以前，应该尽可能地对那些不存在演示实验，或者是演示实验不容易做的高校体育教学内容进行选择、应用。

（2）从体育多媒体 CAI 课件的易用性考虑

对于体育多媒体 CAI 课件而言，应该能够清楚地表达出高校体育教学的目标、高校体育教学的步骤与高校体育教学的具体操作方法，同时，有一点需要注意的是，即在同本机脱离的情况下，在其他的计算机环境中，体育多媒体 CAI 课件也能够运行成功，因此，需要对以下几个方面的具体内容进行注意。

①体育多媒体 CAI 课件应该便于安装，且能够随意拷贝到其他硬盘上使用

首先，体育多媒体 CAI 课件应该保证启动比较快速，避免体育教师和学生焦急等待的情况出现。其次，体育多媒体 CAI 课件应该尽可能占据较小的容量，需要注意的是，对于体育多媒体 CAI 课件越大越好的错误观念必须更正，伴随网络技术的日新月异，体育多媒体 CAI 课件的运行在网络环境下最好操作。

②体育多媒体 CAI 课件应该具备友好的操作界面

对于体育多媒体 CAI 课件而言，其操作界面应该包含一些具有明确意义的按钮和图片，同时还要能够通过鼠标进行操作，对于一些特殊的情况要避免，例如，键盘操作复杂等。此外，应该合理设置体育多媒体 CAI 课件各个内容部分间的转移，保证方便地操作跳跃、向前与向后等步骤。

③体育多媒体 CAI 课件的运行要保证一定的稳定性

对于体育多媒体 CAI 课件而言，在其运行过程中应该保证一定稳定性的存在，如

果体育教师在执行体育多媒体 CAI 课件时做出了错误操作，那么就十分容易产生退出的情况，也会出现计算机重新启动的情况。因此，在体育多媒体 CAI 课件具体的操作过程中，体育教师应该尽可能地使死机的情况减少，甚至不出现，以保证体育多媒体 CAI 课件运行过程中的稳定性。

④体育多媒体 CAI 课件要保证及时进行交互应答

在体育多媒体 CAI 课件运行过程中，应该保证及时地进行交互应答。而不能将体育多媒体 CAI 课件等同于电影。同时，体育教师应该高度重视学生的学，使学生学习的过程是循序渐进的，为学生留出更多的思考余地。

（3）从体育多媒体 CAI 课件的艺术性进行考虑

对于一个体育多媒体 CAI 课件而言，它的演示在保证良好高校体育教学效果的同时，还应该是令人愉悦的，只有这样才能够将美的享受提供给体育教师与学生。如果上述的两项因素都能够得以保证，那么就表示这样的体育多媒体 CAI 课件存在着较强的艺术性特征，完美地融合了优秀的内容和优美的形式，值得我们注意的是，想要实现这两个目标一点也不容易。想要实现这些内容，体育教师不仅应该具备一定的美术基础，还要有一定的审美水平。所以，如果在这一方面存在过高的要求，是很难顺利实现的。

体育多媒体 CAI 课件的艺术性特征主要的表现是：具有柔和色彩的操作界面，科学合理地进行搭配，画面应该同学生的视觉与心理产生共鸣；为了能够保证将更加逼真的图像呈现出来，可以考虑使用 3D 效果；对于画面的流畅性要做出保证，避免停顿、跳跃的现象出现，需要注意的是，体育多媒体 CAI 课件画面中最多只能存在两个运动对象；此外，不仅要存在优美的音乐，还必须通过适宜的配音进行辅助。

5. 体育多媒体课件创作工具的选择

（1）在体育多媒体课件的创作过程中，选择体育多媒体创作工具的基本原则

在体育多媒体课件创作的过程中，所选的创作多媒体工具，其主要用途是当用户编排、制作各种各样的节目时能够起到一定的促进作用，多媒体的创作工具在向用户提供的过程中，通常是交互的设计环境与通俗、易懂的高级编著语言，如此一来能够为用户编制各种内容提供便利。如果在体育多媒体 CAI 课件设计过程中，恰当地选择多媒体创作工作，那么就能够保证体育多媒体 CAI 课件的效用得到最大限度的发挥。

（2）体育多媒体课件创作工具简介

在体育多媒体教学课件创作的过程中，选择体育多媒体创作工具的时候必须对其存在的功能进行了解。通常来讲，体育多媒体课件创作工具具备的功能有很多，例如，①为体育多媒体的编程营造良好氛围；②多媒体数据管理功能；③超文本功能；④超媒体功能；⑤对于体育多媒体数据的输入和输出都能够有效的支持；⑥连接各种各样应用的功能；⑦友好的用户界面；⑧制作、编排动作的功能。

在体育多媒体教学课件创作的过程中，如果体育多媒体的创作工具存在于不同的界面中，那么就会同样存在不同的创作特点与创作风格，同时，每一种都会存在其各自的不同优点与缺点。但是，如何对这些界面不同的创作工具进行选择，主要依据是个人的

偏爱与需要完成的创作任务。例如，如果仅仅是对学术会议的报告与研究生答辩内容进行制作，那么就不需要通过更加复杂的编程软件来完成制作，只需要对幻灯创作工具进行选择、使用就可以了。但是，有一点需要说明的是，如果想要针对某一个领域中的教育教学软件进行制作，以便于更好地辅助个别化教育训练的开展，或者是在实际操作的练习中使用，那么就应该选择具有较强交互性的多媒体创作工具。

四、基于 Web 的体育多媒体网络课件的教学设计

（一）体育多媒体网络课件设计特点

基于 Web 的体育多媒体网络课件的设计，主要对高校体育教学过程中学生的中心地位进行了强调。在主动获取知识的环境下，教师和学生的地位、作用与传统教学方式相比已发生了很大的变化，相应地，教学设计理论与传统教学相比也出现了差异之处。因此，就需要围绕以学生为中心、强调教师与学生充分交互这一原则对体育多媒体网络课件进行设计，保证能够将对网络教学特点进行体现的软件被设计出来。

1. 对于"以学生为中心"的思想进行强调

在体育多媒体网络学习的过程中，应该使学生自身的主体性作用得到有效的发展，将高校体育教学课内与课外相结合、体育锻炼活动自觉参与的精神得到展示。应该保证学生能够在自身联系反馈信息的支持下，形成高校体育教学理论与方法的独到见解。

2. 对于情境在获取知识中的重要性进行强调，对于高校体育教学信息的接受与传递不等同于知识建构的问题进行强调

在体育课程认知构建的实际情境中，能够开展一系列的学习相关活动，能够促进现有认知结构中的一些相关经验能够被学习者有效地利用，使他们对于现阶段所学的体育课程教学的新知识可以更好地固化、索引，进而将某种特殊的意义赋予到新的高校体育教学知识中。因此，在对体育学习情境进行构造的过程中，必须强调知识点与知识点间的结构关系，注意不能只是简单地罗列高校体育教学内容。

3. 对于协作学习在获取知识方面发挥的重要作用进行强调

在体育多媒体网络课件进行设计的过程中，对于学习者与周围环境之间存在的交互作用，还有网络环境能够强化协作学习环境的作用能够得到充分的、有效的发挥，这对于学习者充分理解高校体育教学内容有着非常重要的作用。

4. 对于学习环境的设计进行强调

我们这里所说的学习环境，通常指的是学习者能够自由地进行学习与探索的场所。在学习环境中，学生为了能够使自身的学习目标得到顺利实现，需要充分地利用各种信息资源与工具。基于 Web 的体育多媒体网络课件的设计，从以学生为中心思想的指引下，并不是从高校体育教学环境进行设计，而是针对学习环境展开一系列的设计。这样做的缘由，是更多的控制与支配产生于教学过程中，而更多的主动与自由则是会产生于学习过程中。

5. 对于学习过程中各种各样信息资源的有效利用进行强调

在体育多媒体网络学习开展的过程中，为了能够有效促进学习者对知识的主动获取与探索，需要将更多有效的各类信息资源提供给学习者，与此同时，使学生自主学习活动与协作式探索的顺利开展得到促进，对于这些媒体与资源应该要科学合理地利用。因此，在选择、设计同传统课件设计相关教学媒体的问题上，需要应用全新的、有效的处理方式。例如，充分考虑到如何获得信息资源、获取信息资源的途径有哪些、怎样有效利用信息资源等多项问题。

（二）高校体育教学内容选择与组织

只有对高校体育教学内容精心选择和组织，才能够使 Web 优势得到充分利用。具体的做法主要包含以下几个方面的内容。

1. 教学内容的多媒体化

在高校体育教学开展的过程中，不仅可以对文字和图片进行使用，还可以利用声音、动画和视频。如果高校体育教学内容呈现具体多元化的形式，那么也要综合地设计高校体育教学内容的形式，对于文字形式、图片形式、声音形式、视频形式与动画形式等多种高校体育教学手段综合利用，翔实地解说体育运动技术员动作的要点、方法、难点、练习方法、容易犯的错误、纠正错误的方法等多个方面的问题。

2. 补充体育课程教学相关内容与连接

在体育课程教学开展的过程中，在教学的各个知识点中不仅能够将体育课程教学大纲要求的内容引入其中，还可以融入大量的相关信息与知识。例如，在篮球教学中，不仅仅包含体育课传统教学大纲中规定的一些技术教学内容与战术教学内容，还应对于篮球运动的所有技战术进行扩展，同时，还可补充篮球运动技战术实战应用的内容。在完成体育课程教学大纲要求内容的同时，使爱好篮球运动的学生能够对国内外先进的篮球运动技战术、教学与训练相关网络站点进行了解学习。此外，还能够对网络连接的特点进行利用。

3. 高校体育教学内容动态更新

在体育课程网络教学开展的过程中，学生体育学习教材由体育教师负责编写的传统方式已经不再适用了。之所以这样，主要是因为在体育课程网络教学中，对于高校体育教学课件的相关内容，学习者可以自由地进行浏览，还能够通过网上教师答疑解惑与课程互动等教学手段对高校体育教学内容进行讨论，同时，还可以将一定的修订意见进行提供，促进高校体育教学互动过程中教师与学生对教材进行共同编撰可行性的实现。经过了体育相关教材的共同撰写以后，对于自身的问题与意见，学生能够进行充分的表达，从而使体育课程网络教学过程中学生的参与感得到大大提高。

（三）体育多媒体网络课件的结构设计

在设计体育多媒体网络课件结构的时候，需要考虑的因素有：高校体育教学的目标、高校体育教学的内容、交互方式的性质。体育多媒体网络课件结构主要建立在高校体育教学内容的基础结构上面，它可以保证体育多媒体网络课件的相关教学功能与大致框架得到充分的反映。

对于体育多媒体网络课件而言，其总体结构主要由两个部分内容构成，分别是高校体育教学的内容、网络交互。高校体育教学的组成内容，不仅包含体育课程教学大纲要求的全部内容，还包含一些扩充性的知识。在高校体育教学网络手段应用的前提下，大量同体育课程教学核心内容相关的补充性知识在体育课程教学内容中能够有机融合，进而促进高校体育教学资源的一个特定环境得到营造，对于那些存在不同兴趣、爱好的学生而言，能够保证他们的个性化学习活动被给予适当的支持。在大量扩充性知识得到引入的情况下，极大地丰富了体育多媒体网络课件的内容。对于体育多媒体网络课件而言，其主要内容包含了体育理论课的教学内容与体育实践课的教学内容。

例如，相关课程的介绍、课程讲解的要点内容、教师答疑解惑、课程讨论、作业处理与课程公告，等等。其中，相关课程的介绍主要有对学习总体目标的介绍、考核的办法、学习方法、学习进度与课时安排等的介绍；课程讲解的要点内容主要有每一个项目的教学任务、技术动作的要点、技术动作的难点、练习方法、容易犯的错误与纠正的方法，等等。

（四）撰写脚本与设计素材

多媒体手段的引入使高校体育教学内容的形式得到多元化的发展，在体育网络课件撰写中需要对素材的撰写和设计进行考虑，我们这里所说的素材，主要包含文字、图形图片、声音、动画和视频，等等，对于这些不同类素材之间的连接关系也要进行考虑。

1. 文字脚本的撰写

在内容的问题上，不仅要对高校体育教学的知识点进行考虑，还要利用文字清晰地表达出教师的讲解。另外，还要在引入图形图片、动画及视频的文字处及超文链接处作出标记，以便于后期的制作者使用，所以，在字数上，文字脚本是传统教材的 2~5 倍。

2. 声音脚本的撰写

在网络条件的制约下，如果在高校体育教学网络课件中对于大量的声音文件进行应用，很有可能会降低了其最终的运行速度，所以，声音文件的使用只能在特别需要的地方才可以，例如，对动画的解说、对视频的解说，等等。同时，在对这一种类别的声音脚本进行撰写的时候，首先要进行考虑的是目标动画与目标视频，按照动画的解说与视频的解说，对时间与内容开展配音，需要注意的是，应该保证配音脚本的精炼化，将动画与解说的过程、配音的过程紧密地联系在一起。

3. 关于图形、图片的设计

我们常说的图片，就是指利用拍照技术而生成的图片。当体育教师向学生讲解高校体育教学内容的时候，可能需要使用到大量的图片。我们常说的图形，就是指利用计算机的相关软件而绘制出来的示意图，例如，篮球运动技战术配合的相关线路，等等。在对图片进行拍摄以前，体育教师应该针对每一个技术动作按照文字讲解的实际需要进一步设计照片拍摄的地点与数量。通过计算机相关软件绘制出的示意图，不仅要对相关的内容进行表现，还要对图形的种类进行确定，可以是二维图形的绘制，也可以是三维图形的绘制。从原则上讲，为了能够使基于 Web 的体育多媒体网络课件的制作成本适当地降低，应尽量对二维图形进行使用，而放弃对三维图形的使用。

4. 关于动画的设计

我们这里所说的动作，主要是指动态的图形或图片。在基于 Web 的体育多媒体网络课件中，动作的使用只是为了表达原理性的一些内容，例如，体育教师在讲解球类运动的战术配合问题的时候，就需要应用到二维动画。在对相关动画进行设计的时候，首先需要进行设计的就是最原始的静态图形，然后需要通过文字与图示对原始动态图形的每一个变化过程进行说明，同时，还要以文字撰写的形式编写相应的解说文字。对于动画脚本而言，其主要构成有：每一步动作的图形、说明性的文字与线条、图片中的文字提示、解说的文字等。一般来讲，一套规范的制作表必须通过制作人员和脚本撰写人员一起来进行商讨、确定，这对于撰写脚本与双方交流活动的开展能够起到一定的促进作用。

5. 关于视频的设计

在基于 Web 的体育多媒体网络课件设计过程中，视频的拍摄类似于图片的拍摄。通常来讲，视频的拍摄和图片的拍摄在步骤上是一致的。

6. 关于功能的设计

对于基于 Web 的体育多媒体网络课件而言，其功能的设计内容主要有：对于课件界面的层次选择、导航模式设计、按钮的选择、功能按钮的确定、课程内容展示方式的确定、不同类型素材的连接方法确定、课件内容文件结构的确立，等等。功能设计其目的主要是最大限度地使用多媒体网络手段，以便于能够使特定内容对教学活动辅助作用的完成起到一定的促进作用。在基于 Web 的体育多媒体网络课件中，按照总体结构的相关要求，通常通过三级结构对界面进行设计，分别是：主要界面（也就是网络课件的主页面）、选择内容的界面、讲解内容的界面。

在基于 Web 的体育多媒体网络课件的主要界面中，通常存在两组可以选择内容的按钮，分别是：高校体育教学内容组按钮、网络交互组按钮。为了可以适当地减少页面切换的数量，从而提升基于 Web 的体育多媒体网络课件的运行速度，因此在选择内容的界面，设置每一节内容选择按钮的同时，还要设置每一章节的切换按钮。针对某一个高校体育教学内容，综合利用各种形式的高校体育教学手段，可以采用的高校体育教学手段有：文字介绍、图画讲解、图像图片、录像片段等。不仅如此，基于 Web 的体育多媒体网络课件还可以设置其他超文本链接形式的按钮，例如，友情地链接到其他网站。在基于 Web 的体育多媒体网络课件中，其界面存在的各式各样的按钮充分考虑了学生的各种需求。此外，还可以科学合理地增加按钮的趣味性与动态效果。

基于 Web 的体育多媒体网络课件作用的主要表现是：使实践课中理论讲授时间紧

且不系统的问题得到较好的解决，可在网上将体育课的教学内容完整系统地进行讲授，供不同需求的学生在网上进行个性化学习；可以利用多媒体的手段对体育运动技术动作要领进行形象生动的讲解，保证统一的、规范的动作，可以便于学生重复多次地进行观摩与学习，从而保证基于 Web 的体育多媒体网络课件对于课外体育锻炼能够起到很好的辅助作用；对于网络上能够提供的条件应该充分地利用，对于相关的问题，体育教师应该指导学生进行谈论，并且为其答疑解惑，等等。

基于 Web 的体育多媒体网络课件，其应用与发展在对高校体育教学手段与高校体育教学方法进行改革与创新的同时，还会在一定程度上影响到体育教育理论的发展与高校体育教学模式的发展。在未来，多媒体课件中的一种重要形式就是基于 Web 的体育多媒体网络课件，同时它也将成为网络教学发展的重要资源基础之一。

第二节　高校体育教学中微课的应用

一、微课的概念

（一）微课概念

所谓的微课，主要是指以视频的方式把教师在课堂内外教学活动开展过程中传授的教学环节或者强调的主要知识难点与重点进行展示的一种新型的教学资源。微课具有一些比较显著的特点，即碎片化、突出重点、具备的交互性比较强、能够反复多次使用。微课作为一种全新的教学模式，能够使学生的碎片化学习活动随时随地地展开。

（二）微课的组成

对于微课而言，其组成内容的核心就是示例片段，也就是课堂教学视频。不仅如此，也有同某个教学主题相对应的辅助性教学资源，例如，素材课件、教学设计、练习测试、教师点评、教学反思和学生反馈，等等。在一定的呈现方式和组织关系下，它们共同营造了资源单元应用的"小环境"，而这里所说的资源单元具有的显著特征是主题式的半结构化单元资源，因此，微课同传统单一资源类型的教学资源之间是有一定的差异存在的，其主要表现在教学设计、教学课例、教学课件与教学反思等方面。同时，微课与上述的这些教学资源之间还存在一定的联系，即微课作为一种新型的教学资源，其发展基础就是上述的这些教学资源。

（三）微课的特点

1. 碎片化

微课视频具有 10 分钟左右的时长，将课程教学过程通过清晰的视频录制的方式进行呈现，一堂传统课堂教学的时间是 45 分钟，而原有的段状课程在微课的作用下，逐渐向点状课程转变，促进了更加精华、细致课程内容的出现。因此，学生除了课堂教学的时间以外，还可以利用课外的其他零散时间。例如，当学生排队等待就餐的时候，可以利用这一小段时间进行学习，所以，微课的显著特点之一就是碎片化。

2. 突出重点

基于学生的学习特点，在微课显著碎片化特点的影响下，对于教师的教学能力，微课也提出了更高的要求。在微课视频的 10 分钟展示时间内，要求教师将严谨的逻辑性进行体现的同时，还要将课程内容的重点与亮点凸显出来，真正地抓住学生的学习重点所在，才能够使学生的学习兴趣得到更好的激发。

3. 较强的师生交互性

微课作为一种新鲜的课堂形式，它的出现在满足学生知识渴求与猎奇心理的同时，还能够有效改善传统教学模式中教学内容单方面输出的情况。在微课教学开展的过程中，教师与学生之间的互动得到加强，不仅及时收集了学生课程学习的兴趣点，同时，对于学生存在的疑问，教师也能够及时进行回答。这无疑会为教师课程后期的设计提供便利条件，使其能够同现阶段学生的知识渴求得到一定的满足，进一步提升课程的教学效果。

4. 能够反复多次使用的教学资源

在微课的模式下，学生能够按照自身的实际需要，对体育学习活动随时随地展开。例如，在课程开始之前，学生可以通过微课来预习运动技能、巩固难点和重点、练习课后的动作，等等。上述的这些微课学习途径，在进一步提升教学效果的问题上都能发挥出有效的促进作用。此外，对微课教学模式的使用，还可以使学生课程学习的积极性得到提高。

二、微课在高校体育教学中的应用

由于微课存在碎片化、突出重点、较强的师生交互性与可重复利用教学资源的特征，所以应从体育微课的基本设计原则出发，开发质量较高的体育微课，进一步地改善当前高校体育教学的现状，使学生体育运动项目学习的兴趣得到提高，对于体育方法微课的应用要始终去探索。一般来讲，在高校体育教学中，主要会在以下几个方面将高校体育教学中微课的应用体现出来。

（一）微课应用在学生体育需求调研中

鉴于高校体育教学传统模式中同高校体育教学内容间存在的关联，在高校体育教学实践活动正式开始前，体育教师应该按照课程逻辑将高校体育教学内容中的难点与重点提取出来，同时，还应该同现阶段体育栏目与体育热点新闻相结合，对体育微课进行制作，之后再将已经制作完毕的体育微课利用移动互联网的各种渠道实施学校范围内的广泛传播，通过对微课中学生的点击率与网帖评论内容的考察，体育教师能够有效地评定体育课程内容的合理性，保证其更加深入地了解到学生的兴趣与期待。此外，在前期对体育微课进行传播，能够有效地使学生体育学习的积极性得到调动，学生更加期待即将要学习的新内容，并促使学生的被动学习行为向主动学习行为转变，进而提升学生的体育参与度。

（二）微课应用在体育课程设计中

对于体育微课而言，它不仅补充了传统的高校体育教学模式，还是多媒体时代下高校体育教学发展的必然结果。微课的逐渐出现使原本的体育课程设计得到了重新的定义，因此，就需要保证体育课程有理有据、有血有肉。在高校体育教学开展的后期阶段，将以往室内体育理论课与室外实践课分开开展的体育课程设计进行改变，将两者进行融合，同时，对于多媒体时代大数据的时代特征进行考虑，在设计室内理论课的时候，可以以教师和学生的信息数据交流为主，使他们的头脑风暴在体育课程中得到掀起，呈现出更加公平、更加自由的体育课程。此外，在这样的形式下，体育教师的教学思维能够得到更进一步的更新，使学生体育学习的热情得到提升。

（三）微课应用在体育课程教学中

一方面，基于体育时事热点与体育课程的新内容等，体育教师能够对新颖的体育新课进行设计，并向微课导入。在体育课堂教学开展的过程中，组织学生集体观看，主要的目的在于吸引学生的注意力，激发他们的体育学习兴趣；另一方面，在高校体育教学实践活动开展的过程中，体育教师可以将复杂动作的教学制作成微课，同时，在体育课堂教学过程中，重复地向学生播放，将更加具体、更加直观、更加生动、更加形象的高校体育教学过程呈现出来。

（四）微课应用在体育课后辅导中

对于高校体育教学而言，每一节体育课堂教学的时间是 45 分钟，在有限的高校体育教学时间，使教师能够面面俱到地讲授内容，想要实现精细化教学几乎是不可能的，所以，一部分学生不能与教学节奏同步或者是学生不能对其所学运动技能充分掌握的情况必定会出现。当体育课堂教学结束以后，教师可以将包含高校体育教学重点的微课视频向学生发放，以便于学生能够在课堂结束以后，对于已经学习的技术动作进行练习，对课堂上所学内容进行复习，切实保证温故知新，提升学生的学习效果。

（五）微课应用在体育课程分享中

从本质上来讲，分享就是学习，学生们喜欢在朋友圈中分享一些好的视频课程，对身边的朋友、学生进行感染，使学生的学习圈子得到扩大。因此，我们应该对于一种倡导分享精神的学习共同体进行构建，这样能够保证学习共同体成员间互相督促，对有用的体育学习信息进行分享。例如，将微课应用在体育舞蹈教学过程中，在校园内学生可以对已经学习到的且比较感兴趣的体育舞蹈课进行分享，使越来越多热爱体育舞蹈的学生能够及时地对学习资源进行获取、分享。同时，学生还可以对校园内其他兴趣一致的学生进行自发组织，安排大家一起对体育舞蹈微课进行学习，保证体育舞蹈社团的更进一步发展。通过对社团活动的有效组织，如"快闪"等，使学生的课堂学习以外的生活得到丰富。

第三节 高校体育教学中慕课的应用

一、慕课的概念

(一)授课形式

慕课是一种将在世界各地分布的学习者与授课者通过某一个共同的主体或者话题而联系在一起的方式方法。几乎所有慕课的授课形式都是采用每一周话题研讨的方式，并且只会将一种大体的时间表提供给授课者与学习者，但是一般来讲，慕课课程都不会对学习者存在特殊的要求，一般进行说明的内容会比较简单，例如，阅读建议、每一周进行一次的问题研讨，等等。

(二)主要特点

1. 规模比较大

所谓的规模比较大的特点，指的是网络开放的大规模课程，而不是以个人名义对一两门课程进行发布。我们这里所说的网络开放的大规模，通常是指那些参与者发布出来的课程，这些课程一般会被人们称作大规模的课程或者是大型的课程，慕课的典型形式就是这些课程。

2. 开放的课程

所谓的开放的课程，一般会对知识共享许可（CC）协议严格遵守；可以说，开放的课程，就能够被称为慕课。

3. 网络课程

网络课程的相关材料通常在互联网上散布，而不是面对面的课程。此种课程的显著特征就是没有上课地点的特殊要求。

二、慕课在高校体育教学中的应用

(一)高校体育教学中慕课的应用价值分析

随着社会网络的日渐发达，人们每一天都会上网，不管是对网页进行浏览，还是刷微博，我们都必须承认的是网络在现代人们生活中承担的责任越来越重要，而对于慕课而言，就是对互联网进行利用，在学习开展的过程中充分利用网络条件。

除此之外，作为一种学习方式，慕课还具备一定的主动性特征，任何人的监督与强迫都不会对其发生作用，按照自己的个人兴趣爱好，使用者可以选择、学习自己喜欢的运动。同时，慕课所拥有的资源范围是非常广泛的，通过在高校体育教学开展过程中对慕课进行应用，教师和学生还可以实现对国外高校体育教学资源的分享与使用。

当体育课堂教学结束以后，学生在课后就能够自行复习。在体育微课视频中包含真人操作与讲解，能够帮助学生对于白天体育课堂学习的动作进行复习与记忆。尽管高校体育教学时间长达一个半小时左右，学生能够拥有足够的时间去学习、练习体育运动技术，但是，他们对每门体育课只能修习一次，虽然基本上每一个学期所要学习的内容都是相同的，但是学生在学习上会存在差异，不利于一部分学生深入学习、练习的开展。

在高校体育教学中应用慕课的教学方式，不仅能够保证学生深入学习活动的开展，还有利于学生自己掌握学习进度。同时，由于慕课中存在的学习资源是非常丰富的，有利于学生寻找到适宜自己的运动方式。例如，对于一部分学生而言，可能剧烈的运动不适合他们，所以，他们能够在慕课中对比较适合自己的运动进行寻找，如此一来，不仅能够避免损伤自己身体的情况发生，还能够使体育锻炼的目的顺利实现。

实际上，如今许多家长也比较重视学生的体育锻炼问题，为了保证孩子的健康成长，家长总是喜欢带着孩子进行散步、晨练等体育锻炼活动。然而，这些体育活动的效果能够真正实现吗？大多数的时候，人们通常会认为，只要自己去参加体育锻炼了，那么就会有益自己的健康发展，但需要注意的是，如果人们不能用健康的方式开展体育锻炼的话，那么在浪费了体育锻炼时间的同时，还会在一定程度上对身体造成伤害。如果在高校体育教学中应用慕课的方式，那么在体育运动锻炼的过程中，参考标准的动作，去完成体育锻炼，在这样的情况下，就像是一个专业的私人教练陪在自己身边，并对体育锻炼活动进行正确的指导。

（二）慕课应用在高校体育教学中的未来发展

慕课在我国的高校才刚刚开始起步，而且有一些内容对于我国高校而言是不适用的，必须进行一定时间的磨合才能够同我国的教学理念相适应。

基于这样的情况，我国大部分高校应该按照自己学校的特点自行录制慕课视频。同时，在录制慕课视频的时候，可以是多个学校的教师共同参与录制、讨论，然后在对多个优秀的视频进行选择，并且上传到网上，方便学生们进行观看、下载、学习。由于不同的教师在讲课的风格与方式上也会存在不同，而教师们录制的慕课中包含多个教师的教学课程，因此，学生就能够对最适合自己的教师进行选择。此外，这样做不仅对于大课参与人数多的情况能够进行避免，还能够有效改善学生听课效果不佳的情况。将慕课应用在高校体育教学中，能够使小班教学的目的得以实现。同时，同一学科由多个教师进行录制，能够使比较与竞争更加容易形成，能够帮助学生对于自己的教学缺点更加仔细地观察，使高校体育教学质量得到提高。因为慕课在高校体育教学中的应用主要是以网上教学为主，所谓的监督几乎是不存在的，因此，要求学生有较强的自主学习能力。在高校体育教学考核的问题上，计算机考核的方式可以不再使用，体育教师组织学生开展网络学习以后，再安排传统方式的考试即可。只有这样才能够使学生通过计算机检测进行作弊的情况得到有效避免。此外，还能够对于学生通过慕课进行学习的效果得到检测。需要注意的是，对于慕课教学的认识，教师与学生应该摆正。

对于慕课教学而言，并没有对教师完全地解放。例如，在高校体育教学开展的过程中，通过慕课教程开展教学的方式是可取的，然而，如果学生出现一些疑问，也只能是对同一个视频进行观看。因此，教师与学生之间的定期交流应该存在，如此一来，不仅能够使教师和学生之间的感情得到增进，还能够对学生的学习产生一定的帮助。尽管我国对于慕课的应用还处于刚刚开始发展阶段，然而，在现代网络发展的背景下，慕课的发展是一种必然趋势。将慕课应用在高校体育教学中，能够给教师未来教学的开展带来一定的启示，需要注意的是，在使用慕课方式开展高校体育教学的时候，还应该同国内的高校体育教学情况相结合。

例如，在篮球运动课堂教学开展的过程中，不仅仅要对手指上的动作进行教学，还要对脚上的动作进行教学，更重要的是还要将两者的教学活动紧密地联系在一起。因此，在制作相关慕课的时候，不仅要将这些动作进行分解，还要有一个规范的整体动作，以便于学生学习活动的开展。查阅相关的文献资料可知，尽管国内已经引入慕课的教学方式，但是慕课在高校体育教学中的应用还不广泛，如果想要对一个体育慕课的完整体系进行构建，那么就需要具备相关的慕课教程。在制作慕课的时候，可以聘请我国国内优秀的体育教师结合具体的教学情况进行制作。此外，针对制作慕课的情况，还要对一定的标准进行设定，如果慕课没有达到标准，那么就不能够被使用，这对于慕课的进步与发展是非常重要的。

第四节　高校体育教学中翻转课堂的应用

一、翻转课堂的概念

（一）含义

翻转课堂通常是指重新地调整教学课堂内外的时间，从本质上来讲，就是学习的决定权不再属于教师，而是由学生掌握学习的主动权。在翻转课堂教学模式的应用过程中，学生能够在课堂有限的时间内更专注地开展学习活动，对于全球化的挑战、本地化的挑战、现实世界中存在的问题，教师与学生一起研究、解决，使其获得理解的层次更加深入。

在课堂教学开展的过程中，教师不会再耗费大部分的课堂时间去讲授信息，但是在课堂教学结束以后，学生需要自主地完成这些信息的学习，他们可以利用的方法有：听播客、看视频讲座、对功能强大的电子书进行阅读，或者是通过网络同其他同学互相讨论。综上所述，在翻转课堂教学模式应用过程中，不管什么时候，学生都能够对自己所需的材料进行查阅。

此外，教师同每一个学生进行交流的时间也得到了增加。当课堂教学结束以后，学生就能够自主地对学习节奏、学习内容、学习风格与知识呈现的方式进行规划，同时学生对知识的需要少不了教师对讲授法与协作法的使用，从而使学生实现个性化的学习，最终的目的是通过实践活动保证学生学习活动的真实性。

（二）主要特点

在很多年以前，人们就对视频教学的方式进行过研究、探索。最直接的证据是：世界上大部分国家在 20 世纪 50 年代的时候就开展广播电视教育。为什么传统教学模式没有受到当年所做探索的任何影响，而翻转课堂教学模式却被人们广泛关注呢？作者认为是由于翻转课堂具有几个明显特点导致的，对于翻转课堂的特点，作者进行了如下分析。

1. 教学视频的短小精悍

即便是较长一点儿的视频也只有十几分钟的时间，而大部分的视频通常只有几分钟的时间。同时，每一个视频存在的针对性都是比较强的，如果能够对某一个特定问题进行针对，那么也就会比较方便地进行查找；应该尽量在学生注意力比较集中的时间范围内控制视频的时间长度，同学生的身心发展特征相适应；在网络上发布的视频存在回放功能、暂停功能等，能够自己进行控制，从而使学生的自主学习能够得以顺利实现。

2. 教学信息的明确清晰

这也是同传统的教学视频相比，翻转课堂教学视频的不同之处。如果在视频中出现了教室中的各种摆设物品，或者是教师的头像，那么就非常容易分散学生的注意力，特别是当学生处于自主学习状态的时候。

3. 重新建构学习流程

学生的学习过程一般会有两个组成阶段，第一阶段，传递信息，其实现需要教师与学生之间的互动、学生与学生之间的互动；第二阶段，内化吸收，需要学生在课堂教学结束以后自己完成。在学生自己完成的过程中，因为缺少教师的支持与同学的帮助，因此，学生在内化吸收的阶段经常会出现挫败感，使他们丧失掉学习的动机与成就感。

"翻转课堂"的教学模式使学生的学习过程得到重新建构。第一阶段的传递信息，是在课堂教学开始之前由学生完成的，而教师在对视频进行提供的同时，也对在线的辅导进行提供；此外，第二阶段的内外吸收，是在课堂教学开展的过程中，由互动而实现的，对于学生存在的学习困惑与困难，教师应该提前进行了解，同时在课堂教学开展过程中对学生进行有效的指导，而学生与学生之间的互相交流活动，对于学生内化吸收知识的整个过程，还能够起到一定的促进作用。

4. 复习检测的快捷方便

当学生观看完教学视频以后，就会看到视频结尾处出现的几个小问题，通常是四个或五个，能够帮助学生及时检验自己教学内容的学习情况，同时，根据自身的学习情况做出合适的判断。如果对于这几个问题，学生的答案不是很理想，那么学生就应该回放一遍教学视频，对于出现问题的原因仔细思考。同时，通过云平台，将学生回答问题的实际情况及时地进行汇总、分析、处理，使教师对学生学习情况的了解更加客观、全面。教学视频的另一个明显优势，就是能够在经过一段时间的学习以后，方便学生对学习到的知识进行复习与巩固。伴随评价技术的不断发展跟进，使学生学习的相关环节具有足够的实证性资料支撑，这对于教师在真正意义上的了解学生是非常有帮助的。

二、体育翻转课堂的实施策略

（一）做好在线虚拟教学平台的建设

在线虚拟教学平台搭建的主要目的在于为翻转课堂的实施创造前提和基础，这一平台主要包括教学内容上传模块、师生交流与答疑模块、在线测试与评价模块、学习跟踪与监控模块及学习总结与成果展示模块等。体育教师通过这一平台，就可以将与高校体育教学相关的微视频、演示文稿、各种音频等教学材料向在线虚拟教学平台上传，还可以借助这一平台实现作业发布、在线测验、监控督促、在线交流、在线评价等；学生则可以通过这一平台进行学习材料下载或在线学习，并同体育教师之间实现及时的交流与沟通。

（二）注重评价机制的创新

翻转课堂教学模式下的高校体育教学评价不能限于传统的纸笔测验，评价内容、评价主体、评价标准和评价方法等都应区别于传统教学，否则，翻转课堂的实施就会流于形式。翻转课堂模式下的高校体育教学评价应该把"以评促学""以评促教"作为评价的主要目的，将学生的进步程度作为评价的主要指标并注重多元化评价的采用，只有这样，评价才能既有针对性又不失全面性。多元化评价主要表现在评价主体、评价内容、评价方法、评价阶段等方面，紧紧围绕促进学生的学和促进教师的教两个方面，最终将提高教学实效作为评价的主旨。

（三）注重提高体育教师的综合素养

无论何种教育教学改革，教师始终是改革成败的核心与关键。作为信息化社会的产物，翻转课堂不仅是一种先进的教学理念，还是一种先进的教学方法，它对体育教师的综合素养提出了较高的要求。体育教师既是在线虚拟教学平台的搭建者、设计者和使用者，又是教学视频等学习资源的开发者和上传者；既是学生学习与实践的组织者、引导者，又是学生学习成果评价的设计者和评价者；既是学生在线学习情况的监控者和督促者，又是教学设计的完善者。

（四）对体育课堂实效进行追求，对避免翻转课堂异化进行避免

在翻转课堂作为一个新生的事物，虽然它顺应了信息化社会的时代背景，但还没有形成公认的科学实施模式，各个学科对翻转课堂的研究成果较为丰富，但各类研究也存

在很多的不足，综合起来主要表现在以下几个方面。

1. 要对弱化体育教师的作用而过度强调以学生为中心的情况进行避免

翻转课堂模式下，体育教师虽然把课堂讲解与示范的时间让位给了学生，但并不代表教师的作用就被弱化了，事实上，体育教师的作用变得更加关键，而不是被弱化。课前教学视频的录制和搜集、教学资料的优化与整合、在线虚拟教学平台的建设与管理，课中体育教师的讲解与示范、学生活动的设计与组织，课后学生学习结果的考核与评价、教学方案的优化与修订等，每一项工作都离不开教师的付出。如果对体育教师的作用过度弱化，学生的学习就会失去系统性和效能，高校体育教学最终难逃沦为"放羊式"的结果。

2. 要对忽视学生课前学习的跟踪和监测而高估学生的自主性的情况进行避免

对于翻转课堂教学模式而言，"掌握学习"是其建构的重要基础。翻转课堂的有效实施离不开学生的自主学习性。作为现实社会中的复杂存在，学生在课堂教学开始之前的在线学习中，并不是每一次都能够针对高校体育教学内容有效地、自觉地学习。因此，教师有必要对学生进行适当的检测与跟踪，它不仅能够对学生的技能学习和知识学习的完成起到督促作用，还能够有效培养学生的自主学习能力。

3. 要对忽视学科的差异而一味借鉴其他学科的经验的情况进行避免

现阶段，对翻转课堂教学模式的相关理论研究成果与实践研究成绩，主要是基于其他学科的基础智商。在体育学科的理论等方面的研究还并不十分成熟，在对高校体育教学中翻转课堂教学模式的应用进行研究的时候，对于其他学科的实践经验不可避免地要进行借鉴。但是，学科与学科之间的差异是肯定存在的，在其他学科领域比较适用的理论和经验，在体育学科中不一定能够适合使用。因此，在翻转课堂教学模式进行具体实施的时候，我们应该要把握好体育学科的本质特点，应该有选择地吸收、借鉴其他学科的理论与经验，对于生搬硬套的情况要避免发生。

4. 要对偏离翻转课堂的本质而过度追求形式的情况进行避免

实施翻转课堂教学模式的主要目标是在一定程度上提升高校体育教学的时效性，这一点是毫无疑问的。高校体育教学的存在离不开价值的支持与丰富，体育课程教学的一种至高境界是对既正当又有效的高校体育教学进行贯彻，如果过分追求形式而对高校体育教学的效果不够重视的话，那么即便是翻转课堂的教学模式得以实施，也不存在任何的意义。

在高校体育教学改革深入发展的特殊阶段，在广大体育教师积极投身于高校体育教学改革的今天，对于翻转课堂教学模式我们依然应该谨慎地对其缺陷与优势进行审视，尤其是要避免对于偏离翻转课堂的本质而过度追求形式的情况。

三、翻转课堂在高校体育教学中的应用

(一) 高校体育教学中实施翻转课堂的价值探析

1. 当前高校体育教学中存在的典型问题

(1) 失去工具性和人文性之间的平衡

对于高校体育教学目标而言，存在三个维度，而里面包含的知识与技能目标能够展示出体育的工具性特征，而态度、情感与价值观目标能够展示出体育的人文性。体育课堂教学所具备的工具性对实践性与实用性进行强调；体育的人文性对情感与精神进行强调。

现阶段，高校体育教学能够充分地表现出其工具性特征，然而却忽视了人文性方面的特征，体育教师只是对应该教什么内容、以什么样的方式进行教学、学生如何进行学习、学生能否真正学会等问题给予重视，但是却很少关注在体育课程教与学中态度、情感与人格等方面的发展需求。最终导致的结果是，尽管学生已经对体育知识进行了学习，同时还对一定的体育实践能力进行了掌握，但是，在学生的体育实践意识与整体体育素养方面仍需要加强，对于体育课和体育教师来说，学生往往表现出淡漠的情感，致使"学生不喜欢体育课却喜欢体育""体育锻炼意识与习惯缺乏"的现象时有发生。由此可见，在传统的高校体育教学过程中，轻视人文性、重视工具性的方法存在的缺陷是非常显著的，如果想要高校体育教学的最终目标得到实现，就需要对高校体育教学的人文性和工具性的统一始终保持坚持。

(2) 缺少个性与人本化

现阶段，体育实践中存在的问题有很多，虽然我们已经充分地意识到它们的存在，同时对力度持续加大，为了能够将这些问题解决掉，对于多种措施进行了采用，然而，却没能够有效地解决这些问题，导致"瓶颈"状态的出现，在高校体育教学中，这样的情况是非常明显的。在高校体育教学活动开展的过程中，体育教师通常从主观意识出发，将"一刀切"的特点表现出来，尽管打着面对全体学生的旗号，实际上却忽略了学生的个体差异；为了能够使传递知识和技能的目标得以实现，体育教师所发挥的作用是至关重要的，这主要是因为体育课堂教学的时间基本上都是在体育教师的示范和讲解中度过的，在课堂容量的约束下，学生知识和技能内化的实现根本上是很难的，几乎是不可能的，更不要说提高学生的综合能力了。

在高校体育教学实践活动开展的过程中，体育教师需要面对非常复杂的学习群体，之所以这样说，是因为他们在性格特征、知识基础、学习方式、学习能力、学习习惯与学习需求等方面会表现出较大的差别，因此，体育教师需要深入了解学生的实际情况，同时实施区别对待，展开个性化教学。在传统的高校体育教学中，如果缺少一定的个性化与人本化，那么想要将因材施教落到实处是很困难的，很容易导致学生两极分化的情况出现，因此在体育课堂教学过程中，学生的主体性与独立性是根本无法实现的，严重背离了人才培养的要求。

（3）学习评价结果的失真

在传统的高校体育教学过程中，唯一的评价主体就是教师，而一贯使用的评价方法是纸笔测试与技能考核，在统一的标准下对学生进行考核，在按照相关标准由教师进行打分，这样的评价方法尽管看起来是公正的、客观的，但是实际上对于学生的学习效果与进步程度却很难反映出来，而"通过评价促进学习"的目的更是难以达到。一旦碰到考试，学生就如临大敌，经常出现的现象是：考试以前临阵磨枪，考试以后惶恐不安，课程结束以后就像是逃离了火海一般。

对于传统的高校体育教学评价模式而言，对于学生的学习效果不能真实地反映出来，同时，学生对体育学习的兴趣很难得到激发，其体育锻炼习惯也很难养成，更为严重的是，还会使学生对体育课程学习的抵触情绪得到增加，因此不存在任何的意义。

2. 翻转课堂在高校体育教学中的核心价值

当前，翻转课堂在我国的兴起已经成为不争的事实，但对于翻转课堂的价值进行深入探讨似乎还未引起理论层面的重视。为了更好地应用和推广翻转课堂，下面对其在高校体育教学中的核心价值予以探讨。

（1）翻转课堂使高校体育教学与信息技术的有机结合得到实现

在信息化社会的今天，学生的生活方式和学习方式发生了深刻的变化，借助手机、电脑等信息化平台进行学习和交流已经成为日常习惯，为适应学生在行为和习惯上的变化，教学信息化在所难免。

翻转课堂作为信息化社会的产物，它使教学与信息技术之间有机结合，高度迎合了学生的日常习惯，改变了呆板的模式和形象，使学生的学习变得更加自然和有趣。体育教师通过上传视频、三维动画、PPT等丰富而直观的教学材料，设置系统有序的学习导航，加上教师对学生客观而有趣的在线评价和在线交流，一个有益于学生身心发展的教学环境被创建出来，这不仅有效增进了师生之间的情感，更提高了学生的学习情趣和自主性，也为体育教师有效组织课中的教学活动奠定了基础，这对提高高校体育教学的实效性是非常有利的。

（2）翻转课堂有助于实现高校体育教学的精讲多练

学生在课中学习和练习的时间总量是一定的，新知识、新技能的学习耗时过多，学生从事体育练习的时间势必减少，体育课的健身性以及学生对知识、技能的掌握和内化就会大打折扣，因此，精讲多练符合体育课堂教学的要求。在翻转课堂模式下，课前，学生通过观看教学视频，对高校体育教学内容有了初步的认知，对体育学习中的难点深有感触，在遇到无法解决的问题时，学生通过在线交流平台及时反映给体育教师，这样教师就会对学生的课前学习情况有所把握；课中，体育教师依据学生所反映的问题进行针对性极强的讲解或个别指导，不需要每个问题都进行讲解，这样就省去了很多讲解的时间，学生在课中进行体育实践的时间就被延长，精讲多练的目的自然达到。

（3）翻转课堂使高校体育教学要素的优化组合得到实现

从高校体育教学要素的层面上来讲，翻转课堂同传统的高校体育教学模式之间存在的区别并不是很明显。对于翻转课堂而言，它主要是利用科学合理地重构高校体育教学要素来使高校体育教学的效能实现增值的。我们之所以将翻转课堂判定为一种革命性的高校体育教学方式创新，主要是由于此种教学模式在对学校体育教学要素的各种功能进行准确定位的情况下，体育教师与学生的主体性地位得到了转换，使体育课程的资源得到拓展，促进了高校体育教学目的、高校体育教学方法手段与反馈机制的合理调整，对学生体育学习的良好环境进行创设，进而从质的层面改变高校体育教学的形态与结果。同时，需要注意的是，翻转讲堂在组合高校体育教学要素的问题上并不是固定不变的，而是反态的；不是呆板的，而是灵活的。在高校体育教学的实践活动中，按照实际的需要，体育教师对于各教学要素间的组合关系可以随时进行调整以保证特定高校体育教学目标的实现。只有对这一点充分认识，才能够保证我们能够将翻转课堂作为固定范式进行看待，进而使高校体育教学中应用翻转课堂教学方法流于形式的情况得到避免。

（4）翻转课堂能够促进高校体育教学中素质教育的实施

素质教育的主要目的是对于受教育者的综合素质进行全面提高，而值得注意的是，综合素质的提升离不开人的全面发展，同时，对于学生个性的培养，我们也不能忽略。个性的完善，不仅仅是素质教育开展的价值理念，更是素质教育的目标理念，培养个性、促进人的全面发展是素质教育的真谛。

在翻转课堂教学模式应用的过程中，学生的学习目标是统一的，同时，按照学生的具体实际，体育教师可以对学生的个体目标进行制定。通过对在线高校体育教学视频的观看，可以保证学生自主学习的实现，按照学生的学习能力来确定高校体育教学视频的观看次数，而按照学生的学习基础来由学生自主选择观看的内容；从反馈问题的层面上来讲，通过在线交流平台，学生能够将学习中的问题随时向教师反映，同时，获得教师的及时教导；从学习评价的层面上来讲，体育教师对于学生进行评价的根据是学生的进步程度，同时将小组评价和个人评价融入最终评价结果之中，这种评价模式有助于让学生明确在学习过程中的优点和不足，并时刻感受到自己在不断提高。可见，翻转课堂这种个性化的教学模式对于学生端正学习态度、激发学习兴趣、提高沟通能力、培养正确的价值观及促进学生的全面发展都是有益的。

（二）将翻转课堂教学方法引入高校体育教学的全新高校体育教学模式

我们常说的高校体育教学模式主要是指在一定高校体育教学理念、高校体育教学思想的引导与高校体育教学理论的指导下，因此而建立的各种各样高校体育教学活动的基本框架或者基本结构，一般来讲，高校体育教学模式主要包含了多种要素，即高校体育教学理论依据、高校体育教学目标与原则、高校体育教学程序与学习程序、教学资源与实现条件，以及高校体育教学效果评价，等等。将翻转课堂教学方法引入高校体育教学的全新高校体育教学模式具体包含以下几个方面的内容。

1. 高校体育教学的理论依据

高校体育教学中应用翻转课堂的教学模式主要的思想基础是"先学后教"思想，对于高校体育教学活动中学生的教学参与和学生的主体性进行强调。从高校体育教学的特征与行为心理学原理出发，特别是对斯金纳操作性条件反射的训练心理学进行考虑，对高校体育教学的程序进行确定，具体是：利用视频学习——对于联系吸收理解——再通过视频回顾——互动反馈——强化实践——学习、掌握，并且在这样循环、反复的高校体育教学过程中，对于行为目标进行有效塑造；同时，按照学习的过程与教学的实际效果、学习主体对体育"教"与"学"的活动过程进行不断的完善与创新，促进预期高校体育教学目标与学习目标的实现。

2. 高校体育教学的目标与原则

为了能够保证高校体育教学目标的顺利实现，对于将翻转课堂教学方法引入高校体育教学的全新高校体育教学模式而言，而教学原则是体育教师应该遵照学生的认知水平与心理发展特征，加工整理高校体育教学内容，高校体育教学设计、制作通俗易懂，同时还能够紧密地联系到自身已经掌握的认知结构，对于优质的、适宜的高校体育教学视频进行选择；对于一个宽松的、民主的、轻松的交互式学习社区或网络教学平台进行构建；对于学习反馈信息及时地掌握，并能够有效地发现问题、解决问题；在对总体学习情况进行把握的条件下，对于个体学习发展的过程给予重视，将高校体育教学过程中与学习过程中学生的主体性作用充分发挥出来，尽可能地使学生自己发展，对存在的问题自己进行分析与解决，同时对于自我认识、能力与技能进行深化、拓展。

3. 高校体育教学程序与学习程序

将翻转课堂教学方法引入高校体育教学的全新高校体育教学模式，其主要基础是优质的交互学习社区与视频资源，因此，可以将高校体育教学程序与学习程序进行如下的设计：对于高校体育教学内容进行预习——对于高校体育教学视频有针对性地进行观看，再进行示范、讲解——使学生学习动机得到激发，对学习过程中的问题进行发现——在课堂教学中由教师对新课进行讲授，对于学生的疑惑进行解答，并进行示范——由学生自主进行练习与实践，对体育学习效果进行巩固——对体育学习效果进行反馈，由教师、学生进行评价——通过资源拓展完善、知识和技能结构的扩展，以及反复练习实践对理解与训练效果进行加强。

4. 高校体育教学的实现条件和教学资源

近年来，慕课教学平台的快速发展与互联网的广泛普及，创造了良好的条件以便于翻转课堂高校体育教学模式的实施。然而，对于现代高校体育教学来讲，我国的高校体育教学相关视频与学习资料还是相对较少的，所以，我国的体育教师应该从体育课程与教学内容出发，自行制作与设计高校体育教学资源。对于高校体育教学内容而言，主要有理论教学内容与动作讲解、演示的视频，保证体育练习活动的理解性与课余训练活动的实践性。既要有动作示范的要领分析，又要有训练实践的摄像记录视频，此外，还要有拓展性的教学资源和学习资源，以及专题性的研讨问题等。不仅如此，体育教师在组织学生观看教学视频、开展练习活动和训练活动的同时，还要保证在交互社区能够对于学生的疑惑及时地进行解答、讨论与指导。

5. 高校体育教学效果与评价

将翻转课堂教学方法引入高校体育教学的全新高校体育教学模式，其实施能够使学生体育学习的兴趣得到激发，使学生自主发现、学习、探索、分析、解决问题的综合能力得到培养，促进学生技术和技能的提升，同时还能够有效促进学生自主学习能力、社会发展适应能力、互相合作能力的发展与培养，体育教师应该通过交流与活动对学生的学习情况与进度实时地进行了解，还要对反馈信息及时掌握，同时再从所获的情况出发，适当地进行引导，对于学生的学习积极性进行鼓励并充分调动，在高校体育教学与讲解活动开展的过程中，针对不同的学生因材施教。将翻转课堂应用在高校体育教学中的相关活动适宜于小班教学，所以，在大班教学中一般很难实施。而对于学生的评价而言，需要注意的是，它同其他文化课程是不同的，在对其学习好坏进行衡量的时候，不能单纯地将考试成绩作为标准。在学校高校体育教学中，应该对"健康第一"的指导思想始终坚持，同时，还要在体育考试的各个环节中渗透"健康"的标准，对于标准化的项目应该适当地减少技能考试，要有效改进高校体育教学的评价标准，尽可能地避免学生由于害怕考试而出现对体育厌学心理与逆反心理，此外，对于学生应该积极地引导，使他们加强对高校体育教学的相关认识，使学生体育锻炼良好习惯的养成得到促进，并且要积极构建同高校体育教学目标相适应的人性化测试方法。

第九章 高校体育教学设计及评价

第一节 高校体育教学设计

一、体育教学设计概述

（一）体育教学设计的概念与特点

1. 体育教学设计的概念

体育教学设计是一种体育教育教学准备工作，是教学执行者和参与者为提高教学质量在教学活动中采取的具体的教学活动方案。体育教学设计者必须根据体育教学自身的特点充分考虑学生的特点与情况，结合体育教学的环境和条件，对未来体育教学过程中可能出现的一系列问题进行预测，合理规划师生的教学活动，并制订出相应的计划方案。

在高校体育教学中，科学的体育教学设计有利于促使体育教学理论与教学实践的有机结合，能为教师提供科学合理的体育教学方案指导。

2. 体育教学设计的特点

（1）超前性

体育教学设计是一种教学准备工作，要在真正的体育教学活动开始前进行。因此，整个体育教学设计方案的内容、问题预测、问题解决方案等均具有超前性。

从本质上讲，体育教学设计只是体育教学活动的一种设想和预测，它是对即将进行的体育教学中可能产生的问题进行分析。在进行体育教学之前，体育教师必须设计出这堂课的教学方案，并根据体育教育、教学理论和学生的学习需求针对教学活动中可能发生的问题提出解决方法。体育教学设计方案是对即将开始的体育教学实践活动的一种预先策划，是为了更好地应对和解决体育教学中可能出现的各种问题，因此具体来说，往往体育教师的教学设计会尽可能地考虑到各种教学问题，但是，体育教学设计不可能将体育教学实践中的所有问题都考虑周全。

（2）差异性

正是因为体育教学设计是一种教学提前行为，是一种教学预测与提前规划，可能存在"考虑不周"的情况，再加上体育教学是一种开放性的活动，可能会受到各种因素的影响，因此，体育教学设计方案与体育教学实践活动之间可能存在差异。

体育教学设计的差异性特点，使体育教师在教学过程中要时刻根据具体的教学情况调整教学方案，以适应不断变化的教学要求。

首先，体育教学设计应以体育与健康课程理念为基础，以学生的体育学习需要为基础，应实现对体育教学实践活动的宏观指导，确保体育教学实践活动的整体方向和格调是正确的。

其次，体育教学过程是复杂、多变的，体育教师对体育教学设计者设计出的教学方案不能全面概括教学实践，不能完全解决教学实际中存在的各种问题，体育教学设计者所设计的体育教学方案应能提纲挈领，能抓住主要矛盾，在教学问题处理上要有多个备选方案并能在教学问题解决预案中留有空间，以便根据实际教学情况不断对教学计划进行调整和弥补。

（3）创造性

体育教学设计的过程是一个解决教学问题的过程，是一个创造性过程。

任何学科的教学过程都涉及各种教学要素，包括主观教学要素和客观教学要素，在教学体系构成中各子要素及其相互之间的关系也会时常发生变化，体育教学也不例外，而且体育教学的教学环境与条件更具开放性，这就使得体育教学过程是一个更具创造性的过程。

体育教学的教学开放性与多变性并非体育学科教学的一个教学缺点，相反这更加促进了体育教师在体育教学中可拥有更多的教学发挥空间，为教师的体育教学设计提供了一个更开放的创造空间。通过体育教学设计，能提高教师的教学创新能力，同时也能通过体育教学活动组织与实施培养和提高学生的创造力、创新能力。

首先，对于体育教师来说，在体育教学中要具备一定的创新性和创造能力，能创造性地解决体育教学活动中出现的问题。概括来讲，体育教师必须具备一定的文化基础知识和较扎实的专业知识，具备主动适应基础教育的意识与能力，具备创造性的想象力和创造性思维，如此才能设计出科学有效的体育教学方案。

其次，对于学生来讲，体育教学活动中的体育教学参与过程是不断尝试、探索、发现、解决问题或达成一个新的目标的过程。在整个教学活动参与过程中，学生在教师的体育教学设计方案下进行体育活动知识、技能的学习，并通过个人的努力去完成学习目标，实现对所要求掌握的知识点、技能的理解与掌握，学习目标的达成非常重要，整个学习过程中的学习体验也很重要，这就需要学生在教师的指导下进行有限制性或者无限制性的探索与创新（如在运动规则要求下进行技战术的创新发挥），以促进学习目标的实现。

（二）体育教学设计的背景分析

1. 体育学习需要分析

进行体育教学设计，首先应明确体育学习需要，以便于在体育教学设计过程中做到有的放矢，更有教学针对性。对体育学习需要的教学设计分析的方法与步骤具体如下。

（1）分析方法

目前，针对体育学习需要的分析方法主要有内部参照分析法和外部参照分析法两种方法，教学设计实践中这两种方法通常结合使用。

①内部参照分析法

比较分析体育教学目标与学生体育学习现状，找出差距。

②外部参照分析法

以社会对学生的期望值为标准来衡量学生的学习现状，找出差距。

（2）分析步骤

第一，确定体育教学期望（教学目标），根据体育教学大纲和体育教学类型明确本次教学课的具体教学期望（目标）。

第二，确定体育学习现状。通过观察、测量、评价等方法来确定体育学习者（学生）的知识、技能、学习态度、技术水平等。

2. 体育学习任务分析

（1）分析方法

针对学习者（学生）的体育学习任务进行分析，常用分析方法如下。

①归类分析法

结合体育教学目标对教学内容进行分类，形成有意义的指数结构，提示体育教师在教学中分类、有序、依次指导学生完成学习任务、达成教学目标。以武术基本功的教学为例，结合概念、原理对教学内容进行归类，指导学生分类完成学习任务。

②层级分析法

将不同层次的从属体育知识和技能进行分析，帮助教师明确体育学习的内容，使之与实际教学活动安排相符，依次完成教学目标，该方法适用于体育运动项目技能学习。以篮球的行进间运球三步上篮教学为例，先明确行进间运球三步上篮动作技能的从属能力，再分析该从属能力应具备的下一级能力，层层递进，直至追溯到学生的起点能力，再从起点能力开始展开教学。

③信息加工分析法

根据体育教学目的所要求的行为表现，利用流程图来描述目标行为所含有的基本心理过程的分析方法。该分析法对教师的综合教学能力要求较高，适用于技能和态度类学习任务的分析。以篮球长传快攻战术教学为例，分析学生完成战术的各种心理活动与心理能力，将心理过程与能力要求与战术的完成之间的关系用结构图来表示，指导学生的战术技能学习与行为实施。

（2）分析步骤

第一，确定学生起点能力，全面掌握学生学习基础，以此为教学起点，有序安排教学活动，帮助学生稳步、扎实学习与掌握各教学目标。

第二，分析使能目标。学生从起点能力到终点能力（完成学习任务），需要学生的多项知识和技能（子技能）参与，每一个基础教学目标（使能目标）的完成都是为了完成更高一层目标打基础的，明确使能目标，有助于教师更好地组织教学活动帮助学生奠定扎实的学习基础。

第三，分析学习任务完成的条件。对学生的学习任务完成的条件进行分析，以便在体育教学中为学生的学习创造良好的教学环境与条件基础，帮助学生更好地完成学习任务。

3. 体育教学内容分析

（1）文化背景分析

体育教学通常被误认为是运动技能的教学，而事实上，体育教学包含了所有跟体育有关的体育文化、精神、素养、能力、品质、规律、技能等的教学，学生对体育运动技能的掌握只是体育教学的一个重要的教学目标之一，但体育教学的目标不仅限于此。通过体育教学应促进学生的身心健康发展，促进学生养成科学的体育观与体育运动锻炼习惯，并养成终身体育的意识与能力。在体育教学开始前，不仅要明确教学知识点（往往以技术掌握为主），还要针对运动技术背后的运动项目的运动文化背景进行分析。

（2）优缺点分析

在正式的体育教学活动开展之前，教师必须对体育教学过程中所使用的教材内容进行认真分析，并明确教材内容的优缺点，这里的"体育教学教材内容的优缺点"具体是根据学生对体育教学内容的认可程度、学习难度及教学内容对促进学生发展的有益性、价值等来进行评价的。应放大体育教学内容有利于学生的体能、技能、智能发展的"点"，并展开教学组织，同时，找出教材的缺点和不足，进一步改进教材、丰富教学内容，优化教学过程。总之，体育教师只有全面了解和掌握教材才能设计出有效的体育教学方案。

（3）功能性分析

在高校体育教学设计中，全面分析体育教材的潜在功能，以及这些功能的运行环境和条件，有助于体育教师更好地把握教学过程。具体来说，教师应注意对体育教材内容的运动参与、运动技能、身体健康、心理健康、社会适应等功能的分析。

（4）适应性分析

教学内容的传授和实施需要一定的教学环境和条件支持，在体育教学设计中，教师应充分考虑教学内容实施的教学环境与条件要求，并提前做好场地、器材的教学准备，以及结合本地区的气候特点、地域特点开展相应的特色体育教学。

（5）时代性分析

高校体育教学的目标是培养适应现代社会发展的高素质优秀人才，在体育教学中，体育教学内容应与当前的时代发展特点、社会对人才的要求特点相适应。通过体育教学提高学生的体质、体能水平，心理水平与社会能力，切实培养出符合社会要求的高素质全面发展人才。

4. 体育学习者（学生）的分析

（1）一般特征分析

①生理特点分析

体育教学的身体实践性非常强，不同体育教学内容的学习对学生的身体素质要求不同，在体育教学设计中应关注学生的生理特点，不安排超出学生生理承受范围的教学训练活动。

②心理特点分析

体育活动参与是伴随着一定心理活动的身体活动过程，分析与把握体育学习者的心理特点，有助于体育教师组织教学过程，提高教学质量。具体来说，教师应关注学生在体育教学活动参与中的个性特征，情感、情绪特征，注意力和意志的发展等。

③社会特点分析

体育环境为运动者提供了一个良好的社会环境，学习者在体育活动参与中可以体会到不同的社会角色，正因如此，体育学习有助于促进学生的社会化。要实现体育教学对学生的社会发展促进价值，就必须重视学生的社会特点分析，应从人际交往特点、社会行为特点、社会角色意识、团队精神和竞争意识等多方面分析学生的社会特点，以科学设计教学过程，更好地促进学生的社会化。

（2）学习风格分析

①信息加工风格

主要分析学生所喜欢的教学方法、教学媒体技术应用、教学模式组织、教学节奏等。

②感知感官运用

主要分析学生体育学习中习惯用哪种感官接受知识，如更善于听讲解，还是看示范，或是喜欢通过本体感觉（阻力、助力）学习。

③感情需求

主要分析学生在体育学习中关注的情感点，如更希望获得教师的鼓励与肯定，希望受到同学的认可等。

④社会性需求

分析学生参与体育活动的社会性动机，是渴望交际还是获得运动成绩成就，或是受体育精神的感染、受体育健康观影响注重终身体育知识与能力的培养。
（3）起点能力分析
①学生的身体机能、身体素质、健康状况等。
②学生的基础知识及技能。
③学生的体育目标知识和技能。
④学生的体育学习态度。

二、体育教学目标的设计

（一）体育教学目标设计概述

基于对教学目标的认知，教学目标是教学活动主体的活动预期结果，教学目标设计是为了实现教学目标这一结果而对教学活动主体的活动的具体安排。

体育教学目标设计包括以下三方面内容：

第一，教学活动包括教师、学生两个主体，体育教学目标设计既包括对达成教师"教的目标"的"教的活动"设计，也包括对学生达成"学的目标"的"学的活动"设计。

第二，教学目标设计是对一节课、一单元或者一门课程教学活动的结果的设计。

第三，教学目标设计是对可预期、能切实达成的目标的活动设计，设计应具体、明确，具有可操作性。

（二）体育教学目标的科学设计

1. 体育教学目标设计原则

（1）科学性原则

体育教学应遵循体育教学规律，体育教学目标设计也应遵循体育规律、教学规律、体育教学特点等，应建立在科学学科理论基础上进行教学设计。

（2）系统性原则

系统论是教学设计的核心理论基础，在体育教学设计过程中，必须重视体育教学系统各子系统的有机结合，以保证体育教学系统的完整性和不断发展完善。体育教学目标是由若干个具体目标组成的完整系统，具体目标之间纵横有序、层次分明，教学设计中应注意正确处理各教学目标之间的关系，为实现教学总目标服务。

（3）准确性原则

体育教学目标的描述应是准确的，应能正确表述目标内容，以免教学设计过程中对教学目标理解有误，导致教学目标实现过程中产生偏差。

（4）灵活性原则

体育教学目标的设计只是一种构想，而体育教学实际情况是复杂多变的，体育教学目标具有多元化特点，教学设计者应根据学校体育教学实际情况灵活编制，可以由师生根据体育教学实际情况灵活编制，其内容和水平可以有一定的弹性，留有调控余地。

（5）发展性原则

体育教学目标的设计既要着眼于现有教学实际，又要放眼未来，能为学生进入下一阶段的体育学习奠定基础，有利于促进学生的可持续发展。

2. 体育教学目标设计程序

（1）分析教学对象

具体应分析体育学习者的学习需要、一般特点、起始能力和学习风格等。找出体育教学中出现的问题及解决办法，确定学习者现状和往年之间的差距，在教学目标设计中，重视所发现和分析的学习差距的弥补。

（2）分析教材内容

分析并确定体育教学内容的范围、深度、特点、功能，并明确各体育教学内容之间的关系，使教材内容更好地为实现教学目标服务。

（3）编写教学目标

一个完整的、明确的体育教学目标应包括教学对象、学生的体育行为、确定行为的条件及程度四个部分。

（4）明确表述教学目标

教学目标设计者对体育教学目标的表述要尽可能用明确的语言，单元教学目标的陈述要尽可能详细、具体，通过体育教学目标的设计，使学生明确要学习的内容和应该达到的水平，便于学习者互评和自评。

三、体育教学策略的设计

（一）体育教学策略概述

1. 教学策略

教学策略有广义和狭义之分。广义的教学策略包括体育教学活动中的所有计划和措施，不仅包括"教"的策略，还包括"学"的策略。狭义的教学策略仅仅是从教师的教学角度出发，是教师的"教"的策略的综合。

在体育教学中，教学策略是体育教师主观教学意图与想当然的教学对策，是从教学理念到教学实践的关键环节。教学策略在教学系统中的地位比较特殊，它不同于教学活动开始前的教学设计或教学方案，而是教学过程中的措施；也不同于教学手段、教学方法，后者更加具体化，教学策略的层级要更高。

2. 教学策略设计

教学策略的设计是体育教学设计的一个重要内容，通过教学策略设计，能为教师创造特定的教学环境，以更好地促进体育教学活动的开展，有助于帮助教师顺利完成教学任务，收到良好的教学效果。

在高校体育教学中，体育教师对体育教学活动的整体协调对于各项体育教学活动的顺利开展具有非常重要的促进作用，便于教师对体育教学过程进行整体把控，能令体育教学的各个环节都最大限度地发挥教育作用。

（二）体育教学策略的科学化设计

1. 体育教学策略设计原则

（1）差异性原则

体育教学策略设计的差异性表现在两个方面：

首先，体育教学策略设计应充分考虑不同学生的个性差异所导致的学习特点对教学策略的不同适应。体育教学策略的设计是面向全体学生的，但是不可否认和忽视的一个问题是，不同的学生之间存在着个性差异。对于学生来说，其在学习过程中所表现出来的身心特点、社会性特点不同，因此，教学过程中，并非每一个学生都适合教师所设计的教学策略，这就使得教师提前设计的体育教学策略与教学实际活动的开展所产生的效果、教学适应性、学生预期反应等会出现一定的偏差。

其次，体育教学策略的差异性还表现在，师生思维的差异。在体育教学实践中经常有这样的教学情况出现，即学生无法严格按照自己的教学安排来进行体育锻炼，学生会疑惑为什么教师要这样安排教学，这实际上是教师思维与学生感知的差异性。在体育教学策略设计中，如果教师关注到师生之间的思维差异，就会有助于师生更好地理解彼此，有助于师生的教学配合，进而可实现良好的教学效果。

现代体育教育提倡"以人为本"，这就要求教学策略的设计要"以人为本"，重视学生的身心健康发展，在体育教学策略设计过程中应充分考虑不同学生的差异性，通过科学的教学策略设计，灵活多变地组织教学活动，以促进每一个学生在各自原有的基础上均能有所进步与发展。

（2）兴趣性原则

高校体育教学中，体育教师对教学策略的设计应为教学目标的实现服务。要促进体育教学目标的实现，就必须设计能有效激发学生的学习兴趣和积极性的教学策略，使学生产生学习的欲望，增进其体育学习内驱力。

（3）科学性原则

体育教学过程是一个科学的教学过程，体育教学策略的设计必须遵循体育教学规律，体现其科学性，具体要求如下：

首先，在体育教学策略设计过程中，应注意体育教学内容的合理组织。教学策略设计的内容应逻辑清晰、层次分明，使学校体育教学内容的层次与学生的学习程序有机结合起来。

其次，体育教学是一个实践性较强的教学过程，在体育教学策略设计过程中，教师应注意学生的身体实践练习，在教学安排上，应能保证学生重复练习，同时，不断关注或定期地练习新学的知识和技能能够促进记忆和迁移，不断提高学生的运动能力。

（4）启发性原则

体育教学策略的设计应明确阐述教学目标，并尽量展示出学生在学习结束后所应产生或完成的行为表现（事例），使学生对需要掌握的知识技能有学习的方向性。

体育教学不仅是运动技能的学习、巩固、迁移、发展，也是体育精神和素养的培育过程，整个体育教学是一个教师引导学生不断超越自我、认知自我、认识他人的过程。为了实现良好的启发性教学效果，真正促进学生的发展，教师就必须从课堂环境、价值认同及行为约束方面对体育教学进行设计，这是基于运动项目教学又超越运动技能传授的过程。

（5）指导性原则

体育教学策略的设计应具有一定的指导作用，在学生尝试做出所要学习的行为表现时给予指导和提示。但需要特别提出的是，学生在具备一定的学习基础后应适当减少这种指导性，以免学生过分依赖教师。

（6）创造性原则

体育教学策略的设计应能为学生的进一步学习创造条件。重视体育教学设计的创新，这不仅能有效地挖掘教学资源和提高教学效率，从而实现体育教学的低耗高效，还可以为学生创新意识和创造能力的发展营造氛围、设计空间。

对学生来说，在体育学习过程中，新知识的学习需要旧知识作基础，新的学习任务的完成必须建立在掌握和必备一定的知识技能的基础上，教学策略要能使学生能在学习中获得成功，从而为学生进一步的学习创造条件。

2. 体育教学策略设计程序

（1）设计体育教学组织形式

体育教学组织形式是教师与学生为实现体育教学目标所采用的各种方式，是实施体育教学活动的关键所在，对体育教学效果有重要的影响。

体育教学组织形式主要包括班级教学组织形式（或称全班教学）、分组教学组织形式、个别教学和复式教学四种。结合教学需要选择其中一种，并就具体组织形式进行教学准备。

（2）设计体育教学手段

体育教学手段设计程序如下：①结合教学实际分析通过哪些教学手段可以达成教学目标；②分析体育教学内容借助于什么体育教学手段，才能完成体育教学任务；③根据教学对象（年龄、心理、体能基础、认知能力等）合理选择和设计教学手段；④还要考虑学生的兴趣习惯及发展需要等因素；⑤针对学校体育教学实际选择和创造教学手段；⑥教学中设计和选用教学手段时，不能脱离教学实际，应符合体育教学设计的基本原则。

（3）设计体育教学方法

体育教学方法设计程序如下：①了解相关的体育教育教学规律；②充分考虑具体的教学目标和任务、教材内容的性质和特点、学生情况、教师条件、教学条件等；③分析教材内容及教学媒介；④按照一定程序设计科学、合理、有效的体育教学方法。

四、体育教学媒体的设计

(一) 体育教学媒体概述

1. 教学媒体

教学媒体,也称教育媒体,是教学的辅助性物质基础设施,在教学过程中,教学媒体是师生交换信息时承载和传递信息的工具。它主要包含语言、文字、动作示范等视觉要素和记录、储存、再现符号的实体要素,如图片、模型、电视、电影、录像、电脑模拟等都属于教学媒体的范畴。

教学媒体在现代教学中具有非常重要的作用,影响广泛:①影响着课程与教学内容及其表现形式;②影响着教师在教学过程中的作用、影响师生关系;③影响着教学方法和教学策略的选用;④影响着教学组织形式;⑤影响着教学的发展,先进、科学的教学媒体可以"扩大教学规模""提升教学质量""提高教学效率"。

2. 体育教学媒体设计

真正的体育教学必须以科学理论为指导,体育教学包括体育基础理论知识、体育文化知识的教学,这些内容的教学是体育教学中不可缺少的一部分,这些内容的教学开展需要和其他学科一样的教学媒体的使用。

与其他学科的教学一样,在体育教学活动中,离开了教学媒体,教师与学生之间的信息交换就会中断,也就无法构成体育教学活动。

现代教学媒体为解决传统教学所存在的一些问题创造了良好的条件,推动了教学理论与实践的发展,增强了现代体育教学的教育功能,但同时也为当前教学实践,尤其是教学物质基础提出了更高的要求,这是在体育教学设计中需要重点考虑的问题。

当前,以信息技术为基础的现代教学媒体,以其前所未有的特点影响着教学实践和教学理论的广度和深度发展。信息技术在体育教学中的应用也极大地促进了现代体育的更加高效化。

现阶段,随着现代技术的不断发展,在现代体育教学中,技术对教学内容和方法的影响较大,进而会影响到教学设计的最终形成。当前,科技已经在体育教学中大量应用,对认知能力的大范围进行研究变得更加切实可行。技术提供的新能力包括了直接跟踪和支撑问题解决技能、把学生解决难题的行动过程可视化、建模和模拟复杂推理任务等。技术也使体育教育对概念组织和学生知识结构等方面进行数据收集,使学生参与讨论和小组项目表征成为可能。

针对上述这些明显的变化,体育教学已经从传统的课堂教学模式中走出来,信息技术促进了视频课程、网络课程的发展,针对这些新的变化,如果没有一定程度的教学设计,技术不会在本质上自动改进教育。一些最有魅力的技术应用拓展了可以呈现的问题本质和可以被评估的知识和认知进程。

在未来,科学技术在教学中的应用将会更加明显地显现出来,这有助于教学理念在教学实践中更加准确地体现。

（二）体育教学媒体的科学化设计

1. 分析教材内容与学生特点

在进行体育教学之前，教师要认真研究教学大纲（课程标准），根据体育教学目标、教学基本要求，教材体系范围与深度，明确体育教材的重点与难点及其前后的联系。此外，教师要全面了解学生的知识基础、身体健康状况、认知能力、运动能力水平等情况。

对体育教材内容和学生特点进行分析，有助于教师明确教材内容的最佳展示方式，明确学生的认知特点，可以据此有针对性地选择相应的教学媒体来更好地展示教学内容、激发学生的不同感官理解与吸收教学内容。

2. 分析教学媒体的类型与特点

不同的教学媒体具有不同的特点，适用于不同的教学内容展示与教学环境创设，在选用设计教学媒体时，应首先分析教学媒体的类型与特点，这样才能做到教学媒体设计的更具针对性。

（1）视听教学媒体

视听教学媒体包括视觉教学媒体和听觉教学媒体两大类，二者充分利用教学活动过程中的师生不同的感官传递教学信息，在教学中各有优势。

（2）多媒体（CAI）教学技术

可演示各类多媒体教学课件，开展计算机辅助教学，如播放教学视频等，其具有良好的可嵌入度及交互性能，能使教师的教学更加形象和生动，故相比于传统的教学形式而言，教学效果良好。

（3）计算机网络教学

网络技术的产生促进了体育教学的虚拟化和多媒体教育网络和课程与教学网络的出现，它集文字、图形、声音、影像等为一体，能将各种不同的媒体信息有机地集成在一起，形成多媒体演播系统，具有良好的交互性能，为学生的虚拟模拟技能练习提供了便利，同时，还有助于教育资源的整合，使全校、全国、全球的教学资源能实现共享，方便学生学习。此类教学有校园网互动教学、网络公开课、慕课、在线教学等。

（4）移动通信教学

基于移动通信技术而开展的教学，有微信公开课、基于小程序的教学等。目前，此类教学媒体在教学实践中还处于尝试阶段，其教学可行性与效果还需要进一步试验论证。

3. 灵活应用各种教学媒体

现代教学媒体种类多样、内容丰富，在体育教学中，教师应在分析与把握不同教学媒体技术的基础上，结合教学实际，灵活运用各种教学媒体和教学媒体组合，以最大限度地发挥各教学媒体的教学信息传播作用，促进师生教学活动的顺利开展，创设良好的教学环境。

4. 教学媒体与教学的整合

体育教学活动是开放性的活动，教学过程受多种内在和外在因素的影响，情境创设是教学设计的最重要内容之一。

不同的教学媒体在教学过程应用中具有不同的特点与优点,在创设学习情境方面具有自己的优势,但如果教学情境的设计过于牵强、泛滥,则会令学生感到无趣、无效、虚假、烦琐。因此,教学媒体与体育学科教学的整合,应保证情境创设的真实性或生活性,不能单纯为了追求教学创新而应用不合适的教学媒体。

此外,在体育教学中要充分发挥不同教学媒体的教育功能与作用,必须做到教学媒体与体育教学中的"教"与"学"的活动的有机结合。一方面,教学媒体选用应支持"教"的内容的完全展示,促进教师的讲解、示范和帮助学生理解;另一方面,教学媒体的选择应用应支持"学"的特征,利用CAL(电脑辅助学习)、CSCL(计算机协作学习)、在线讨论、在线答疑等,利用必要的学习资源,促进师生、生生交流,通过各种教学工具和学习工具完成知识建构。

五、体育教学过程的设计

(一)体育教学过程概述

1. 体育教学过程

教学过程,具体来说是教师根据一定社会要求和学生特点,指导学生有目的、有计划地掌握学科知识和技能,实现身心全面发展的过程。

体育教学过程含义如下:

第一,体育教学过程是体育教师的"教"和学生的"学"组成的双边活动过程。

第二,体育教学过程是一个动态过程,体育教学过程会受到各种内在与外在、主观与客观因素的影响。

第三,体育教学过程是师生以身体练习为重要媒介的交往实践过程。

2. 体育教学过程设计

体育教学过程设计就是按照现代系统论的观点,把体育教学各环节的设计进行优化组合,它为最佳体育教学完整方案提供了思路。

在现代体育教学中,一般来说,体育教学设计对教学过程的表述是采用类似于计算机流程图的形式进行的。这种形式能直观展示整个体育课堂活动中各个要素之间的关系、比重;教师可以根据学习者的不同反应做出相应的教学处理,灵活性大、目的性强。

(二)体育教学过程的科学化设计

1. 体育教学过程的设计原则

(1)主导性原则

在整个体育教学过程中,体育教师起着主导作用。在传统的体育教学过程中,体育教师的主要任务是通过讲解传授知识,教师更多地表现为对教学过程的"主宰"。随着现代科学技术在课堂教学中的应用以及课堂教学改革的不断深入,教师的作用除了进行信息编码、讲解内容之外，最关键的是要在课堂教学中起主导作用，"主导"不同于"主宰"，教师在体育教学过程中不是单纯灌输知识，而是重视对学生的正确、合理引导，引导学生掌握知识内容。

（2）主体性原则

学生是体育教学的教学主体，在体育教学中发挥着十分重要的作用。对于体育教学来说，在教学中应充分尊重学生，结合学生的特点来安排具体的教学内容、教学方法、教学媒体，整个教学过程安排应符合学生的认知规律和学习特征。

在体育教学过程中，教师应注重学生的学习兴趣的激发，通过合理的教学安排充分发挥学生的学习积极性，让他们有更多的课堂参与机会，促进师生有效沟通交流，使他们不仅"学会"，更重要的是"会学"。

（3）规律性原则

体育教学过程设计的规律性原则，简单来说，就是体育教学过程设计应符合体育教学的一般规律。

体育教学，应遵循体育规律、教学规律、学生认知规律等规律，在这些规律科学指导的基础上合理安排教学过程。体育教学中学生作为教学主体，教学过程应尊重学生的学习认知规律，以此为例，学习理论是心理学家探讨学习规律、特征的理论，对教育者了解教学过程中学习者的特点与过程发展具有重要的指导作用。在设计体育教学过程中，只有符合学生特有的认知要求，才能获得有效地教学效果。

（4）方法性原则

体育教学过程设计的方法性原则要求体育教学过程设计应重视体育教学方法的科学安排，关注不同的体育教学方法的选用可能产生的不同的教学效果。因此，在教学过程的设计过程中应有选择地对体育教学方法进行取舍，选取最适合教学内容表达、能更容易被学生接受和激发学生兴趣的教学方法，如此才能充分发挥相应的体育教学方法的教学促进作用，也才能促进各个体育教学活动环节的顺利开展，实现良好的体育教学效果。

此外，设计体育教学过程，应考虑整个教学系统构成，应该结合体育学科特点和学习内容、教学目标、学生的特点及选用媒体的特点选择相应体育教学方法。

（5）媒体优化原则

体育消息媒体合理、科学应用对体育教学过程的顺利开展和良好体育教学效果的实现具有非常重要的作用，这一点已经在前面详细分析过，是体育教学中非常明确的一点，体育教师在设计教学的过程中，应注意体育教学媒体的使用及其优化。

在现代化体育教学实践中，任何一种体育教学媒体都不足以支撑整个体育教学过程，体育教学媒体的运用要考虑各种媒体的优化组合。不同的体育教学媒体在体育教学中发挥着不同的作用，彼此之间可实现功能互补，就像人体各部分器官虽然分工明确、各司其职，同时又是为一个整体（身体—教学）服务，教学媒体系统功能的充分发挥也是通过多种媒体组合后形成的优化结构来实现的。在体育教学过程设计中，应灵活运用各教学媒体，使其各施所长、互为补充、相辅相成、共同促进整个体育教学过程的优化，促使教师和学生都能顺利完成"教"的任务和"学"的任务。

2. 体育教学过程设计的表现形式

目前在体育教学中，体育教学过程的设计主要有以下三种表现形式。

（1）练习型

整个体育教学过程以学生的身体练习为主。在教学中，首先运用教师示范和教学媒体的内容展示，为学生提供运动动作的路线、结构、动作要领等，其次帮助学生理解具体的技术动作，并通过真实的学生身体练习，发现问题、纠正、再练习，最后对学生的动作技术掌握进行评价并指出改进意见和建议。

（2）示范型

示范教学法同样是以身体活动为主要形式的教学过程设计与组织，在运动类的体育教材内容中，示范是体育教学过程设计的必要手段和重要途径。

与重在"练习"的教学过程不同的是，示范型体育教学过程设计在"示范"上花费的时间和精力是非常多的，这种教学过程设计通常用于复杂的体育运动技能学习的前一次课中。

（3）探究型

探究型主要适用于在体育教学中组织学生观察、思考，探究原因、寻找规律等，如某次体育教学课的主要教学任务是某一动作技能的结构或对原理的认知、理解、掌握，通过对教学过程中的"探究"设计，可有效激发学生学习的主动性，培养学生发现问题、探究问题、解决问题的能力。

第二节　高校体育教学评价

一、体育教学评价概述

（一）体育教学评价的含义

1. 教育评价的概念

要理解体育教学评价的概念，首先需要了解教育评价的概念。

所谓教育评价，主要是指相关部门基于相应的教育目标，按照一定的价值标准和目的，通过采取针对性的举措、运用有效的技术手段，对教育活动的效果及影响所进行的检查、判断与评估活动。

2. 体育教学评价的概念

体育教学评价，即体育相关部门、体育教师与学生以体育教学系统为客观存在的认识对象，以教学分析为基础，根据具体的体育教学目标、任务等，对体育教学过程及教学效果所进行的判断与评估。

体育教学评价的主要内容有两个：一是对体育教师教的评价，二是对学生学的评价。

高校进行体育教学评价的目的主要体现在两个方面：一是及时发现体育教学活动过程中出现的问题，并采取针对性的举措加以改进；二是为高校制定科学的体育教学决策提供参考。

（二）体育教学评价的特点与价值

1. 体育教学评价的特点

体育教学评价的特点主要有以下几个：体育教学评价的动态性、体育教学评价目标的发展性、体育教学评价主体的多元性及体育教学评价方法的多样性，具体分析如下。

（1）体育教学评价的动态性

体育教学是处于一种不断发展状态的教学，教学对象、教学内容、教学模式、教学目标、教学要求等，都会随着体育教学改革的深入发展而不断发展和完善，这就要求体育教学评价要与时俱进，根据体育教学自身的发展规律及被评价对象的变化而不断变化，这就是体育教学评价动态性的重要体现。

（2）体育教学评价目标的发展性

与传统体育教学以学生能够熟练掌握相关的体育运动知识与技能为体育教学目标不同，现代的体育教学目标更加注重学生的全面发展，即学生不仅仅要熟练掌握体育运动的相关知识与技能，更要通过体育学习助力自身的全面发展。这就要求体育教学评价目标具备发展性特征，将学生综合素质的提高及长远发展作为体育教学评价的重要对象和目的。

（3）体育教学评价主体的多元性

体育教学评价主体的多元性也是体育教学评价的一个重要特点。随着体育教学改革的不断深入，人们越来越认识到体育教学评价的重要性，其不仅是学生积极参与体育教学活动的过程，也是学生自我反思和逐步发展的过程，更是促进良好师生关系得以建立的有效手段。

在传统的体育教学评价过程中，评价的主体主要是管理者，采用的评价模式也是单一的评价模式，对于评价的结果，教师和学生只能被动地接受，这在很大程度上影响了教师和学生主体性与积极性的发挥，甚至导致师生产生畏惧评价的心理。

现代化的体育教学评价采用的是多元主体的评价模式，教师、学生、管理者及家长等主体都参与到体育教学评价过程中，形成一种民主、平等的评价关系，使各主体都能在评价中各抒己见，这对体育教学主体从而能动性的发挥、体育教学质量的提高等都是有巨大助益的。

（4）体育教学评价方法的多样性

体育教学评价方法的多样性主要体现为在具体的体育教学实践过程中，由于受多方面因素的影响，所形成的各种体育教学评价方法都有特定的适用范围，也就是说，没有一种体育教学评价方法是万能的。因此，在具体的体育教学评价过程中，评价主体应根据体育教学的实际情况，合理地使用多种评价方法，对被评价对象进行综合性的评价，最大限度地保证体育教学评价的客观性和合理性。

2. 体育教学评价的价值

体育教学评价的价值主要体现在以下几个方面：一是激发学生学习体育的兴趣，二是促进体育教学水平的提高，三是促进体育科研水平的提高，四是促进体育教学管理的完善，具体分析如下。

（1）激发学生学习体育的兴趣

客观、公正、合理的体育教学评价能够使学生对自身的体育学习情况有一个基本的了解和准确的把握，促使学生对自己的学习方法、学习态度等进行反思，同时激发学生学习体育的兴趣，使学生能够根据反思的结果及时调整自己的学习方法、学习态度等，提高自己的学习能力。

（2）促进体育教学水平的提高

客观、公正、合理的体育教学评价能够使体育教师对自身在教学过程中所出现的问题或存在的不足有一个准确的认知，然后促使体育教师通过不断学习、灵活调整教学方法、完善教学设计等方式，解决教学过程中出现的问题，提高自身的体育教学水平。

（3）促进体育科研水平的进步

作为体育教学评价的主体之一，体育教师在开展体育教学评价的过程中，需要对相关的体育教学工作进行分析和研究，以确保能够获得充分的数据和资料。而这些数据和资料不仅为体育教师开展相应的体育科研工作提供了必要的支持，而且在一定程度上促进了体育教师科研水平的进步。

（4）促进体育教学管理的完善

体育教学管理所涉及的内容是非常宽泛的，其中包括教师管理、学生管理、教学资源管理等。对体育教学进行必要的评价，能够为体育教学管理的完善提供科学的参考和方向性指导，促进体育教学管理的优化发展。

（三）体育教学评价的类型与方法

1. 体育教学评价的类型

根据不同的标准，可以将体育教学评价分为不同的类型。这里主要从评价目的、评价内容、评价分析方法、评价功能几个角度出发，来阐述体育教学评价的类型。

（1）按评价目的分类

按照评价目的的不同，可以将体育教学评价分为三种类型，即选拔性评价、甄别性评价及发展性评价。

①选拔性评价

选拔性评价，即根据需要制定评价标准，然后对学生进行测试评价，选出符合标准的对象。通常来说，选拔性评价又可分为两种类型：一是专门性评价，比如运动员选拔；二是综合性评价，比如体育考试。

②甄别性评价

甄别性评价强调的是对学生学习结果的评价，目的是判定学生是否具有特殊的运动才能以及学生在群体中的位置。

③发展性评价

发展性评价是一种通过评价来促进学生发展的积极性的评价方式，这种评价方式是符合素质教育相关要求的、对学生的全面发展有积极影响的、深化体育教学改革必须长期坚持的体育教学评价。

（2）按评价内容分类

按照评价内容的不同，可以将体育教学评价分为过程评价和结果评价两种类型。其中，过程评价主要是指对体育教学过程中体育教师所采用的教学方法和教学手段的评价，结果评价主要是指对体育教学活动实施效果的评价。

（3）按评价分析方法分类

按照评价分析方法的不同，可以将体育教学评价分为定性评价和定量评价两种类型。其中，定性评价是从"质"的角度出发对体育教学进行的评价，是对体育教学优劣程度的评价，一般用评语或符号表达；定量评价即从"量"的角度对体育教学进行的评价，重视相关数据与资料的收集、分析与评判。

（4）按评价功能分类

按照评价功能的不同的，可以将体育教学评价分为诊断性评价、形成性评价、终结性评价三种类型。

2. 体育教学评价的方法

体育教学评价的方法有很多，这里主要对观察法、问卷法、测验法这三种比较常见的评价方法进行阐述。

（1）观察法

观察法，即评价者有目的、有计划地通过对体育教学评价对象的活动进行系统、深入的观察，以获取教学评价资料的体育教学评价方法。这一评价方法的优点是能够获得第一手资料，为做出中肯的体育教学评价提供可靠的依据。

（2）问卷法

问卷法，即评价者通过书面形式向被调查者提供经过严格设计的问题，要求被调查者如实回答问题，从而获取体育教学评价所需信息的评价方法。问卷法的优点主要体现在以下几个方面：其一，所收集的信息具有一定的可靠性；其二，调查取样相对广泛，调查结果具有一定的客观性和真实性；其三，调查时间范围具有可调节性。

（3）测验法

测验法，即评价者通过考试、测验等方式，搜集学生的体育学习行为、学习反应等，对体育教学做出的客观评价。测验法的优点是组织性、计划性、针对性较强。在具体的体育教学评价过程中，常用的测验法主要包括以下几种：体育理论知识测验、体育运动技术测验、学生身体素质测验及学生体育情感行为测验等。

（四）体育教学评价的标准与改革

1. 体育教学评价的标准

（1）体育教学评价标准的构成

体育教学评价标准主要由三方面内容构成，分别是效能标准、职责标准及素质标准，具体分析如下。

①效能标准

效能标准是体育教学标准最重要的构成部分，也是体育教学目标实现的重要体现。

效能标准主要包括两个方面的内容：一是效果标准，效果标准的主要评价对象是体育教学工作所取得的实际效果；二是效率标准，效率标准的主要评价对象是体育教学的投入与产出的比率。

需要注意的是，效果标准与效能标准都存在明显的优缺点，具体体育教学评价应将效果标准和效率标准有机结合在一起，以确保体育教学评价的客观性和合理性。

②职责标准

职责标准以被评价对象所应承担的责任为评价的主体内容，该评价标准的优点主要包括以下几点。

第一，它能够使被评价对象明确自己在工作中所应承担的职责。

第二，它能够在一定程度上激发被评价对象的工作积极性。

第三，它能够帮助被评价对象明确自己的工作方向，增强被评价对象的责任感。

第四，它能够帮助被评价对象及时发现自己在工作中所存在的各种问题，然后采取针对性举措及时解决这些问题。

③素质标准

素质标准是对被评价对象完成工作或任务所具有的综合条件进行评价的准则，它是鉴定被评价对象是否具有完成相应的体育教学工作或任务职责和能力的重要依据。

具体来说，在体育教学评价过程中，常用的素质标准主要包括以下几点：①政治素质标准；②思想道德素质标准；③业务能力标准；④心理素质标准；⑤教学能力标准。

（2）体育教学评价标准的制定依据

①体育教学的目的与任务

从某种意义上来讲，体育教学评价就是检查体育教学目的与任务的完成情况，并根据具体的检查情况制订相应的工作计划，最终推动体育教学目标的快速实现。因此，在制定体育教学评价标准时，应充分考虑体育教学的目的与任务，为体育教学活动的开展提供方向性指导。

②体育教学的基本理论与规律

体育教学属于一种综合性的教学活动，不仅包含着诸多学科的基本理论，而且有着自身发展的独特规律。因此，在制定体育教学评价标准时，应将体育教学的基本理论与规律作为重要依据，确保体育教学评价标准制定的科学性和合理性。

③被评价对象的实际情况

被评价对象的实际情况也是体育教学评价标准制定的一个重要依据。从本质上来讲，体育教学评价的目的是让被评价对象及时发现自己工作中存在的问题，然后采取针对性举措解决这些问题，在促进自身发展的同时，推动体育教学发展、助力体育教学目标的实现，因此，在制定体育教学评价标准时，应充分考虑被评价对象的实际情况。

（3）制定体育教学评价标准的要求

制定体育教学评价标准的要求主要有五个，分别是指导性、发展性、科学性、可行性及灵活性，具体分析如下。

①指导性

指导性主要是指体育教学评价标准的制定应该能够为体育教学的调控和发展提供科学的指导。体育教学评价标准既是体育教师开展体育教学活动、学生进行体育学习的重要参考，也是相关部门开展体育教学评价工作的重要依据，这就要求所制定的体育教学评价标准必须具有指导性。

②发展性

素质教育及教学改革的不断推进，对我国高校体育教学评价提出了更高的要求。就体育教学评价标准而言，其不仅要为高校体育教学工作的开展提供相应的参考依据，而且应以促进体育教学的长足发展和被评价对象的不断进步为重点，这就要求制定的体育教学评价标准能够体现发展性特征。

③科学性

科学性既是体育教学评价标准的一个重要特征，也是制定体育教学评价标准的一个重要依据。所制定的体育教学评价标准只有具备科学性，才能为体育教学相关活动的开展提供科学的参考，才能彰显体育教学评价标准的科学价值。

④可行性

可行性也是制定体育教学评价标准的一个重要要求。从某种程度上甚至可以说，可行性直接决定了体育教学评价标准有无存在的意义，换句话说，所制定的体育教学评价标准只有具备了可行性，才能为之后体育教学相关工作的开展提供科学的指导。因此，在制定体育教学评价标准时，必须从实际出发，统筹考虑各方面因素，确保体育教学评价标准的可行性。

⑤灵活性

受多方面因素的影响，体育教育实施的具体物质保障也存在一定的差别，比如场地设施情况、经费投入状况等，这些因素会在很大程度上影响体育教学开展的具体成效。这就要求高校在制定体育教学评价标准时，在遵循教育部门有关体育教学评价标准制定的统一性原则的基础上，根据本校的具体情况做出灵活的调整，确保体育教学评价标准能够为本校体育教学活动的开展助力。

2. 体育教学评价的改革

体育教学评价的改革既是素质教育不断推进的客观要求，也是体育教学自身发展的必然结果。只有根据时代及体育教学自身发展规律，对体育教学评价进行及时的改革，才能推动高校体育教学自身的发展，确保我国体育事业的与时俱进。

具体来说，体育教学评价的改革应重点关注以下几个方面的内容：一是转变体育教学评价的理念；二是推动体育教学评价内容的全面性发展；三是推动体育教学评价方法的灵活性与综合性相结合；四是推动体育教学评价形式的多样化发展；五是推动体育教学评价主体的多元发展。

二、体育教学评价的结构与内容

（一）体育教学评价的结构

从整体上来讲，体育教学评价主要由四项基本要素构成，即评价的目的、评价的主体、评价的内容与方法，这四项基本要素构成了体育教学评价的结构，具体阐述如下。

1. 评价的目的

评价目的关注的主要是"为什么评"的问题。具体来说，体育教学评价的目的主要有四个，即选拔目的、甄别目的、发展目的及激励目的。

（1）选拔目的

选拔目的主要是为判断学生是否具有体育学习的潜力，选拔优秀的体育人才所作出的评价。在这种目的下，体育教学评价具有明显的选择性特征，也就是说，体育教学评价不是指向特定的教学目标，也不是面对所有的学生的评价，而是基于特定的选拔标准与要求，为选拔体育人才进行的专门性评价。

（2）甄别目的

甄别目的主要是为判断学生的体育学习情况，评定学生的体育成绩所做出的评价。在这种目的下，体育教学评价具有明显的评比性特征，评价者面对所有的学生，根据学生管理的要求与标准，以及学生体育学习的态度与效果，对学生的学习成绩进行评定。

（3）发展目的

发展目的主要是为了发现和反馈学生在体育教学活动中出现的问题，帮助学生解决问题、促进学生不断进步所做出的评价。在这种目的下，体育教学评价具有明显的教学性特征，评价者面向所有的学生，根据体育教学的具体要求和需要，以促进学生的发展与进步为目的，对体育教学活动进行评价。

（4）激励目的

激励目的是为激励学生，使学生发现自己的进步，从而激发学生学习的热情所做出的评价。在这种目的下，体育教学评价具有明显的激励性特征，评价者以促使学生发现自己的学习潜力和提升学生学习的自信心和积极性为目的，对体育教学活动进行评价。

2. 评价的主体

评价主体关注的主要是"谁来评"的问题。体育教学活动既是体育教师与学生组成的双边活动，也是需要学校领导、管理者、学生家长等积极参与以确保体育教学工作有序开展的多边活动。因此，体育教学评价的主体是多元的，其主要包括体育教师、学生、学校领导、管理者、学生家长等，确保体育教学评价主体的多元性，能够在很大程度上助力体育教学评价工作的开展，保证体育教学评价的科学性、公正性和合理性。

（二）体育教学评价的内容

体育教学评价的内容主要包括教师对体育教学过程的评价、教师对学生学习的评价、学生对体育教学过程的评价、学生对体育学习过程的评价以及其他评价，具体分析如下。

1. 教师对体育教学过程的评价

教师对体育教学过程的评价是提高自身教学能力、提升体育教学质量的重要举措。通常来说，教师对体育教学过程的评价主要包括两种形式：一是体育教师的自我评价，二是体育教师之间的互评。

（1）体育教师的自我评价

体育教师的自我评价，即体育教师基于对自己在体育教学过程中所出现问题的反思、总结所做出的评价。自我评价是体育教师自我理解、自我改进、自我超越的过程，对体育教师教学能力的提高具有重要意义。

（2）体育教师之间的互评

体育教师之间的互评，即体育教师根据具体的评价内容、评价标准、评价要求等，针对体育教学中出现的问题与不足、优点与长处进行互相评论。体育教师之间的互评有助于体育教师客观地分析自己的课堂教学，听取其他体育教师的意见和建议，取长补短，不断提高自己的教学能力和教学质量。

2. 教师对学生学习的评价

教师对体育学习过程的评价也是体育教学评价的一个重要内容，主要包括两种评价形式：一是对学生学习过程的评价，二是对学生学习结果的评价。

（1）对学生学习过程的评价

体育教师对学生学习过程的评价主要包括以下几个方面的内容：①学习态度；②投入程度；③体育知识与技能的掌握情况和运用情况；④合作精神。

对学生学习过程进行客观的评价，有助于激发学生的学习动力，改进学生的学习方法，提高学生学习的效果。

（2）对学生学习结果的评价

体育教师对学生学习结果的评价主要是指体育教师对某一阶段学生学习活动最终成果的综合性评价。对学生学习结果进行客观的评价，能够帮助体育教师及时了解某一阶段学生的学习状况，灵活调整教学计划、教学安排等，最终助力学生体育学习效果的提高。

3. 学生对体育教学过程的评价

学生对体育教学过程的评价主要包括两个方面的内容：一是对课堂教学内容和教学

方法的及时反馈，二是学生评教活动。

（1）对课堂教学内容和教学方法的及时反馈

学生对课堂教学内容和教学方法的及时反馈是一种非正式的体育教学评价活动，体育教师通过接收学生的反馈，能够及时了解教学过程中存在的问题，更好地把握教学的重难点，在完善教学内容和教学方法的同时，帮助学生更好地掌握体育相关知识与技能。

（2）学生评教活动

学生评教活动，即评价者所组织的由学生来对体育教师的教学内容、教学能力、教学态度、教学效果等进行综合性评价的活动。学生评教活动的优点在于其有助于促进体育教学活动朝着民主化的方向发展，缺点是容易导致体育教师迁就学生现象的发生。

4. 学生对体育学习过程的评价

学生对体育学习过程的评价主要包括两种形式：一是学生的自我评价；二是学生之间的评价。该评价的优点是能够帮助学生对自身的学习状况有一个较为全面的了解，同时有助于学生民主素养的形成与发展。

需要注意的是，由于学生的心理发展还不够成熟，所以在具体的体育教学评价过程中，评价者既要重视学生的自我评价，同时又不能完全依赖学生的自我评价，应该将学生评价与其他评价方式有机结合起来，更好地为学生的进步与发展服务。

5. 其他评价

除了以上所述的几种体育教学评价内容，在具体的体育教学评价过程中还存在其他的评价内容，比如专家评价、家长评价、社会评价等，这些评价作为辅助性评价，对体育教学活动的开展同样有着重要的意义。因此，在体育教学评价过程中，评价者要重视其他评价。

三、体育教学评价的要求与原则

（一）体育教学评价的要求

体育教学评价的要求主要包括以下五个：更新评价理念、注重科学评价、注重个体评价、建立有效的体育教学评价制度以及做好体育教学评价的组织工作，具体分析如下。

1. 更新评价理念

评价理念是影响体育教学评价结果的一个重要因素，正确的评价理念能够为体育教学评价工作的顺利开展提供科学的指导，为体育教学活动的发展提供巨大助力。因此，体育教学评价主体应不断更新体育教学评价理念，形成符合素质教育的、与时俱进的评价理念，并以此为基础设计体育教学评价的指标，促进体育教育评价工作的开展。

2. 注重科学评价

在具体的体育教学过程中，往往会出现学生厌倦体育课的现象，导致这一现象出现的原因是多方面的，比如教学目标设置不合理、教学方法运用不恰当、教育评价标准错误运用等。其中，教育评价标准的错误运用是导致学生厌烦体育课的最重要原因。

比如，在田径教学中，体育教师往往会根据学生最终的比赛成绩来评价学生的学习情况，而忽略了学生体育运动能力方面存在的差异，有些学生身体素质好、运动能力强，只需按照体育教师的指导加以练习就可以取得相对理想的成绩，但那些身体素质和运动能力相对较差的学生，可能即使付出了巨大的努力，也无法取得较好的成绩。在这种情况下，如果体育教师还继续按照统一的评价标准来评价学生的学习情况，不能因材施教，那么就会在很大程度上挫伤身体素质和运动能力相对较差的学生的学习积极性，使他们产生厌烦体育课的想法，而且从长远来看，还会对他们的全面发展造成非常不利的影响。因此，体育教育评价要求体育教师应注重科学评价，在统一的体育教学评价标准的指导下，根据学生的具体情况，灵活调整体育教学评价的标准，确保通过科学的体育教学评价，能够促进每一个学生的进步与发展。

3. 注重个体评价

受多方面因素的影响，学生在身体素质、运动能力、兴趣爱好等方面有着显著的差别，这就要求体育教师在进行体育教学评价时注重个体评价，以鼓励性的评价为主，调动学生体育学习的积极性，激发学生参与体育运动的热情，从而促进学生的健康成长。

比如，对于性格开朗但运动能力相对较差的学生，体育教师可以在评语中这样鼓励他（她）：性格开朗、善于交际是你的优点，如果能够在运动方面再多投入一点时间的话，你会更加出类拔萃；相反，对于性格内向的学生，体育教师可以在评语中这样鼓励他（她）：你有运动的天赋，如果能够更加积极地参与到体育教学活动中，你会发现更好的自己。

4. 建立有效的体育教学评价制度

建立有效的体育教学评价制度也是教学评价的一个重要要求。体育教学评价工作的顺利开展离不开体育教学评价制度的保障，只有建立了有效的体育教学评价制度，体育教学评价工作的有序开展才能有科学的指导。

具体来说，有效的体育教育评价制度需要具备以下几个方面的特征：①结构性；②完整性；③过程性；④全面性。

比如，在对学生的体育成绩进行评价时，要重视两个方面的内容：第一，不仅要评价学生体育知识与技能的掌握情况，而且要重视对学生学习能力的形成与发展的评价；第二，不仅要对学生体育锻炼的效果进行评价，而且要重视对学生心理素质的发展过程进行评价。

5. 做好体育教学评价的组织工作

具体来说，体育教学评价的组织工作主要包括四个方面的内容，即人员培训、专家咨询、收集技术和手段的合理运用以及评价经费的合理分配和使用。做好体育教学评价的组织工作，即从这四个方面着手。

（1）人员培训

体育教学评价工作的顺利开展离不开相应评价人员的支持，这些评价人员主要包括评价方案设计人员、计算机程序编制人员、相关数据收集人员、评价结果分析人员等。

为了使评价人员能够切实地认识到自己的职责，更好地发挥自己在体育教学评价中的作用，需要对他们进行必要的培训，通过培训使他们熟悉体育教学评价的方案，明确体育教学评价的流程，了解体育教学评价过程中可能出现的问题及应对举措，从而提高评价的客观性和真实性。需要注意的是，对于不同的评价人员应进行有针对性的培训。比如，对于体育评价数据与资料收集人员而言，主要培训以下三方面的内容。

第一，明确体育教学评价的流程与相关要求。

第二，如何有效收集体育教学评价所需的数据与资料。

第三，如何应对资料收集过程中出现的各种问题

（2）专家咨询

专家咨询能够在一定程度上提高体育教学评价组织者的评价水平，保证体育教学评价的科学性。因此，高校在开展体育教学评价活动时，可以在力所能及的范围内聘请专家，向专家咨询评价的相关内容，以提高体育教学评价的科学性、合理性。高校在聘请专家时应重点关注以下两个方面的内容。

其一，聘请的专家应熟悉评价的内容。

其二，聘请的专家需具备较高的学术素养且办事公正、为人正直。

（3）收集技术和手段的合理运用

收集技术和手段的合理运用也是体育教学评价组织工作的重要组成部分，其对体育教学评价工作的顺利进行及有效评价结果的取得有着重要的意义。具体来说，收集技术和手段的合理运用应重点关注以下几个方面的内容。

其一，熟悉录音、录像等设备的使用方法。

其二，熟悉各种收集技术与手段，并且知道它们的具体应用场合。

其三，在具体的实践过程中，能够根据具体情况灵活使用收集技术、调整收集数据资料的手段，确保信息收集的完整性和真实性。

（4）评价经费的合理分配和使用

体育教学评价工作的正常开展需要相应经费的支持，评价经费分配、使用的合理与否能够直接影响体育教学评价活动的开展。因此，高校应根据体育教学评价的具体开展情况给予相应的经费支持，而体育教学评价的具体工作人员则要统筹把握各方面因素，制订合理的经费分配和使用计划，确保通过合理分配和使用评价经费，推动体育教学评价活动的开展。

（二）体育教学评价的原则

体育教学评价的原则主要有七个，即客观性原则、全面性原则、科学性原则、指导性原则、目的性原则、发展性原则、统一性与灵活性相结合原则，具体阐述如下。

1. 客观性原则

客观性原则是高校开展体育教学评价工作时需遵循的一个重要原则。从某种意义上说，体育教学评价的一个重要目的是对教师的教和学生的学做出客观的价值判断，以最大限度地激发教师与学生参与体育教学活动的积极性和热情，如果缺乏客观性，不仅会

使体育教学评价活动本身失去意义，而且会严重阻碍体育教学活动的正常开展。

具体来说，客观性原则要求评价者在进行体育教学评价时重点关注以下三方面的内容：①评价标准客观，避免随意性；②评价方法客观，避免偶然性；③评价态度客观，避免主观性。

2. 全面性原则

体育教学评价所涉及的范围是比较宽泛的，以点带面、以偏概全等都会影响体育教学评价的客观性、真实性和准确性，这就要求体育教学评价工作的开展遵循全面性原则，多角度、全方位地评价体育教学活动。

具体来说，全面性原则要求评价者在进行体育教学评价时重点关注以下两个方面的内容。

一方面，在统筹各方面因素的基础上，把握主次、区分轻重。

另一方面，将定性和定量评价有机结合在一起，对被评价对象做出全面、准确的评价。

3. 科学性原则

科学性是体育教学评价的一个重要要求，也是判断体育教学评价结果有效与否的重要标准，只有保证体育教学评价的科学性，才能彰显体育教学评价的价值，发挥体育教学评价的作用。因此，高校在开展体育教学评价的过程中，必须遵循科学性这一原则。

具体来说，科学性原则要求评价者在进行体育教学评价时重点关注以下三方面的内容。

其一，基于体育教学目标，将体育教师的教和学生的学有机统一起来，并制定科学、合理的体育教学评价标准。

其二，采用科学的统计方法和测量手段，确保所获得的数据和资料真实有效。

其三，重视对评价人员的技能培训，为体育教学评价工作的科学化进行提供保障。

4. 指导性原则

指导性原则也是体育教学评价的一个重要原则，其要求评价者在体育教学评价的过程中不能就事论事，应把评价与指导有机结合起来，在使评价者对自身有全面了解的基础上，指导自己开展科学化的体育教学评价工作。

具体来说，指导性原则要求评价者在进行体育教学评价时重点关注以下三方面的内容。

其一，须在充分掌握相应数据资料的基础上进行评价，避免指导的不科学性和评价的随意性。

其二，指导明确、反馈及时，避免因含糊其词耽误时机。

其三，指导要具有启发性，能够给被评价者留有思考的余地。

5. 目的性原则

体育教学评价的根本目的是通过实施科学、合理的评价，为体育教学工作的顺利开展提供科学的指导，从而提高体育教学工作的质量和效率，最终达到体育教学的最终目的。但在具体的体育教学评价过程中,不同的评价目的通常在评价标准、评价手段等的选择方面存在显著的差异,因此,相关部门及工作人员在进行体育教学评价时,应明确评价的最终目的及价值取向。

6. 发展性原则

发展性原则主要体现为体育教学评价的最终目标并不是鉴定教学结果的好与坏,而是通过体育教学评价来优化体育教学的过程,从而助力体育教学目标的实现。

因此,相关部门及工作人员在进行体育教学评价时,不应将工作的重点放在体育教学状况的甄别上面,而应将重点放在给被评价对象提出合理化建议与意见方面,以不断改善被评价对象的工作思路、工作方法等,以促进被评价对象的不断进步,从而为体育教学目标的实现创造有利的条件。

7. 统一性与灵活性相结合原则

一般情况下,体育教学评价的标准是统一的,其目的在于能够对被评价对象做出客观、公正的检查与评定。但在具体的评价过程中,受多方面因素的影响,比如被评价对象的特殊性等,如果坚持统一性原则,很可能会影响评价结果的公正性,不能准确地反映被评价对象的真实状况,这时就需要灵活调整评价标准。

因此,相关部门及工作人员在开展体育教学评价活动时,应坚持统一性与灵活性相结合的原则,确保能够最大限度地反映被评价对象的真实状况,从而为体育教学目标的实现提供助力。

四、体育教学评价方法的创新

(一)对体育教师的评价

1. 对体育教师的评价的内容

对体育教师的评价的内容主要有三个,即教学准备、教学能力和水平及教学效果,具体分析如下。

(1)教学准备

对体育教师教学准备工作的评价主要包括以下几个方面的内容:①体育教师对体育课程教学的设计和编排;②体育教师对体育课程教学内容的理解和研究;③体育教师对体育课程目标的理解;④场地设施的布置与安排;⑤教学计划和实施方案的制订;⑥体育教师对教学活动中可能出现的问题的预测及应对举措;⑦体育教师自身的专业素养;⑧体育教师对体育骨干的培养能力。

(2)教学能力和水平

对体育教师教学能力和水平的评价主要包括以下几个方面的内容:①体育教师所选择的教学方法是否科学、合理;②体育教师教学语言的组织是否恰当;③体育教师是否具有相应的课堂组织和管理能力;④体育教师是否具备必需的教学应变能力;⑤体育教师的课堂示范是否规范、正确;⑥体育教师课堂时间的分配是否合理;⑦体育教师是否能够与学生进行平等、友好的沟通与交流；⑧体育教师是否具有创新能力。

（3）教学效果

对体育课程教学效果的评价主要包括以下几个方面的内容：①体育课程教学是否促进了学生的健康发展；②体育课程教学是否提高了学生的运动知识与技能；③学生的主体地位是否得到了尊重，主体作用是否得以充分发挥；④体育课程教学是否调动了学生学习的积极性；⑤学生的心理素质是否有显著的增强；⑥体育教学任务是否如期完成。

2. 对体育教师进行评价的方法

在对体育教师进行评价时，常用的方法主要包括以下几种。

（1）等级评价法

所谓等级评价法，就是基于评价的具体要求制定不同的等级，然后按照所制定的等级来对体育教学的质量进行评价的体育课程教学评价方法。常见的等级主要包括以下几点内容：①优秀；②良好；③及格；④不及格。

等级评价法的优点是准备简便、操作简易。

等级评价法的缺点主要包括以下几点：一是评价容易掺杂个人主观因素，二是评价结果的随意性较大，三是评价结果的真实性和可信度有限。

（2）标准积分评价法

标准积分评价法是把体育教学分为若干项目，每一项目都有与之相对应的标准分值，在评价时按照项目等级评分，然后将各项目的得分求和，最后用求和的总值来评价体育教学的最终效果。

标准积分评价的优点是评价的结果相对客观，能够在一定程度上反映体育教学的最终效果。

标准积分评价法的缺点是操作相对较难，对评价者的综合执行能力有较高的要求。

（3）教师自评与教师互评

教师自评与他人评价也是体育课程教学评价的一个重要方法。体育教师在教学活动结束之后，要对本次教学活动的各方面内容，比如学生的学习情况、教学的实际效果等，进行全面的检查、分析和反思，这就是教师自评的重要体现。需要注意的是，教师自评并不仅仅包括对教学活动的检查、分析和反思，更要在此基础上采取针对性举措来及时解决问题，提高自身的教学能力以及课堂的教学效果。

教师互评的优点是教师之间相对比较了解，且对教学目标、学生情况等也相对熟悉，教师还具有专业经验，评价也会更加科学、合理。因此，教师互评通常是比较权威的。教师互评往往能够帮助体育教师发现自身无法及时看清或发现的问题，弥补体育教师自我评价的局限性，丰富体育教师的教学经验、提高体育教师的教学能力。

教师互评的内容主要是教学目标、教学思想、教学设计、教学风格、教学方法的选择等，评价的手段具体包括以下几个：①日常教学观摩；②教学评议；③教学活动研究；④教学总结；⑤说课活动；⑥教学课评优活动。

在具体的体育教学过程中，教师自评与他人评价往往是结合在一起使用的，其目的是力求全方位地帮助体育教师提高自身的教学能力。这两种评价的缺点是带有一定的主观性，使评价的结果可能存在公正性偏差等问题。

（4）学生评价

学生是学习的主体，是教学活动的直接对象，就对教师的评价来看，学生是最具有发言权的。学生对教师的评价是教学质量监控中必不可少的内容，是现代教育理念倡导的评价方式。学生对教师的评价主要包括以下两种。

①学生对教学过程的评价

学生要对教学过程进行评价的基本方式是在学习过程中随时对教学进行反馈，即学生在学习的过程中，对教师所选择的教学内容、教学方法、教学态度等提出不足，评价的基本手段有填写意见表、随时提问或提意见。

②学生对教学结果的评价

学生对教学结果进行评价的基本方式是学生参加评价活动，一般是使用调查问卷等方式，在学期结束时，让学生对教师的教学情况打分。

（二）对学生的评价

1. 对学生的评价的内容

对学生的评价的内容主要包括以下几点：一是体能评价，二是体育知识与技能评价，三是体育学习态度评价，四是情意表现与合作精神评价，具体分析如下。

（1）体能评价

对学生体能的评价主要包括两个方面的内容，一是与健康有关的体能，二是与动作技能有关的体能。

与健康有关的体能主要包括以下几点：①身体成分；②心肺能力；③肌肉耐力；④肌肉力量；⑤柔韧性。

与动作技能有关的体能主要包括以下几点：①力量；②反应；③灵敏性；④速度；⑤平衡能力；⑥神经肌肉协调性。

（2）体育知识与技能评价

对学生体育知识与技能的评价主要包括以下几个方面的内容：①体育保健与卫生知识；②体育与健康实践能力；③体育与健康重要性和价值认识；④运动技术基本原理；⑤运动技术运用能力；⑥健康的运动习惯与方式；⑦运动性疾病的预防与处理。

（3）体育学习态度评价

对学生的体育学习态度的评价主要包括以下几个方面的内容：①能否积极主动地参与到体育教学活动中去；②能否在具体的体育教学活动中认真地对待体育训练；③能否在课堂教学活动中认真接受体育教师的指导；④能否在体育训练过程中与同伴进行友好的沟通与交流；⑤能否在体育教学过程中积极应对所遇见的各种问题。

（4）情意表现与合作精神评价

对学生情意表现与合作精神的评价主要包括以下几个方面的内容：①学习意志力；②自我价值观；③学生的自尊心；④学习胆识；⑤情绪调控能力；⑥社会交往能力。

2. 对学生进行评价的方法

（1）个体内差异评价法

个体内差异评价法是以被评价对象某一时期的发展水平为标准判断其发展状况的评价法，该评价法主要包括两个方面的内容。

一方面是将被评价对象的过去和现在进行对比，比较的主要是被评价对象的整体发展情况。

另一方面是将被评价对象的某一指标的过去与现在进行对比，比较的主要是被评价对象某一指标的发展情况。

个体内差异评价法的优点是能够充分考虑个体的差异性，在评价过程中做到因材施教，其缺点是评价本身缺乏客观标准，容易使评价对象产生自我满足的不良心理，影响评价对象的长足发展。

（2）相对评价法与绝对评价法

①相对评价法

相对评价法是以所有被评价对象为集合，并在该集合中选取一个被评价对象作为基准，然后将集合中的个体与选取的基准做比较，确定个体在集合中的位置的评价方法。

相对评价法的优点是有较强的适应性和应用范围相对广泛，并且能够在一定程度上激发被评价对象的竞争意识。

相对评价法的缺点是评价基准的选择没有具体的标准，评价的结果具有一定的不确定性，可能会对被评价对象的发展产生不利的影响。

②绝对评价法

绝对评价法是以所有被评价对象为集合，并在该集合之外重新确定一个评价标准，然后将集合中的个体与这一评价标准进行比较，确定个体与目标之间的差距的评价方法。

绝对评价法的优点是评价具有较高的客观性，缺点是难以充分考虑个体的差异性，无法体现体育具有因材施教的要求。

（3）单项评价法与综合评价法

①单项评价法

单项评价法是以被评价对象某一具体的教学或学习项目为核心来评价被评价对象的评价方法。该评价方法的优点是能够充分反映被评价对象某一方面的特长或优势，缺点则是无法对被评价对象的整体情况进行客观的反映。

②综合评价法

综合评价法是以被评价对象的整体情况为核心来评价被评价对象的评价方法。该评价方法的优点是能够反映被评价对象的整体情况，缺点是无法有效反映被评价对象的某一方面的特长或优势。

（4）学生自我评价与互相评价

①学生自我评价

学生自我评价即学生对自己的成就、学习状况与发展进行反思的过程。自我评价有助于学生形成学习责任感,发现自己的潜能,了解自己的优势与长处,反思自己的行为,客观、正确地审视自我,丰富并健全对自我的认识。

学生自我评价的主要方法有自我暗示、自我反馈、自我诊断等,评价的手段包括以下三种:①目标的回顾;②学习卡片;③成绩对比。

学生在进行自我评价时,需注意以下三点:①自我评价是一种参考性评价,不能直接作为最终学习成绩的评定;②自我评价应与功利性因素分离;③自我评价需教师的引导与帮助。

②学生之间的相互评价

学生之间的相互评价能够让学生了解彼此的学习经验、学习效果等,以激励自己,并学习对方的优点与长处,认识到自己的不足。

学生之间的相互评价常用的方法包括互评、互议等,常用的评价手段有观察、记录卡片、课中讨论等。

学生在进行相互评价时,需注意以下几点:①评价内容应与学生的年龄、心理特征等相契合;②评价时应侧重学习方法、策略、效果等内容;③教师应引导学生进行客观评价。

参考文献

[1] 张亚平，杨龙.高校体育教学理念及模式创新研究[M].北京：中国商业出版社，2022.05.

[2] 孙丽萍.新时代高校体育教学理论探索与实务研究[M].长春：吉林大学出版社，2022.01.

[3] 李建春.基于素质教育视角的高校体育教学改革与发展探索[M].北京：中国书籍出版社，2022.01.

[4] 周丽云，刘朝猛.高校体育教育理论与项目实践教程[M].北京：中国书籍出版社，2022.01.

[5] 谢宾，王新光.高校体育教学与运动训练研究[M].长春：吉林人民出版社，2021.10.

[6] 李进文.高校体育教学与体育文化融合发展研究[M].北京：中国原子能出版传媒有限公司 2021.09.

[7] 温正义.高校体育教学与大学生体育实践能力培养研究[M].北京：北京工业大学出版社，2021.10.

[8] 孙丽娜.高校体育教学风险防范现状与运动应急对策研究[M].长春：吉林大学出版社，2021.06.

[9] 田雪文.现代信息技术下高校体育教学改革的审视[M].长春：吉林出版集团股份有限公司，2021.07.

[10] 马顺江.互联网＋教育背景下高校体育教学创新思路研究[M].沈阳：辽宁大学出版社，2021.05.

[11] 李慧.高校体育教学改革与科学化训练研究[M].沈阳：辽宁大学出版社，2021.04.

[12] 韦雄师."翻转课堂"模式在高校体育教学中的实践应用[M].西安：陕西人民教育出版社，2021.12.

[13] 王丽丽，许波.教育技术在高校体育教学中的实践探索[M].长春：吉林人民出版社，2021.06.

[14] 郝乌春，牛亮星.新时代背景下高校体育教学改革与发展研究[M].北京：中国商业出版社，2021.11.

[15] 张建梅.高校体育教学与大学生体能训练[M].长春：吉林科学技术出版社，2020.10.01.

[16] 常德庆，姜书慧.高校体育教学与运动训练研究[M].长春：吉林出版集团股份有限公司，2020.02.

[17] 蒋明建,左茜颖.高校体育教学体系的建设与发展[M].长春:吉林大学出版社,2020.07.
[18] 李正贤.多重理念下的高校体育教学改革研究[M].北京:原子能出版社,2020.06.
[19] 欧枝华.新时期高校体育教学及其课程体系改革研究[M].北京:中国纺织出版社,2020.03.
[20] 刘涧,郑蓓蓓.现代高校体育教学改革实践与路径探索研究[M].北京:北京工业大学出版社,2020.06.
[21] 邱天.高校体育创新思维的教学与实践[M].厦门:厦门大学出版社,2020.07.
[22] 吴广,冯强.高校体育管理体制与教学改革研究[M].北京:研究出版社,2020.09.
[23] 朱海莲.普通高校特殊体育教育教学研究[M].杭州:浙江工商大学出版社,2020.12.
[24] 夏越.现代高校体育教学研究[M].北京:北京理工大学出版社,2019.01.
[25] 刘景堂.高校体育教学改革研究[M].北京:中国纺织出版社,2019.12.
[26] 郝英.高校体育教学俱乐部的组织与设计[M].北京:九州出版社,2019.11.
[27] 谷茂恒,姜武成.高校体育教学评价体系的构建[M].北京:航空工业出版社,2019.01.
[28] 张京杭.高校体育教学方法实践探索[M].北京:现代出版社,2019.10.
[29] 韩中.高校体育教学体系建设研究[M].北京:北京工业大学出版社有限责任公司,2019.11.
[30] 陈轩昂.新时期高校体育教学的改革与发展[M].北京:航空工业出版社,2019.01.
[31] 李鑫,王园悦.体育文化建设与高校体育教学模式研究[M].北京:中国纺织出版社,2019.10.
[32] 杨乃彤,王毅.高校体育教学创新及运动教育模式应用研究[M].北京:九州出版社,2019.12.
[33] 廖建媚.高校公共体育教学环境研究[M].厦门:厦门大学出版社,2019.12.
[34] 张艳.高校体育教学与体育竞赛活动研究[M].北京:北京工业大学出版社,2018.12.
[35] 马鹏涛.高校体育教学改革创新与科学化训练研究[M].北京:新华出版社,2018.03.